湖北省学术著作
Hubei Special Funds for
Academic Publications
出版专项资金

湖南科技大学学术著作出版资金资助
湖南科技大学中国语言文学学科出版资金资助
湖南省教育厅开放基金项目【15K038】资助
湖南省哲学社会科学基金项目【15YBB0036】研究成果
湖南省社会科学成果评审委员会项目【XSP17YBZZ40】资助
中国古代文学与社会文化研究基地【湘教通284】研究成果

丛书主编　李建中

气化流行　生生不息

——中国文化关键词"气"的跨学科阐释

胡红梅　著

WUHAN UNIVERSITY PRESS
武汉大学出版社

图书在版编目(CIP)数据

气化流行 生生不息:中国文化关键词"气"的跨学科阐释/胡红梅
著.—武汉:武汉大学出版社,2021.4
中华字文化大系/李建中主编
湖北省学术著作出版专项资金资助项目
ISBN 978-7-307-21212-1

Ⅰ.气… Ⅱ.胡… Ⅲ.中华文化—研究 Ⅳ.K203

中国版本图书馆 CIP 数据核字(2019)第 243761 号

责任编辑:蒋培卓   责任校对:李孟潇   版式设计:马 佳

出版发行:**武汉大学出版社** (430072 武昌 珞珈山)
(电子邮箱:cbs22@whu.edu.cn 网址:www.wdp.whu.edu.cn)
印刷:湖北恒泰印务有限公司
开本:720×1000 1/16 印张:20 字数:276 千字 插页:1
版次:2021 年 4 月第 1 版 2021 年 4 月第 1 次印刷
ISBN 978-7-307-21212-1 定价:69.00 元

总序　字孳字乳的文化：中华文化的"字"生性特征

李建中

人类轴心期五大文明(古巴比伦、古埃及、古希腊、古印度、古中国)，唯有华夏文明传承至今，生生不息，个中缘由非常复杂，但文字的特性无疑是重要因素之一。同为轴心期文明，拉丁语的最小单位(字母)是无意义的，而汉语的最小单位(包括部首在内的字)则能显现独立甚至全息的意义，一字一世界，一字一意境。在漫长的历史演变过程中，方块字既没有被梵化，也没有被拉丁化，中国文化因之分久必合，华夏文明因之亘古至今。

东汉许慎(56—147)《说文解字·叙》曰："字者，言孳乳而浸多也。"①孳者孳生，乳者哺乳。从观念和思想的层面论，方块字是中华文化之母，不仅孕生而且哺育了中华文化，会意指事、形声并茂地建构起中华文化的意义世界。《周易》讲"鼓天下之动者存乎辞"，许慎讲"盖文字者，经艺之本，王政之始"，刘勰讲"心生而言立，言立而文明"，金圣叹讲"以文运事，因文生事"，一直到鲁迅讲"自文字至文章"和陈寅恪讲"凡解释一字，即是做一部文化史"，均可视为从不同层面揭示中华文化的"字"生性特征。

中华文化产生、传承并能在长久历程中与多种外来文化交流而生生

---

① （汉）许慎撰，（清）段玉裁注：《说文解字注》，上海古籍出版社1981年版，第754页。

不息，与汉字密切相关。汉字是一种世界上非常独特的文字，每个汉字独立且集音、形、义于一体。在上古，汉语以单音词为主，其中有些单音词成为中国文化的核心词，作为中华文化之元（本原与起源），在其后不断的演变中扩展、丰富。我们这套《中华字文化大系》，精选奠基华夏文明、代表中国文化特征的 100 个汉字（又可以称为"中华文化关键词"或"中华文化核心词"），一个字一本书，对每个字既作"原生—沿生—再生"之源流清理，又作"字根—坐标—转义"之义理阐释，从而在文化思想、社会政治、智性审美、民族心理乃至民风民俗、日常生活等多元面向，标举中华文化的"字"生性特征，建构中华文化的话语体系，彰显中华文化的巨大影响力和恒久生命力，为海内外广大读者奉献中华字文化高远的美学意境和深广的意义世界。

南朝刘勰（465—521）《文心雕龙·序志》曰："若乃论文叙笔，则囿别区分，原始以表末，释名以章义，选文以定篇，敷理以举统，上篇以上，纲领明矣。"①"原始以表末"四句，既是《文心雕龙》的理论纲领，又是刘勰文学理论批评的基本原则。刘勰的"文学"是广义的文学，与我们今天所说的狭义的"文化"（即小文化或称观念形态的文化）大体上是相通甚至是重合的。因此，刘勰《文心雕龙》"论文叙笔"的四项基本原则，完全适用于我们这套《中华字文化大系》（以下简称《大系》）对汉字的诠解与阐释。《大系》各分册对所选汉字（以下简称本字）的解读，大体上在"释名章义""原始表末""选文定篇"和"敷理举统"等层面深入展开。

第一，释名章义。名不正则言不顺，言不顺则事不成。"字"的定义（内涵与外延）尚未厘清，文化阐释从何谈起？本《大系》所精选的汉字，大多是上古时代以单个方块字为词的核心观念或术语，既有形、声、义三大基本要素，又有从殷商卜辞到六国文字到篆、隶、草、行的

---

① 本书所引《文心雕龙》，均据范文澜：《文心雕龙注》，人民文学出版社 1958 年版。下不另注。

历史演变，其语义还有词根义、引申义、转借义、修辞义以及词性活用的不同。凡此种种，各分册在诠解本字时，都是需要讲清楚的。

第二，原始表末。不述先哲之诰，无益后生之虑。本字的语义嬗变，既标识不同时代的文化观念，又贯通不同时代的文化命脉，故须从历史的层面对本字的语义嬗变作出阶段性清理和分时段呈现，尤其要注意在外来文化（如古代的佛学和近现代的西学）影响下，本字与异域文化的冲突与融合。

第三，选文定篇。单个的字，活在文本之中。这里所说的"文本"，既包括传世文书如文史哲经典等，也包括出土文物如简帛、铭器等，还包括民间的和日常生活的口传文化。各分册对本字的解读，须借助多类文本以及由文本所构成的复杂语境，依凭丰富多元、翔实鲜活的语言材料，叙述并阐释本字所涵泳的智性审美、民族心理乃至民风民俗等多重旨趣。

第四，敷理举统。本《大系》所精选的汉字，大多具有全息特征，一字一意境，一字一世界，会意指事、形声并茂地呈现出中华文化高远的美学意境和深广的意义世界。故各分册对本字的诠释和解读，还需要从思想文化的深度，剖析本字所包蕴的哲学、伦理、宗教、政治、文学、艺术等多重语义内涵，概括并揭示本字对于中国文化乃至世界文明的独特价值和意义。

在囊括上述四项基本内容的前提之下，本《大系》的各个分册的入思路径、整体框架、章节设计乃至撰著风格等，既因"字"（本字）而异，又因"人"（著者）而异，但在总体上具有鲁迅《汉文学史纲要》所称颂的汉字"三美"："意美以感心，一也；音美以感耳，二也；形美以感目，三也。"

一、文字乃经艺之本，王政之始

许慎的《说文解字》，其《叙》称"文字者，经艺之本，王政之始"。陈梦家（1911—1966）《中国文字学》指出，汉代以前，文字的名称经历了三个时期：首称文字为"文"（如《左传》有"夫文止戈为武""故文反正为乏"和"于文皿虫为蛊"），次称文字为"名"（如《论语》"必也正名乎"皇疏引郑注"古者曰名，今世曰字"），末称"文""名"为"文字"（如秦始皇《琅琊台刻石》"同书文字"）并沿用至今。①章太炎（1869—1936）《国故论衡》曰："文学者，以有文字著于竹帛，故谓之文。论其法式，谓之文学。"②这里所说的"文学"是广义上的，与狭义的"文化"（即观念形态的文化或曰小文化）大体重合。从字面上看，章太炎似将文化与文字等同；究其奥义，则是从源头（竹帛）处找到汉语文化与汉语文字的内在关联。章太炎又称"凡文理、文字、文辞，皆称文"，可见"文字"还包括了"名""言""辞"等。在中华文化的产生、生成乃至生生不息之中，汉语的文字扮演着"名"正言顺、一"言"九鼎和"辞"动天下之重要角色。

章太炎《国故论衡》称"榷论文学，以文字为准"③，"以文字为准"是中国文化及文学研究的一大传统，这里的"准"既有标准、法式之义，亦有本根、源起之义。刘勰的"文章"颇类似于章太炎的"文学"，也是广义上的，与"文化"重合。刘勰著《文心雕龙》，专门辟有《练字》一篇，叙述"字"的历史，表彰"字"的伟绩，褐橥"字"的诸种功能。《练字》篇论"字"从仓颉造字说起："仓颉造之，鬼哭粟飞；黄帝用之，官治民察。"仓颉造字是华夏文明史上伟大的文化事件，动天地泣鬼神，孳文明乳文化。汉字的历史也就是中华文化的历史，汉字的功绩也就是中华文化的功绩，故《文心雕龙·序志》讲"文"之功德时称"君臣所以炳焕，军国所以昭明"，亦即《练字》篇所言"官治民察"。刘勰之前，东汉许慎曰："盖文字者，经艺之本，王政之始，前人所以垂后，后人所以

---

① 陈梦家：《中国文字学》，中华书局 2006 年版，第 255 页。
② 章太炎：《国故论衡》，上海古籍出版社 2003 年版，第 49 页。
③ 章太炎：《国故论衡》，上海古籍出版社 2003 年版，第 49-50 页。

识古。故曰'本立而道生'，'知天下之至赜（颐）而不可乱也'。"①许慎"故曰"所引两段文字，前者出自《论语·学而》，后者出自《周易·系辞上传》。由此可见，从《论语》到《易传》，从《说文解字》到《文心雕龙》，中华元典对"字"之文化本根义的体认是一以贯之的。

《练字》篇称"字"乃"言语之体貌""文章之宅字"，汉语的方块字是言语的生命体，是文章的宅基和家园。《尔雅》有"言者，我也"，"我"以何"言"？字。故《练字》篇说"心既托声于言，言亦寄形于字"。无言，心何以托？无字，言何以寄？《文心雕龙·章句》赞"字"，称其"振本而末从，知一而万毕"，亦即许慎所言"经艺之本，王政之始"。字乃统末之本，驭万之一。《章句》篇胪列"立言"的四大要素（字、句、章、篇），"字"居其首，"字"立其本："夫人之立言，因字而生句，积句而成章，积章而成篇。"无论是单篇的文章还是观念形态的文化，其创制孳乳，其品赏识鉴，都是从一个一个的方块"字"开始的。②在源起与流变、创制与识鉴、传播与接受等多重意义上，"字"皆为文化之"始"或"本"，故在此意义上可以说"字生文化"。

许慎《说文解字》对"字"这个汉字的解释是"乳也。从子在宀下，子亦声"。段玉裁（1735—1815）注曰："人及鸟生子曰乳，兽曰产。引申之为抚字，亦引申之为文字。《叙》云：'字者，言孳乳而浸多也。'"③字者，孳乳也。"孳"是生孩子，"乳"是哺孩子。由"字"我们想到"孕"，两个汉字都是会意："孕"还只是十月怀胎，"字"则不仅是一朝分娩，更是含辛茹苦地将孩子抚养成人；"孕"还只是怀一个孩子（胎），"字"则是生产并哺育一个又一个的孩子，引而中之，则表明一个字叫

①　（汉）许慎撰，（清）段玉裁注：《说文解字注》，上海古籍出版社1981年版，第763页。

②　民间将文人著书立说称之为"码字"，将接受者的文化解读称之为"识文断字"，亦可见对文化活动中"字"元素的高度重视。

③　（汉）许慎撰，（清）段玉裁注：《说文解字注》，上海古籍出版社1981年版，第743页。

衍生出许多个词和短语。段玉裁为《说文解字·叙》"字者，言孳乳而浸多也"作注时，还将"字"拿来与"名"和"文"相比较，先讲"名者自其有音言之，文者自其有形言之，字者自其滋生言之"，后说"独体曰文，合体曰字"，强调的都是"字"的"孳乳""浸多""滋生""合体（再造）"之功能。

当然，许慎和段玉裁说"字"，还只是在小学（文字学）的场域内讨论"字"的孳乳性或繁衍力。如果我们将"字，孳乳也"放在广阔的文化领域，来追问并验明"文字"与"文化"的血缘关系，则不难发现中华文化的字生性特征。《文心雕龙》开篇"原道"，追溯"文"即文化之本原与起源，《原道》篇在为"文"释名章义即解决了"文"的本原问题之后，继之回答"文"的起源问题："自鸟迹代绳，文字始炳，炎皞遗事，纪在三坟。"从"唐、虞文章"到"益、稷陈谟"，从夏后氏"九序惟歌"到周文王"繇辞炳曜"，从周公旦"制诗辑颂"到孔夫子"熔钧六经"，刘勰为我们描述的这一部上古文化史，分明滥觞于"文字始炳"，分明嬗变为文字的"符采复隐，精义坚深"，又分明完成于先秦圣哲的"组织辞令""斧藻群言"。

《原道》篇的上古文化史在论及商周文化时，称"逮及商周，文胜其质，《雅》《颂》所被，英华日新"，这是伟大的《诗经》时代，这是辉煌的风雅颂时代。商周始祖的"英华"记录在《雅》《颂》文字之中。商的始祖是契，契建国于商；周的始祖是后稷，后稷的母亲是姜嫄。再往上追问：契乃谁生？姜嫄如何生后稷？幸好，我们有《诗经》的文字：《商颂·玄鸟》说"天命玄鸟，降而生商"，《大雅·生民》说"（姜嫄）履帝武敏歆，攸介攸止。载震载夙，载生载育，时维后稷"。玄鸟生商（契），姜嫄履帝之足迹而生后稷，这是《诗经》的文字所记录的商周历史。就历史的真实而言，玄鸟不可能生商（契），姜嫄亦不可能履帝迹而生后稷；就文化（神话与传说）的真实而论，"玄鸟生商""姜嫄履帝迹生后稷"则不仅是"真"的，更是"美"和"善"的。而关于商周始祖的真善美的历史，与其说是《诗经》的文字所记录，还不如说是《诗经》的文字所创造。关于"字生文化"的例证，除了"玄鸟生商"和"履帝武敏歆"，还可以举出后羿射日、女娲补天、皇英嫔虞、伏羲画卦、仓颉造字……中华文化史上这些动天地泣鬼神的壮美故事，这些孳文明乳文化的伟大事件，无一不是我们的方块字所创造出来的，"字生文化"是也。

"文化"和"文字"的"文"，被许慎解释为"错画也，象交文，凡文之属皆从文"①。东汉的许慎虽读过《庄子》却未见过殷商卜辞，故不知道这个"文"就是《庄子·逍遥游》的"越人断发文身"之"文"。甲骨文中的"文"，从武丁时期到帝辛时期，均有"文身"之义："象正立之人形，胸部有刻画之纹饰，故以文身之纹为文。"②纹身所具有的符号性、象征性、修饰性、结构性和文本化，使得"文"这个独体象形的汉字成为人类最早的文化产品之一，亦成为汉语言"字生文化"的最早例证之一。如果说，人在自己身体上的交文错画是人类最早的文化行为，那么"以文身之纹为文"则是人类最早的文化识鉴和文化交往，是人对"字生文化"的感性鉴赏和理性批评。交文错画着形形色色之"文"的龟甲兽骨，虽然被掩埋在殷商帝辛的废墟之中，但"字生文化"作为华夏文明的重要特征却生生不息，历经数千载而不朽。我们今天从文明、文化、文字、文辞、文献、文学、文章、文艺、文采、文雅等众多中华文化的诸多关键词之中，从诗、词、歌、赋、曲、文、说、剧、碑、诔、铭、檄、章、奏、书、记等各体文学及文化产品之中，不难窥见掩埋在殷墟小屯的"字生文化"之元素及景观。

二、心生而言立，言立而文明

"文字"与"文化"都有一个"文"，"文"既是独体象形的上古汉字的典型代表，也是"字生文化"的典型例证。《文心雕龙》以"文"肇端(《原道》篇首句"文之为德也大矣")，以"文"终章(《序志》篇末句"文果载

① 　(汉)许慎撰，(清)段玉裁注：《说文解字注》，上海古籍出版社1981年版，第425页。

② 　徐中舒主编：《甲骨文字典》，四川辞书出版社2006年版，第996页。

心，余心有寄"），可谓始于"文"而终于"文"。《原道》篇追原"文"之"元"（原本与源起），在很诗意也很哲理地阐释了"天之文"和"地之文"之后，水到渠成地引出"人之文"的定义："心生而言立，言立而文明，自然之道也。""人"（天地之心）诞生了，"字"（语言文字）才会被发明被创立；语言文字创立之后，"文"才会彰显、章明、刚健、灿烂。作为天地之心的"人"，以自己所独创的"字"（"名""言""辞"等），去彰明"自然之道"，这一彰显的过程、结果及其规律就是"文"（文章、文学和文化）。如果说，《原道》篇"鸟迹代绳，文字始炳"，《章句》篇"人之立言，因字而生句""振本而末从，知一而万毕"讲的都是文字对于文化之产生即历史起源的决定性价值，那么这里的"心生言立，言立文明"讲的则是文字对文化之生成即逻辑本原的规定性意义。

鲁迅《汉文学史纲要》亦借刘勰"心生而言立，言立而文明"论汉语"文章"即狭义文化的本原、起源及流传，其首篇《自文字至文章》讲文字乃文章之始："专凭言语，大惧遗忘，故古者尝结绳而治，而后之人易之以书契"，"文字既作，固无愆误之虞矣"①，连属文字而成文章，即刘熙《释名》所云"会集众字以成辞义"，"字生文化"是也。汉娜·阿伦特《人的境况》讲人生在世须做三件事：活着，工作着，说（书写）着。② 人的工作，制作出各种文化产品，创造出灿烂的文明。而只有当人类用文字"立言"之时，才真正创造出"人之文"。或者说，人类只有凭借"立言"这种文化行为，才能创造出"言立"的文化。《左传》讲三不朽——立德、立功、立言。就"德"和"功"的历史传承而言，前人如何垂后？后人如何识古？立言。何以立言？言寄形于字，因字而生句。故刘勰的"心生而言立，言立而文明"是对中华文化"字"生性特征的高度概括。

汉语"文学"一词有文献可征者，始见于《论语·先进》："文学：子

---

① 鲁迅著：《鲁迅全集》第九卷，人民文学出版社 1982 年版，第 343-345 页。
② ［美］汉娜·阿伦特著，王寅丽译：《人的境况》，上海人民出版社 2009 年版，第 14-17 页。

游，子夏。"孔子(前 551—前 479)的这两位高足，既不创制诗歌更不撰写小说，何来"文学"之名？杨伯峻(1909—1992)《论语译注》将此处的"文学"释为"古代文献，即孔子所传的《诗》《书》《易》等"①。这里的"文学"实际上是我们今天所说的文献学，是观念形态之"文化"的重要组成部分。中国古代，小学(文字学)是经学的根基(故十三经有《尔雅》)，经学家首先是小学家(字乃经艺之本)。《世说新语》据《论语》孔门四科而列"文学"门，叙述的是马融(79—166)、郑玄(127—200)、何晏(？—249)、王弼(226—249)、向秀(约 227—272)、郭象(约 252—312)这些学者注经的故事。精通小学和经学的文化大师们，统统被划归于孔儒的"文学"之门。

夜梦仲尼、以孔子为精神导师的刘勰本来是要去传注儒家经典的，但他觉得自己在经学领域很难超过马融、郑玄，就转而去撰写《文心雕龙》，其《序志》篇坦陈："敷赞圣旨，莫若注经；而马郑诸儒，弘之已精，就有深解，未足立家。唯文章之用，实经典枝条，五礼资之以成，六典因之致用，君臣所以炳焕，军国所以昭明，详其本源，莫非经典。"可见以"敷赞圣旨"即以弘扬孔儒文化为人生理想的青年刘勰，实际上是从经学(包括小学)切入"文"的研究，或者说是从经学(包括小学)与文章之关系入手建构其"文"本体。以五经为标准来考察他那个时代的"文"，刘勰很容易发现"(时文)去圣久远，文体解散，辞人爱奇，言贵浮诡，饰羽尚画，文绣鞶帨，离本弥甚，将遂讹滥"。坚守儒家文化的经学立场和小学本位，青年刘勰敏锐地看出他那个时代的"文"(时文)在"言"与"辞"(即语言文字)方面出了大问题，而问题之要害则是严重背离了儒家五经"辞尚体要"的传统："盖《周书》论辞，贵乎体要；尼父陈训，恶乎异端：辞训之异，宜体于要。于是搦笔和墨，乃始论文。"批判时文的"言贵浮诡"，回归元典的"辞尚体要"，竟然成了刘勰撰写《文心雕龙》的文化心理动因。

---

① 杨伯峻译注：《论语译注》，中华书局 1980 年版，第 110 页。

如果说《序志》篇是在"文心（为文用心）"的深潜层次讲"辞尚体要"，那么《征圣》篇和《宗经》篇则是在"雕龙（创作技法）"的精微领域讨论如何以圣人和经典为师来"辞尚体要"。二者虽有巨细之别，但其经学立场和小学本位（即"字本位"）则是一致的。《征圣》篇连续三次讲到"辞尚体要"，要求文学家学习春秋经的"一字以褒贬"和礼经的"举轻以包重"，其文字方可"简言以达旨"；学习易经的"精义以曲隐"和左传的"微辞以婉晦"，其文字方可"隐义以藏用"；学习诗经的"联章以积句"和礼经的"缛说以繁辞"，其文字方可"博文以该情"。《宗经》篇则针对"励德树声，莫不师圣，而建言修辞，鲜克宗经"之时弊，大讲特讲儒家五经在"言""辞"即文字上的优长：易经的"旨远辞文，言中事隐"，诗经的"藻辞谲喻，温柔在诵"，书经的"通乎尔雅，文意晓然"，礼经的"采掇片言，莫非宝也"，春秋经的"一字见义，五石六鹢，以详略成文"。"五经之含文也"，宗经征圣落到实处，是要学习五经的文字功夫即雕龙技法，这也是刘勰撰著《文心雕龙》的用心之所在，苦心之所在。

青年刘勰"征圣立言"的经学立场不仅铸就其文学本体观的"字本位"，同时也酿成其文学史观的"字本位"，即从"字"的特定层面来考察文学的历史嬗变。《章句》篇讲诗歌的演变，称"笔句无常，而字有条（常）数"，诗歌句子的变化似无常规，而（每一句）字数的多少则是有规律可循的："四字密而不促，六字格而非缓，或变之以三五，盖应机之权节也。"在刘勰的眼中，中国古代诗歌的发展演变史，落到实处，就是"字"数之多少的应变史："二言肇于黄世，竹弹之谣是也；三言兴于虞时，元首之诗是也；四言广于夏年，洛汭之歌是也；五言见于周代，行露之章是也。六言七言，杂出诗骚；两体之篇，成于西汉。情数运周，随时代用矣。"《明诗》篇对诗歌史的描述，也是以"字有常数"为演变规律的："四言正体，则雅润为本；五言流调，则清丽居宗。……至于三六杂言，则出自篇什；离合之发，则明于图谶；回文所兴，则道原为始；联句共韵，则柏梁余制。巨细或殊，情理同致，总归诗囿，故不繁云。"总之，一时代有一时代之诗歌，彼一时代与此一时代的诗歌之异，或短或长，或密或疏，或促或缓，或多或寡，完全取决于字数的或增或减。王国维《人间词话》说著一字而境界全出，对于诗歌创作而言，增（或减）一字则格调迥别、境界迥异，"字"之多寡，岂能以轻心掉之？

三、鼓天下之动者存乎辞

《周易·系辞上》讲到《周易》的四大功用，首条便是"以言者尚其辞"①。《周易》的文化符号包括了两大系统：卦爻象系统与卦爻辞系统，借用王弼《周易略例》的话说，前者是"象者，出意者也"，"尽意莫若象"；后者是"言者，明象者也"，"尽象莫若言"②。但是，"象"之出意尽意，完全有赖于"言"之明象尽象，若无卦爻辞的文字阐释，《周易》那么多的卦爻象究为何意是谁也弄不清楚的。因此，《系辞下》要说"是故《易》者，象也；象也者，像也"，《周易》就是象征，象征就是通过模拟外物以喻晓内意，而拟物喻意离开了"辞"是根本无法进行也无法完成的。作为修辞手法，象征有两个端点：一头是物一头是意。物何以达意指意或明意？必须有"辞"。故《周易》的经与传要用"辞"来拟物（人物、事物、景物等）出意（意义、价值、情志等）。《周易》作为中国的文化经典，其生生不息的奥秘在于斯，其动天地泣鬼神的感染力亦在于斯，故刘勰要借用《周易》的话来浩叹："鼓天下之动者存乎辞！"

在因"五经皆文"而征圣宗经的刘勰心目中，《周易》无疑是最好的"文"（即文化经典）之一，故《文心雕龙·原道》讲述上古文明史以《周易》的原创与阐释为主线，所谓"庖牺画其始，仲尼翼其终"。《周易》的创卦者，观物而画卦，"系辞焉以尽其言，变而通之以尽利，鼓之舞之以尽神"；《周易》的观卦者，尚辞而解卦，"观其象而玩其辞"，观察卦

① 本书所引《周易·系辞传》，均据（清）阮元：《十三经注疏》，中华书局1980年版，第75-92页，下不另注。

② （魏）王弼注，楼宇烈校释：《王弼集校释》下册，中华书局1980年版，第609页。

爻的象征意味而探究玩味其文辞，或者反过来说，通过品味卦爻辞而领悟其象征及修辞。"辞"对于《周易》的意义是无论怎么强调也不过分的：无"辞"何以识训诂？无"辞"何以明象征？无"辞"何以成易道？无"辞"何以定乾坤？

《周易》是象思维和象言说，而《周易》的象思维和象言说，是靠"辞"(小学之训诂加上文学之修辞)来完成的。受《周易》的影响，中国古代文化历来有"尚辞"之传统，笼统而言是讲究语言文字的艺术，具体而论是注重象征、隐喻、比兴、夸饰等修辞手法。《文心雕龙》创作论二十多篇，有超过一半的篇幅是专门谈"字"说"辞"的：属于谈"字"(即讨论语言文字)的篇目有《声律》《章句》《俪辞》《练字》等，属于说"辞"(即讨论文章修辞)的有《比兴》《夸饰》《事类》《隐秀》等，属于通论二者的有如何通变(《通变》)与定势(《定势》)指瑕(如何《指瑕》)与附会(《附会》)，如何熔裁(《熔裁》)与总术(《总术》)。广而论之，中国古代文论的批评文本，数量最巨的是历朝历代的诗话、诗式、诗格、诗法等。明清以降，继海量的"规范诗学"或"修辞诗学"，又出现热衷于作法和读法的小说戏曲评点。金圣叹《第五才子书》讲《水浒传》的创作是"因文生事"，"只是顺着笔性去，削高补低都由我"①，故"因文生事"是在叙事层面对"字生文化"的经典表述。

汉语的方块字孳生了文化，也哺乳了文化，字是文化之母。就"文字"创制与"文化"创造之关系而言，汉字的六书作为"字"的构造规律，深情地也深度地哺乳了中华文化，并成为观念形态之文化的创造规律。刘歆、班固将"象形"置于六书之首，并将六书前四项表述为"象形""象事""象意""象声"②，无意中触到字乳文化之要害。鲁迅《汉文学史纲要》亦论及"六书"尤其是"象形"与文化的关系："文字初作，首必象

---

① 陈曦钟、侯忠义、鲁玉川辑校：《水浒传会评本》上册，北京大学出版社1981年版，第16页。

② (汉)班固撰，(唐)颜师古注：《汉书》第6册，中华书局1982年版，第1720页。

形，触目会心，不待授受，渐而演进，则会意指事之类兴焉。"①

我们以文字与文学的关系而论。汉字六书对汉语文学的孳乳，若概而言之，则是鲁迅所言"意美以感心，一也；音美以感耳，二也；形美以感目，三也"②。若分而言之，其"象形"之"画成其物，随体诘诎"既是汉字区别于拉丁文的标志性特征，也是文学的标志性特征，方块字的象形孳乳了文学的形象性和意境化，此其一。如果说"指事"的"视而可识，察而见意"，养育了文学之"赋"的直书其事，体物写志；那么，"比类合谊，以见指撝"之"会意"，与"本无其字，依声托事"之"假借"，则分别孳乳了文学的"比显"与"兴隐"，此其二。此外，"转注"的"同意相受"启迪了文学的互文性，而"形声"的"取譬相成"成就了文学的谐音之趣与声韵之美，此其三。至于具体的创作过程之中，文学家如何推敲，如何炼字，如何捶字坚而难移，如何语不惊人死不休，亦可见出"字"对于文学的特殊意义。

被称为现代语言学之父和结构主义鼻祖的费尔迪南·德·索绪尔（1857—1913），视"文字"为"语言"的表现或工具。与此同时，索绪尔又不得不承认："书写的词跟它所表现的口说的词紧密地混在一起，篡夺了主要的作用；人们终于把声音符号的代表看得和这符号本身一样重要或比它更加重要。"③把书写的词即文字看得比口说的词即言语更加重要，这在表音体系（如拉丁语）中或许不太正常，但在表意体系（如汉语）中却是非常正常也是非常真实的。

或许是看到了表意体系的这种独特性，宣称"我们的研究将只限于表音体系"④的索绪尔，却在《普通语言学教程》中用了整整一节的篇

---

①　《鲁迅全集》第九卷，人民文学出版社 1982 年版，第 344 页。

②　《鲁迅全集》第九卷，人民文学出版社 1982 年版，第 344 页。

③　［瑞士］费尔迪南·德·索绪尔著，高名凯译：《普通语言学教程》，商务印书馆 1980 年版，第 48 页。

④　［瑞士］费尔迪南·德·索绪尔著，高名凯译：《普通语言学教程》，商务印书馆 1980 年版，第 51 页。

幅，专门讨论表意体系中"文字的威望"及其形成原因：首先，"词的书写形象使人突出地感到它是永恒的和稳固的，比语音更适宜于经久地构成语言的统一性"；其次，"在大多数人的脑子里，视觉印象比音响印象更为明晰和持久"；再次，"文学语言更增强了文字不应该有的重要性。它有自己的辞典，自己的语法"，并最终形成自己的"正字法"，"因此，文字成了头等重要的"；最后，"当语言和正字法发生龃龉的时候，除语言学家以外，任何人都很难解决争端。但是因为语言学家对这一点没有发言权，结果差不多总是书写形式占了上风，因为由它提出的任何办法都比较容易解决。"①我们看索绪尔从逻各斯中心主义立场出发的对"文字威望"的批评，在某种意义上恰好是对汉字这种典型的表意体系的表扬。书写形象的永恒和稳固，视觉形象的明晰和持久，文字威望对语言统一性的塑造和维护，尤其是文学语言如何以"头等重要"的身份来解决文字与语言的矛盾等，表意体系的这些特征及优长，构成了"字生文化"的文字学根基。

解构主义大师、后现代理论家雅克·德里达（1930—2004），其《论文字学》解构索绪尔语言学的二分结构，认为"文字并非言语的'图画'或'记号'，它既外在于言语又内在于言语，而这种言语本质上已经成了文字"②，故"文字学涵盖广阔的领域"，甚至可以用文字学替代语言学，从而给文字理论提供机会以对付逻各斯中心主义的压抑和对语言学的依附关系③。逻各斯中心主义又称语音中心主义，声音使意义出场，不同于汉字的书写使意义出场。德里达《论文字学》在批评索绪尔对文字与言语作内外之分时指出："外在/内在，印象/现实，再现/在场，

---

① ［瑞士］费尔迪南·德·索绪尔著，高名凯译：《普通语言学教程》，商务印书馆 1980 年版，第 50 页。

② ［法］雅克·德里达著，汪堂家译：《论文字学》，上海译文出版社 1999 年版，第 63 页。

③ ［法］雅克·德里达著，汪堂家译：《论文字学》，上海译文出版社 1999 年版，第 50 页。

这都是人们在勾画一门科学的范围时依靠的陈旧框架。"①我们今天研究中华字文化，应该打破陈旧的框架，以一种跨学科的宏阔视野来说"文"解"字"。

文字乃经艺之本，就人类轴心期文明的典型代表华夏文明而言，以"经艺"为代表的汉语元典，用一个一个的方块字(中华文化关键词或中华文化核心词)，建构起轴心期华夏文明的意义世界。中华文化是字孳字乳的文化，华夏文明是字孳字乳的文明。观念意义上的中华文化，其源起是"鸟迹代绳，文字始炳"，其元典是或"一字以褒贬"或"联章以积句"的经艺，其楷模是情见文字、采溢格言、辞尚体要、辞动天下的圣贤文章，其种类是肇于经艺、著于竹帛的所有文体。字生文化，上古汉语的方块字从起源与本原处孳乳了中华文化，孳乳了华夏文明。追问并验明文字与文化的血缘关系，揭示中华文化的"字"生性特征，可为"文化"的释名章义，为文化研究的选文定篇，为文化理论的敷理举统，乃至为文化史的原始表末，提供新的路径并开辟新的场域。

① ［法］雅克·德里达著，汪堂家译：《论文字学》，上海译文出版社1999年版，第45页。

目　　录

中编 体气：人体生命之气

下编 文气：文学作品之气

上编 元气:宇宙天地之气

　　"元气"是中国哲学和中医学中常见的概念。"元气"作为中国古代的哲学概念,始见于先秦哲学著作《鹖冠子》。就其本义而论,"元气者,气之元也"。"元"通"原","始也"(《说文》)。元气是一种始基生命力,是万物生机活力之所在。正是元气的生命功能构成了元气之为生机盎然的天地万物之"元"的本质特征。因此,元气是天地万物生成的基始物质,是宇宙万物的本原和本体。

　　在中国古代哲学史上,元气学说是人们认识自然的世界观,其产生可追溯至老子之"道",基本形成于战国时期宋钘、尹文的"心气"说(即气-元论),发展于东汉末年王充的元气自然论及北宋张载所倡之元气本体论。元气学说以元气作为构成世界的基本物质,以元气的运动变化来解释宇宙万物的生成、发展、变化、消亡等现象。这种朴素的唯物主义哲学思想,在中国古代哲学史上占有极重要的地位,并对自然科学的发展产生了深刻的影响。

　　元气学说作为一种自然观,是对整个物质世界的总体认识。因为人的生命活动是物质运动的一种特殊形态,故元气学说在对天地万物的生成和各种自然现象作唯物主义解释的同时,还对人类生命的起源以及有关生理现象提出了朴素的见解。基于元气学说的对人类生命的认识,即是"元气论"。元气论对中医学、气功学理论体系的形成和发展,都产生了极大的促进作用。

"元气"("气")概念源于古人特有的自然观和生命观。"元气"作为万物的本体,它是一种无形无象的、"充盈大宇而不窕"的、永无止息地化生天地万物而具有生命力的细微物质存在。它能生出有形物质,能构成生命活力,能体现为精神存在。因此,元气的特征主要体现在其超象性、连续无间性和创生性三个方面。

第一章 "气"的文化溯源与诗性品格

德国著名学者恩斯特·卡西尔说:"如果我们想要发现把语词及其对象联结起来的纽带,我们就必须追溯到语词的起源,我们必须从衍生词追溯到根词,必须去发现词根,发现每个词的真正的和最初的形式。根据这个原理,词源学不仅成了语言学的中心,而且也成了语言哲学的基石。"①"气"作为中华文化的一个元关键词,不仅凝结着中华民族关于世界、人生的独特见解,同时也凝结了该民族把握、感悟和理解世界的独特方式,体现出中华民族的独特的思维形式——诗性思维,同时也充分体现了中国文论的诗性特征。

第一节 "气"的字源学考释

拉法格曾经说:"词的意义相继发展的历史解决了第一个困难,它给我们指出具体的意义往往先于抽象的意义。"②特殊的、具体的意义往往先于普遍的、抽象的意义,这是人类思维发展的一般规律。"气"作为中华文化的关键词无疑同其他概念范畴一样具有普遍的意义,但其普遍意义必然是从"气"字的具体的原始意义中升华发展出来的。只是由于年代的久远,历史的长河已经把"气"概念生成演化的过程冲刷得踪

---

① [德]恩斯特·卡西尔著,甘阳译:《人论》,上海译文出版社1985年版,第155页。

② [法]拉法格著,王子野译:《思想起源论》,生活·读书·新知三联书店1963年版,第57页。

迹难寻。因此，想要探明"气"文化底蕴和文论内涵，首先必须从字源学的角度进行一番审慎的考释。

"气"字演变图

一、甲骨文与金文中的"气"

"气"的思想在中国起源很早。根据现代考古材料，我们可以将其追溯到殷周时期的甲骨文和金文。

甲骨文写作"三"，像云彩之形。春秋战国时期，人们为把"三"与数字"三"区别开来，于是将第一笔弯曲写成"⇌"。存世的一对春秋时期齐侯壶上刻有"洹子孟姜用气嘉命"的铭文，其中的"气"字就写作"⇌"，而在后来发现的金文中写作"⇝"。可见，"气"由最初简单的象形文字，在不断的演化中逐渐转变为《说文解字》（以下简称《说文》）小篆中的"⇝"，主要原因是古人为了便于辨识，而将"三"上下的笔画进行了变形。

"气"为什么和"三"的字形相似？《甲骨文字典》作出了如下解释："气""象河床涸竭之形，'二'（两长横）象河之两岸，加'一'（中间一短横）于其中表示水流已尽。即汔之本字。《说文》：'汔，水涸也。'又孳乳为讫。《说文》：'讫，止也。'引申为尽。小篆讹为⇝，借为云气之气。又省作乞，从乞之字多保留气字初义。"①

————————

① 徐中舒：《甲骨文字典》，四川辞书出版社 2006 年版，第 38 页。

甲骨文中"气"字的意义究竟是什么？我们只有通过对一个个用例的检讨才能推定，但可以肯定的是，由于雕刻技术和质地材料的原因（甲骨文多为爽利的直线），被刻成三条直线而解作"气"的"三"（与上下两画相比，中间一画短）与作为数字的汉字"三"（上中下三画的长度相等）在甲骨文的记载中是不同的。于省吾在《卜辞求义》中说："'气'字初文作'三'，降及周代，以其与'上下'合文及纪数'三'字易混，上画弯曲作'⇃'，又上下画均曲作'⇂'，以资识别。"①他认为甲骨文中的"三"字即今之"气"字，它与数字之三的区别是中间一画短。自东周以来，因其与"三"字易混，故金文一变作"⇃"；取其上下对称，再变作"⇂"。

于省吾先生最先将甲骨文中的"三"字解作"气"字。他推断甲骨文中的"三"字有三种意义：一是作为"乞求"的意义使用。如："庚申卜今日气雨。"（《殷契粹编》七七一）这个卜辞的意思是："卜于庚申，今日，能求到雨吗？"二是"迄至"之义。如："王固曰，土（有）希，其土来嬉（囏）。气至五日丁酉，允土来嬉。"（《殷墟书契菁华》一）这条卜辞的意思是："王占曰，有灾祟，它会降临吗？迄至五日丁酉，确实会降临灾难吗？"三是"讫终"之义。如："之日气有来囏。"（《殷墟书契前编》七·三一·三）这条卜辞是"这一天终于降临灾难"之义，其中的"气"读"讫"训为"终"。于省吾先生认为："总之，甲骨文'气'字作三，自东周以来，为了易于辨别，故一变作⇃，再变作⇂。但其横画皆平，中画皆短，其嬗演之迹，固相衔也。气训乞求、迄至、讫终，验之于文义词例，无不吻合。"②

从对甲骨文中现已发现的若干用例的考察来看，"气"字并没有被用作名词的"云气"之类的用法，而是用作了动词或副词的"乞求""迄

---

① 转引自《汉语大字典》（缩印本），四川辞书出版社 1991 年版，第 843 页。
② 于省吾：《甲骨文字释林》，中华书局 1979 年版，第 79 页。

至""讫终"三种意义。① 后来，饶宗颐在《殷代贞卜人物通考》中提出将"气"字作为"刉、汔"意义使用的看法。陈梦家则在《殷墟卜辞综述》提出作为"乞取"意义使用之说。另有平冈祯吉氏从更为开阔的视域来研究"气"，他在《淮南子中出现的气之研究》一文中，从字形以及殷人的观念对甲骨文中的"气"字进行了多角度的考察，他认为这个字形是"帝命降下"的表象。

古人对天地之气的运行早有观察，并且极为重视，并表现在对"风"的关注上。在甲骨文中，不仅有着许多对不同时令、不同方向的风的记载，而且由于风云与季节气候、农业生产有着密切的关联，还有不少材料证明殷人祭祀风神与云神。《庄子》曰："野马也，尘埃也，生物之以息相吹也。"(《逍遥游》)"夫大块噫气，其名为风。"(《齐物论》)古代对于风的论说纷纭，战国时代的文学家宋玉还写过一篇《风赋》。

甲骨文中"气"字的用法验之于春秋时期的金文亦相吻合，如齐侯壶铭文：洹子孟姜用气嘉命。(甲器之"气"字写为"䖝"，乙器之"气"字写为"ㅌ"，见《三代吉金文存》卷十二·三三)其中"气"字训为"气求"。"气求"之"气"在战国秦朝之际才省中间一画，写为"乞"。② 在金文中也有作为名词的"气"字，见于"行气玉柲铭"(拓片见《三代吉金文存》卷二十·四九)，其中气字写为"炁"。陈梦家以五行说之兴约在孟子之前，五行起于五火之更行，此铭器"炁"字从火，"行炁"如行火，推证剑柲为战国初期的齐器。③ 其铭文云："行炁立则遄，遄则神，神则下，下则定，定则固，固则明，明则长，长则衺，衺则大。天其柱在上，地其柱在下，顺则生，逆则死。"此处"气"字是一个名词。通而论之，甲骨文、金文中的"气"字只是一普通的字词，尚未蕴涵哲学意义。

---

① 于省吾：《释气》，参见《甲骨文字释林》，中华书局 1979 年版，第 79-83 页。

② 详见周法高主编《金文诂林》，香港中文大学 1974 年版。

③ 陈梦家：《五行之起源》，《燕京学报》1938 年第 24 期。

在金文的大豊簋、令簋、齐侯壶三件器物中，也出现了和甲骨文中类似的字，但专家对它们的解释还是众说纷纭，尚无定论。

通常认为西周早期的大豊簋(《三代吉金文存》卷九·十三)中有"三"字。不同的研究者对于大豊簋的制作时期、文字和文章有着各自的解读，而且对于其铭文"三衣祀"也进行了不同的解读与解释。闻一多在《古典新义》中认为"三"和作为数字的汉字"三"是相同的。陈梦家和郭沫若则重视中间的一画短的现象，认为与甲骨文中的情况相同，当读作"气"。日本学者白川静氏援用殷涤非之说，认为甲骨文"三""恐怕是'王'字脱落了中一画"①。

西周时期的令簋(《三代吉金文存》卷九·二六)中有"戍冀□三"。这部分非常难解，赤冢忠氏解读作"治(嗣)戍冀三"(《定本书道全集》第一卷)，伊藤道治氏解读作"戍冀嗣三次"(《定本书道全集》第一卷)。郭沫若则认为与"三衣祀"相同，由于中画短，当读作气(迄)，把"戍冀□三"解为"戍敬虔地举行了燕享"(《两周金文辞大系》增订本)。

制作于春秋中期齐景公或庄公时期的齐侯壶，其中以"齐侯女·□"开始的甲器有一百四十三字铭文，近末尾处刻有"用彐嘉命"；乙器上有几乎同样文字的一百六十五字铭文，其近末尾则刻有"用彡嘉命"。两者的字形虽有差别，但都被看作"气"字，视为处于甲骨文爽利直线的"三"和篆文曲线的"彡"之间的字形。由此可见，齐侯壶铭文的"气"与甲骨文的"气"都是在以"乞"作为构成要素的意义上来使用的，不管是甲器的"用彐嘉命"还是乙器的"用彡嘉命"都含有"用乞嘉命"之义。

在有关大豊簋多种解说中，到底哪种解说为正解呢？现在难以确定。令簋难解的文字究竟应当怎样理解，现在也难以确定。但是，从现存文献资料来看，应当重视甲骨文"三"字形上与作为数字的汉字"三"的差别，"三"似当解作"气"。即使如此，大豊簋、令簋、齐侯壶的

---

① 白川静：《白鹤美术馆志》(第一辑)，转引自王九龙《医哲气学源流考》，南京中医药大学 2008 年博士学位论文。

"气"字也不是在"云气"等意义上使用。①

在现在出土的甲骨文、金文中，除了"行气玉秘铭"外，确实还没有找到作为名词使用的"气"字。但笔者认为，现在出土的甲骨文、金文之数量及其所记之内容毕竟有限，我们并不能用有限的史料作出春秋和春秋之前确无名词"气"字的判断。

陈梦家援引孟子的"我善养吾浩然之气"（《孟子·公孙丑》），老子的"专气致柔""心，使气曰强"（《老子》），荀子的"治气养身之术"（《荀子·修身》）等文字，认为剑秘铭文的"行氜"便是"行气"，类似于上述的养气、专气、使气、治气等。由此他推测在上述的铭文中隐含着这样的内容：人如果把天地之气（元气）纳入人体内，通过体气的蓄积与涵养，就可以使心神明，身定固，进一步扩充自己。此外，陈梦家还推定此剑秘为战国初期的齐器物。这些推断虽含有一定主观臆测的成分，但由此我们可以认为《孟子》等关于"气"的说法，是经过剑秘铭文之"气"说这一过渡阶段的，同时也为探寻"气"概念在后代的发展指明了路径。

二、《说文解字》中的"气"

文字（尤其是汉字）不仅能记录语言、保存信息，而且还直接参与思维。通过对早期那些有代表性的象形表意文字的考察，我们更能体味到民族原始思维运作的特色。"气"是从"三"字发展而来的，古人在造字的时候为了记录语言的方便和突出符号自身的区别特征，以"象形"的方法将"三"字上下两横予以变形而成为我们今天所见的"气"字。气本无形，其最初表示的意义，即其本义是"云气"。许慎的《说文解字·气部》曰："气，云气也，象形。"此字的篆书，就像由下朝上升起的气体的流动之形。段玉裁《说文解字注》说："象云起之貌，三之者，列多

---

① 以上参见小野泽精一等编著《气的思想：中国自然观与人的观念的发展》，上海人民出版社 1990 年版，第 14-15 页。

不过三之意也。"由此可知，"气"最早的含义是指一种充盈天地之间的云气。许慎和段玉裁对"气"字象形的解释与甲骨文、金文中所见之字并不矛盾。这也许可以作为先民将对气的认识与云相联系的一个证明。甲骨文中也有"云"字，上从"二"，下为云气回转之象。《说文解字》中的"云"写的是古文"⋶"。并说："云，山川气也，从雨，云象回转之形，古文省雨。"段注曰："古文只作'云'，小篆加雨于上，遂为半体会意、半体象形之字矣。'云'象回转形，此释下古文'云'为象形也。"《说文部首订》称："云为山川湿气所生，其形在上，敛雨为云。篆从古文。云而加雨者，谓云行雨施。云有雨，而其义尤明也。"可见，现行的简化字"云"是最先的本字，古文写作"⋶"，"象自下回转而上也"透露出造字者已注意到了其回旋运动不定型的特点，"山川之气"揭示了先民对世间万物赖以生存的生命本原之"气"的把握。可见，在华夏初民心目中，"气"乃世间万物赖以生存的生命本原，而这与山川之气自下回转而上所形成的"云"结合在一起。

"云气"一词，被广泛运用于先秦著作中，如"欲上则凌于云气，欲下则入于深泉"（《管子·水地》）；"绝云气，负青天""乘云气，御飞龙"（《庄子·逍遥游》）；"云气西行，云云然，冬夏不辍"（《吕氏春秋·圜道》）。又因为"云气"高高在上，能变幻致雨，被看作一种神秘的力量，所以远古有以云为图腾的自然崇拜。云腾致雨，云雨对农业生产十分重要，甲骨文中有很多祭云求雨的记载。以"云气"释"气"至少给人这样的启示：首先，古人总是力求借助有形之物来运思，并记录传达信息；其次，云的轻举飘浮、变幻无定、充斥弥漫、氤氲聚散也是气的运动形态；再次，"气"是一个形象性概念，即使后来具有了更多抽象的内涵，它仍保留着来自原本物态的感性特征。

秦汉以后，繁体"氣"字大量出现。《说文·米部》："氣，馈客刍米也。从米，气声。《春秋传》曰：'齐人来氣诸侯'……餼，气或从食。"王鸣盛的《蛾术编》案："'气'字隶变，以'氣'代'气'……'气'废而不用，而'氣'字之本义则专用重文'餼'以当之。"由此可知，"气"的本义是"馈赠别人粮食或饲料"，读作"xì"，隶书出现后，"氣"假借为"气"，而其本义却用它的异体字"餼"来表示了。这表明"气（餼）"与"粮食或饲料"的关联，也即与人之生命的关联。段玉裁《说文解字注》有："生曰餼。餼有牛羊豕黍粱稻稷禾薪刍等。……《经典》谓'生物曰餼'。"今《汉语大字典》第2条释"气"："气"通"饩"，发放或领取粮食。可见，"氣""餼""饩"都与饮食有关。段玉裁注曰："气、氣，古今字；自以气为云气字，乃又作餼（即简化字"饩"）为廪气字矣。"朱骏声《说文通训定声》说："餼，相承以氣为气，因又加食气傍。"可知后来的"餼"才是"氣"的本义。在最初义为"馈客刍米"的形声字"氣"中，"气"是表音的声符，"氣"用为"气"的意义不过是一种假借。今天的繁体字"氣"，实际是"餼"或"饩"的本字。《说文解字》中"氣"的重文有"槩""饩"，而"既"实际是"槩"的省文，所以"氣"和"既"是通用的。之所以"既"又加"米"，是因为不知道"既"字的左边是饭盛在器中之形，"既"的同源字还有"豆"（是一种盛食器皿，用于祭祀）、"登"（甲骨文、金文中为手捧"豆"向上供奉之形）、"即"、"食"等。而"氣"又加"食"，是因为不知道"氣"从"米"，所以"食气"二字实际是同义复合词。"既"是"小食"，是"稍食"，即月给之米，就是古代官府按月发给的官俸。所以说古书中"氣""饩""既"三个字是通用的。这可能与用火烧煮食物之后，出现的热气、蒸气有关，也就是烧煮食物时容器中所充满的、徐徐上升的蒸气。涂光社先生在《原创在气》一书中对先秦典籍中从"氣"到"气"的字形的转化进行了分析："氣"中的"气"有可能既表音也表义。因为如果不是出于字义分化的需要，文字的结构和书写一般是日趋简化的，就像当代把"氣"的写法重新简化成"气"一样。然而先秦时期的从"气"到"氣"由简而繁的演变，却并非由于字义分化。这种舍简就繁的反常现象很可能与古人扩大概念指域的努力有关。以有粮食之义的"氣"（本义为"饩"）代替或假借为"气"，很可能还兼含着为先民认同的另一种意识：宇宙万物皆由气所构成，生命的运作更是一种精气的抟聚和运作；米谷之类粮食是有生命力的气的一次凝聚转化，人（和动物）食用粮食也是对气的富集和进一步凝聚升华。① 本书赞同涂先生的这种观点，因为从"氣"到"气"的字形的演化不单只是字义上的分化，更为重要的是其中体现出丰富的文化蕴涵——"气化流行，生生不息"。

除了云气和蒸气，和早期人们生活密切相关的还有烟气和雾气。火的使用和烧烤食物时对火上烟气的注意，使得早期人们对烟气有了神秘性的认识。甲骨文中有很多焚燎人牲，以烟气向神乞求的记载。李存山根据古文字学中名词和动词"动静相因"互相转化的规律，推断甲骨文、金文中"气"的"乞求"之义，可能与古代中国人多积柴焚烧人牲，以烟气向神祈求的祭祀方式有关，即动词的"乞求"之义是从名词的"烟气"转化而来的。② 而前面提及"行气玉秘铭"中的"气"字，写作"炁"，气在火上，这或许可以看作气指烟气的一个佐证。《考工记·栗氏》云："凡铸金之状，金与锡。黑浊之气竭，黄白次之；黄白之气竭，青白次之，青白之气竭，青气次之。然后可铸也。"其中的"气"是在青铜冶炼过程当中金属加热熔化后冒出的烟气。雾气则是弥漫于空间、笼罩于万物、覆盖于地上的可见之气。《释名》曰："雾，冒也，气蒙乱，覆冒乎物也。"《说文解字》把"雾"释为"地气发，天不应"。《尔雅》亦云："地气发，天不应，曰雾。"雾气因为比云气更接近于地面，所以雾气被认为是地气所发。

"气"不仅是自然界的现象，也是人自身的生理现象，其中最直接被感觉到的就是人的"呼吸之气"。《庄子·逍遥游》中说："野马也，尘埃也，生物之以息相吹也。"《玉篇》"气，息也"，《说文》"息，喘也"，说明气与人的心脏、呼吸器官鼻了有关。气与人的呼吸相关，被看作生命的象征。古代对重病将死之人要"属纩以俟绝气"（《礼记·丧大礼》），即用新的细柔的棉絮放在病人口鼻之际，看是否还有呼吸，呼吸一旦停止，人的生命即已失去。《管子·枢言》曰："有气则生，无气

---

① 涂光社：《原创在气》，百花洲文艺出版社 2001 年版，第 6 页。
② 李存山：《中国气论探源与发微》，中国社会科学出版社 1990 年版，第 18-20 页。

则死，生者以其气。"意谓人的生命和呼吸密切联系，人的生存必须依赖呼吸、依赖"气"。呼吸一旦停止，生命也就终结了。而呼吸有力，精神必定健旺，故《礼记·祭义》曰："气也者，神之盛也。"郑玄注曰："气，谓嘘吸出入者也。"将"气"与"神"联系起来，由此不难引申出关于人体和万物生命的一系列元气论、神气论等生命本体论。此外，《说文解字》中还有篆书"曰"、"欠"、"万"、"兮"、"亏"（"于"）等字，也都是对人的呼吸之气的一种描画。在古文字中对气的描画有很多种，横直者谓之气平，弯曲者谓之气曲，一横者谓之气少，二横者谓之气多，三横则为更多的一种表示。

在古人的意识里，气能够出入人的身体，人死时气就离开了人的身体，这就是"魂"。"魂"字从云从鬼，云者气也，鬼者死人也。魂，就是人死之后离开人的身体飘散而去的气。在古希腊和拉丁文中，表示"灵魂"的词，开始也都用作"呼吸"之意。斯宾塞提出"鬼魂"说，认为原始宗教主要是祖先灵魂崇拜。泰勒则认为原始人的崇拜不仅限于鬼魂而是万物皆有精灵，精灵便是能够生活灵动的气，这种说法被称为"生气主义"（animism）。中国人认为，气分清浊，魂为清气，在人死后上扬于天；魄为浊气，在人死后留于体内。所以体与魄不能分离故称"体魄"。① 古人认识到，呼吸之气不仅和生命、生死有关，还与活着的人的精神状态有关。庄子所谓"欲静则平气"（《庄子·庚桑楚》）是指用呼吸来影响精神，而其"目芒然无见，色若死灰，据轼低头，不能出气"（《庄子·盗跖》）则是指精神影响了呼吸。触龙说赵太后时，"太后盛气而揖之"（《战国策·赵策四》），这里的"盛气"既指呼吸之气又指一种盛气凌人的精神状态。后来，中国哲学和医学中的"血气""气脉"等概

---

① 关于"魂魄"之气，参见《左传·昭公七年》中所载子产所论。子产说："人生始化曰魄，既生魄，阳曰魂。用物精多，则魂魄强，是以有精爽，至于神明。"杜预《注》云，"魄"是形体，"阳"是神气。魄是一种阴气，魂是一种阳气，二者相合乃成为人。

念，大概就是从这种"呼吸之气"发展而来的。又因为生理的呼吸之气与人的精神状态密切相关，所以由呼吸之气发展为表示人精神状态的"志气""心气""气节""浩然之气""圣人气象"等。

《吕氏春秋·音律》说："天地之气，合而生风。"《礼记·乐记》说："动四气之和，以著万物之理。"《庄子·则阳》说："四时殊气，天不赐，故岁成。"由于四方不同的气相互作用而导致四季变化，因此气被看作四方、四时与五行有机统一体中的核心要素。这是先民通过联想和类推的方法得出的结论，它判明了"气"概念的一个重要论域。最初先民从天地自然之气及其冷暖阴晴而引申出"阴阳"二气概念——山南水北为阳，山北水南为阴。"阴阳"二气概念的产生，为中国传统哲学"气"范畴的建立奠定了基础。

可见，中国文化中"气"概念的来源不止一个，云气、呼吸之气、风、雾气、烟气、蒸气等都被视为"气"概念的原型。所有这些气都可以被视为天地间弥漫遍布的一"气"。天地间的气，按其性质可以分为轻清、重浊两类，清轻阳升为天，重浊阴凝为地，亦即天地间遍布的气可以分为阴阳二气。而天地之间的气，通过呼吸活动进入人体，成为人生命活动的本原和动力，而呼吸一旦停止，生命也就会终结，所以原始的"气"是和包括人在内的各种生命现象密切相关的。

总之，气是遍溢天地，充满人身之物；气虽为一，但可以分为阴气、阳气、天气、地气等六气之多；气是变化的，是作用于人和物的，是与生命现象有关之物；气和心有着某种关系，是和心志有关系之物。所有这些观念，共同奠定了此后中国"气"哲学的基调。"气"概念发展大体上有两条路径：一是从"云气"引申为凡气之属，再生发为自然始基物质，上升为哲学概念（宇宙本体）；二是从"呼吸之气"引申为气质观，生发出体气论（生命本体论），升华为"文气"说（文学本体论）。这两条线索相互影响，彼此交叉，是一个统一的整体，体现出"天—人—文"合气的大宇宙生命精神。

第二节 "气"与诗性思维

如前所述，"气"是一个概括能力极强的范畴，它包容了宇宙生命现象从客体到主体，从物质到精神，从具体感性到抽象理性的各个层面。它不仅凝结着中华民族关于世界、人生的独特见解，同时也凝结了民族把握、感悟和理解世界的独特方式，体现出中华民族的独特的思维形式——诗性思维。

一、何谓诗性思维

什么是诗性思维呢？要把握诗性思维，首先必须把握"诗性"一词的涵义。

这里所说的"诗性"是采用意大利思想家维柯在《新科学》中所使用的概念。在《新科学》中维柯把人类早期的思维方式称为"诗性智慧"。他认为早期的人类常常以自我为中心，通过"以己度物"的方式来进行想象、联想和情感推理，并以这种方式来认识世界、解释世界，进而把握世界。由此不难看出，维柯在《新科学》中所使用的"诗性"一词的含义是指主体通过心灵的想象、联想甚至幻想的方式来创造或建构世界，以象征或类比的方式来解释世界、说明事理。他把这种由心灵创造的而又客观化了的成果都叫作"诗性的"，所以他认为人类最初的玄学（哲学）、伦理制度、政治制度和艺术、诗歌都是人造的而非自然的。可见，"诗性的"一词的内涵就是指以己度物的、想象的、幻想的、类比的。由于它同诗和艺术的创造方式非常相似，都是由心灵创造出来的，所以维柯把它叫作"诗性智慧"。人类运用这种思维方式与诗性智慧创造出了"诗性的玄学"（哲学）、"诗性的伦理"、"诗性的政治"、"诗性的语言"等文化形态。

维柯说："我们必须把诗性智慧的起源追溯到一种粗糙的玄学。从这种粗糙的玄学，就像从一个躯干派生出了肢体一样，从一肢派生出逻辑学，伦理学，经济学和政治学，全是诗性的；从另一肢派生出物理学，这是宇宙学和天文学的母亲，天文学又向它的两个女儿，即时历学和地理学，提供确凿可凭的证据——这一切全是诗性的。"①这里，维柯指出人类后来的人文学科、社会学科、科学技术等最早都是诗性的，后来才产生分支，出现巨大的分歧。维柯所说的"人类世界中最初的智慧"——诗性智慧，就是我们现代人所说的"原始思维"，也有人把它叫作"诗性思维"。

维柯认为，诗性智慧是人类历史前叶的原始野蛮人所特有的一种智力功能，是人类最初的智慧形态。"因为根据人类思想史来看，玄学女神是从各异教民族之中真正人类思想开始的，终于使我们能下降到诸异教民族最初创始人的那种心灵状态，浑身是强烈的感觉力和广阔的想象力。他们对运用人类心智只有一种昏暗而笨拙的潜能。正是由于这个道理，诗的真正的起源，和人们此前所想象的不仅不同而且相反，要在诗性智慧的萌芽中去寻找。这种诗性智慧，即神学诗人们的认识，对于诸异教民族来说，无疑就是世界中最初的智慧。"②作为一种原初的智慧，它是一种人类本能的智慧，不需要文明理性的知识做铺垫，凭借也许是与生俱来的或者一种直觉的观念，赋予他们感到惊奇的事物以实体性的存在，如同儿童将无生命的物体拿在手上把玩，与之嬉戏、谈笑，宛如对待活生生的人一般。

维柯把诗性智慧的内涵归结为：其一，诗性智慧是人类的一种本能，我们探究诗性智慧的内涵离不开对人特性的分析与把握。其二，诗性智慧具有共迪性，不因文化、民族、地域而发生本质的改变，如有所区别，仅仅只是思维的内容不同而已，即使在文明时代，诗性智慧一度被理性智慧遮蔽，但它只要遇到适当的文化温床，仍能够复活，从而焕

① ［意］维柯著，朱光潜译：《新科学》，人民文学出版社1986年版，第155页。

② ［意］维柯著，朱光潜译：《新科学》，人民文学出版社1986年版，第155页。

发生机。其三，启发我们重新认识人类最初的生活世界，导引我们审视并反思文明时代理性智慧带来的困境与弊端。当然，维柯是凭借思维"文明中心论"的视角来审视原始人的诗性生活与诗性文化的，受西方人逻辑推理、论证思维方式的影响，还不能从本体论的高度去全面挖掘诗性智慧的内涵，自然得出诗性智慧是"粗糙的玄学"，具有"粗野本性"等结论，容易误导人们把诗性智慧当作理性思维的初级阶段或感性认识阶段，从而相对掩盖诗性智慧应有的光芒。

法国著名哲学家雅克·马利坦认为诗性智慧不仅仅是指"存在于书面诗行中的诗歌艺术，而是一个更普遍更原始的过程，即事物的内部存在与人类自身的内部存在之间的相互联系，这种相互联系就是一种预言"①。由此可知，雅克·马利坦所谓的诗性智慧就是指建立于感性基础之上，具有丰富想象力的图景思维对自然、社会、自我进行混沌直觉式领悟的创造性的思维活动。是一种非对象化的、非逻辑化的用事物本身存在的方式去观照事物的思维方式，它促使人的情感与理性、人与自然、有限与无限、时间与空间得以合二为一，生生不息，以至永恒。它依存人类的劳动实践，又超越劳动实践，其形式是想象，其结果是创造。

诗性智慧不仅是人类的原初智慧，是智慧的母体，同时在物质文明极度繁荣的时代它仍然具有顽强的生命力。当人类日复一日在概念、判断、推理的过程中迷失自我，或者说窄化自我生存空间的时候，诗性智慧凭借它巨大的融通、整合、综合能力，能够为人类指明一条抹平"主体-客体"鸿沟的道路，从而使人类的生命重新丰盈起来，使地球上的行走更有意义。

正是原始人类早期的这种"诗性智慧"，铸就了中国文化和文论的诗性特征。正如李建中先生所指出的："原始思维作为中国早期文化的

---

① ［法］雅克·马利坦著，刘有元、罗逸民等译：《艺术与诗中的创造性直觉》，生活·读书·新知三联书店 1992 年版，第 2 页。

诗性智慧，本源性地铸成中国文化和文论的诗性。"①"中西文论虽有着共同的诗性智慧之源，但自轴心时代起却选择了不同的发展道路：当西方诗学愈来愈逻辑化、哲学化之时，中国古代文论却依然保持着诗性的理论形态及言说方式。从根本上规定古代文论诗性特征之历史走向的，是儒道释文化的诗性精神。"②"要厘清传统文论几千年的'道之动'，则必须返回到滥觞之处，考察史前人类的原始感觉与神话思维如何进入中国文论的文化品质、思维方式和理论形态之中；而要复活传统文论在当下生活中的'道之用'，则必须借用他者眼光并建立多元立场，打破原始—现代、神话—真实、异域—本土、诗性—逻辑性之间的文化壁垒，消释全球化时代本土文论研究中的学术焦虑，从而为中国文论寻根定性、溯源疏流。"③

二、诗性思维的特点

通过上文对诗性思维含义的探寻，我们大致可以归纳出诗性思维具有如下特点：

(一)以己度物、万物有灵

诗性思维作为一种原始的形象思维或前综合思维，是以直观形象为基础而形成集体表象或类化意象的一种直观思维方式。通过各种具象的事物的某一特征进行类比，从己身揣度万物，用已知推测未知，将一些在本质并非有内在联系，却具有某些非本质的外部联系的事物，按原始观念组织起来。这种心理活动及思维方式的产生，与原始社会低下的认识水平是相适应的。人类在认识发展的初期阶段，思维主体未能"设身

---

① 李建中：《原始思维与中国古代文论的诗性特征》，《文艺研究》2002 年第 4 期，第 50 页。

② 李建中：《儒道释文化的诗性精神与中国古代文论的诗性特征》，《文艺理论研究》2003 年第 1 期，第 20 页。

③ 李建中：《反(返)者道之动——古代文论研究的文化人类学视野》，《文艺研究》2004 年第 4 期，第 31 页。

处地"地置于主体之外的角度去反思，把意识的、意志的和思维的"自我"从狭隘的自身局限中分化出来，而是只能以己观物、以己感物，即以自己的感觉为中心去观察和体验并将此推及万事万物，甚至把主体的感觉、情感、想象等投射幻化到客体之上，思维主体仍没能具有较高的离析能力，更不易进行冷静的，对自己感知或思维的可逆的反思。

以己度物是常见的一种类比推理方式。所谓"以己度物"就是以思维主体自身的感知、情感、意欲和社会生活经验去揣度万事万物，以为这些事物也和人一样具有同样的感觉、情感、欲望等经验，这种心理现象是由于思维主体在思维中，总易以自己主观的投射幻化经验，作为对自然和社会的直观摹写经验的重要参照并混而为一造成的。因而，在修辞上表现出浓厚的拟人化色彩，在思想上表现为所谓"万物有灵"或"万灵有形"的趋向，在逻辑上则表现为从自身推出他物，从一种现象推出另一种现象的类比推理。如《述异记》卷上载："昔盘古氏之死也，头为四岳，目为日月，脂膏为江河，毛发为草木。秦汉间俗说：盘古氏头为东岳，腹为中岳，左臂为南岳，右臂为北岳，足为西岳。先儒说：盘古氏泣为江河，气为风，声为雷，目瞳为电。古说：盘古氏喜为晴，怒为阴。吴楚间说：盘古氏夫妻，阴阳之始也……"这段记述古代各地盘古神话的文字，所述虽异，但基本思维方式都一致，不是以人的身体构造想象天地构造（头—四岳，目—日月，夫妻—阴阳），就是以人的生理、心理现象推行诸种自然现象（泣—江河，气—风，喜—晴，怒—阴）。由此可见，所谓"类万物之情"，其实是以人之情去"类万物"，而所谓"通神明之德"，当然也是以民族社会或宗法社会最推崇的人之德去作为"神明之德"的内在样本。

万物有灵是被众多人类学家讨论过的原始人类的精神现象之一。被誉为"人类学之父"的英国著名人类学家爱德华·泰勒在其代表作《原始文化》中用大量的篇幅来讨论万物有灵观。泰勒认为作为灵魂和精灵普遍信仰的万物有灵观是原始人类认识世界的最显著的特点。他说万物有灵观是原始人的"哲学基础"。"我们看来没有生命的物象，例如，河流、石头、树木、武器，等等，蒙昧人却认为是活生生的有理智的生物，他们跟它们谈话，崇拜它们，甚至由于它们所作的恶而惩罚它们。""每一块土地、每一座山岳、每一面峭壁、每一条河流、每一条小溪、每一眼泉水、每一棵树木以及世上的一切，其中都容有特殊的精灵。"泰勒进一步指出："在原始宗教里，物品被看作是赋有像人一样的生命的。"即万物都打上了人的烙印，有像人一样的情感生命活动。①

与泰勒不谋而合的是，意大利的维柯在探讨各民族的共同本性时，发现"把自己当作权衡一切的标准"是人类的共有本性。他说，诗性思维"就是赋予感觉和情欲于本无感觉的事物。儿童的特点就在把无生命的事物拿到手里，戏与它们交谈，仿佛它们就是些有生命的人"。这是一种"以己度物的方式"。②

法国的列维·布留尔虽然反对用"万物有灵"这个词，但在他描述原始思维的特征时，其观点实际上与泰勒的很相似。"我们不能在原始人的集体表象中发现任何东西是死的、静止的、无生命的。有足够的证据证明，所有的存在物和所有的客体，甚至非生物、无机物，甚至人的手制作的东西，都被原始人想象成能够完成最多种多样的行动并能受到这些行动的影响。""到处存在着生命和力量的本原。"③这一点跟我们中国的先民们的世界观相似。在我们的先民们看来，宇宙万物处于一个生生不息、相生相续的生命系统之中。《易·系辞上》说："生生之谓易。"《易·系辞下》说："天地之大德曰生。"又说："天地氤氲，万物化醇；男女媾精，万物化生。"

德国的恩斯特·卡西尔也认为，在原始人"关于自然与生命的观念

---

① [英]爱德华·泰勒著，连树声译：《原始文化》，广西师范大学出版社2005年版，第390、519、553页。

② [意]维柯著，朱光潜译：《新科学》，人民文学出版社1986年版，第98、114、181、200页。

③ [法]列维·布留尔著，丁由译：《原始思维》，商务印书馆1981年版，第94-95页。

中，所有这些区别都被一种更强烈的情感湮没了。他们深深地相信有一种基本的不可磨灭的生命一体化（solidity of life）沟通了多种多样形形色色的个别生命形式"。万事万物都是活生生的生命有机体。原始人有"对生命统一体的坚定信仰"。人类生活在一个"生命的社会"之中。同时，人类在理解和表达宇宙万物时以自己为中心，"人成了宇宙的中心。用普罗塔哥拉的名言来说就是：'人是万物的尺度，是存在的事物存在的尺度，也是不存在的事物不存在的尺度。'"①在中国的先民们看来，人也是世界的中心，如《说文》云："人，天地之性最贵者也。"《礼记·礼运》："人者，其天地之德，阴阳之交，鬼神之会，五行之秀气也。"又曰："人者，天地之心也，五行之端也，食味、别声、被色而生者也。"《文心雕龙·原道》亦谓人"为五行之秀，实天地之心"。

爱德华·泰勒、维柯、列维·布留尔、恩斯特·卡西尔等关于原始人认为万物有灵、人类以己度物的观点得到现代儿童心理学的验证。瑞士的皮亚杰经过数十年的实验研究，在他的经典著作《发生认识论原理》中说："在儿童的原始宇宙里是没有永久的客体的。""在建构的过程中，在空间领域里，以及在不同的知觉范围内，婴儿把每一件事物都与自己的身体关联起来，好像自己的身体就是宇宙的中心一样——但却是一个不能意识其自身的中心。换句话说，儿童最早的活动既显示出主体和客体之间完全没有分化，也显示出一种根本的自身中心化。"中西方文化的不约而同，进一步证明人类有着相同的"本性"。② 在人类的儿童时代，各族人民有着相同的诗性思维。

万物有灵即宇宙万物都是活生生的生命体，这在现代所谓的文明人眼中是荒唐可笑之事，但在诗性思维中它是宇宙万物的本质，是不容争辩的事实。中国文学中常常有一些"无理而有情"的言说，如《庄子》中

---

① ［德］恩斯特·卡西尔著，甘阳译：《人论》，上海译文出版社 1985 年版，第 135、155 页。

② ［瑞士］皮亚杰著，王宪钿等译：《发生认识论原理》，商务印书馆 1981 年版，第 22-23 页。

有蜩与学鸠对话，"不知周之梦为蝴蝶欤，蝴蝶之梦为周欤"等"谬悠之说、荒唐之言、无端崖之辞"；杜甫有"感时花溅泪，恨别鸟惊心"的名句；欧阳修有"泪眼问花花不语"等。宇宙万物，花鸟草虫，一飞一走，一动一植，皆是生机妙流的生命体，皆是有情有义之存在。它们如人一样，能说能笑，有爱有恨。这是富于诗性特征的中国文学的生动表达。这些言说如果仅仅从"无理而有情"来解释怕是说不通了。在诗性思维看来，这种表达既有情也有理。在这一点上，我们古人比今天的理论家们要通达灵动得多。如《冷斋夜话》云："丁晋公'草解忘忧忧底事，花能含笑笑何人'，不若东坡'花如识面尝含笑，鸟不知名时自呼'。然丁诗本取唐人徐振《雷塘》诗：'花忆所为犹自笑，草如无道更应荒。'《毛诗》：'焉得谖草？'释者以为谖草可以解人之忧耳。今丁诗乃以草忧底事，何邪？然善论诗者，不当如此。"（见吴开《优古堂诗话》）《冷斋夜话》为宋代释惠洪撰，在作者看来，善解诗者，应情通万物，花草可以如人一样，亦有其忧亦有其笑。视物如己，心物一体，正是中国文论的诗性智慧之所在。

（二）想象性类概念

"类"在西方逻辑学体系中"通常也称为集合，是具有相同属性的事情的汇集"[1]。类概念必须是某种抽象本质属性的体现，被用以作为分类的准则，它是"抽象的共相"，排斥具体现象，却可以推导出一个个具体的事物。当人们在思维中习惯于用抽象的本质属性来归类和定义万物时，语言的、观念的世界成为了先于现实世界的东西，而具体的事物只是无限的理念在世间有限的实现。比如说，生物学中树的概念绝对不包含有鲜明的形象，当我们指着一棵枝繁叶茂、栖鸟鸣唱的老榕树说"这是一棵树"的时候，实际上已用观念来认知真实，把活生生的一棵树概括成一个抽象的类概念。

在《新科学》中，维科指出，早期人类根本不懂得"共相"或可用理

---

[1] 《哲学大辞典·逻辑学卷》，上海辞书出版社 1988 年版，第 355 页。

智去理解"类概念"，他们在从个别认识一般时，往往遵循的是源自人本心的特性，即每当对未知的事物无法形成观念时，他们就根据常见的事物去对其进行判断。这是一种纯粹的凭感性经验的判断，通过对个别具体事物的感知经验，进而形成想象性的类概念，以某种形象突出的个别事物来概括同类事物的一般特征。因此，早期人类在神话中创造出许多"诗性人物性格"，他们"制造出某些范例或理想的画像，把同类中一切和这些范例相似的个别具体人物都归纳到这种范例上去"。①

想象性类概念的主要特点，在于它是一种不离形象或实体的抽象和概括及其经验性的归类方法。比如说用雪花来表示白，用尺子来表示直，用狐狸表示狡猾，用狮子表示勇敢等，主要是从对象的外部形象及形象的结构中抽取其主要特征形成实体概念"以类万物之情"，这种"依形定名"的方式，迥异于逻辑思维从对象的内在联系和结构中抽取本质特征而形成抽象概念的方式。然而想象性类概念并未真正达到一般，而只是从众多个别实体中摄取了共同的或相似的"象"，所以在概念之间并不存在真正意义上的"种属"关系，而只有一种"相似"关系的集合，是《周易·系辞》所说的"方以类聚，物以群分"。"想象性类概念"代表的是具有相同属性的群体，这种归类的方式类似于皮亚杰在考察儿童思维时指出的，在"表象性思维"的水平上，"分类只是形成'形象集合'"。② 因此，想象性类概念是一种以形象化的方式对事物进行分类的方法。因为原始人类的抽象思维不发达，他们无法用纯抽象的方式对事物进行归类，所以他们缺乏对同类事物进行抽象概括的类概念。原始民族对同类事物缺乏抽象的类概念，但是由于"人心受本性的驱遣，喜爱一致性"，于是就用形象鲜明的个别、具体事物来代表同类事物。例如，儿童的本性使得他们根据他们从最初认识到的男人、女人和事物所

① [意]维柯著，朱光潜译：《新科学》，人民文学出版社 1986 年版，第 20 页。

② [意]皮亚杰著，范祖珠译：《发生认识论原理》，商务印书馆 1987 年版，第 36 页。

得到的观念和名称，去了解和称呼一切和这些最初认识到的有些类似或有关系的其他男人、女人和事物。于是见到年长的男人都叫"爸爸"或"叔叔"，见到年长的女人都叫"妈妈"或"阿姨"。这里的"爸爸""妈妈""叔叔""阿姨"并不是抽象性类概念，而是用来认识和爸、妈相类似的人物的一种具体形象，是一种想象性类概念。①

中国古代类概念的发生发展，与中国宗法社会结构有特殊的联系。但类概念的发生可能还要更早一些。也就是说，当人们不再只会说具体的某人某物，而已能说马、牛、山、石等的时候，就已形成了对某一类具体事物的类概念。

《周易·系辞下》说："仰则观象于天，俯则观法于地；观鸟兽之文与地之宜；近取诸身，远取诸物。"于是远古人类创造出八卦这种文化符号，运用类比的方式，通过取万物之象以"通神明之德，类万物之情"。我们知道，八卦始于远古占卜之风，是集原始巫术、宗教、科学、哲学、艺术等为一体的象征体系。正如前人综合思维离不开"象"一样，八卦之象的基础仍是"象"，但已不再是天地自然之"象"，而是经过类化了的"象"。是以"近取诸身，远取诸物"的方式俯仰天地万物之象而"类族辨物""观象制物"的结果。因此，八卦之象作为一种想象性类概念，浓缩了很多基于观察的直观摹写经验和基于体验的投射幻化经验而形成的集体表象和类化意象。

三、"气"与诗性思维的关系

东西方早期哲学对世界基本构成要素的归纳表现出惊人的一致。古希腊哲学中，阿那克西米尼曾把"气"看成世界物质构成的要素，但最后被更为质实的"原子"或更为抽象的"理念"取代了。在中国也出现了类似于西方"理念"的"道"与"理"，但就整个哲学史的进程而言，它们

① [意]维柯著，朱光潜译：《新科学》，人民文学出版社1986年版，第20页。

则根本无法与"气"相比，始终未能成为整个古典哲学的最为核心的范畴。

就起源看，气本属最为感性、物质的层面，但是当它由自然界的风云之气进入到主体的呼吸之气，特别是"血气""浩然之气"时，就已完成了由客体而主体，由物质而精神的转化。当它再一跃而为汉代的"元气"和宋代理学家的"太虚之气"时，又完成了由具体感性到形而上的最高抽象，就具备了与柏拉图和黑格尔的"理念"、老庄的"道"和程朱的"理"同样的抽象概括能力。气既不同于原子，也不同于理念。比之于原子，它是不可分的；比之于理念，它又不脱离感性。

"气"这一概念的选择本身就是东方式智慧的绝好证明。比之于西方的"理念"、东方的"道"与"理"，它不失原始质朴的感性；比之于印度的"四大"和《易传》论八卦的"天、地、雷、风、水、火、山、泽"，它又是一种更高级的抽象。即使只把它当成一种感性存在，在东西方古代哲人所提及的诸感性之物中，也是一种最为奇妙的东西。既有自然界的风云，也有人的呼吸，这样它就成功地打通了主客体的界限，它像水火一样，流动不居，但比水火更为微妙，更不易把握。其自由升腾聚散的存在形态是有无、生灭、物质与精神间相互转化的最好象征。因为它是生命的征候，用它指称生命，甚至主体的精神生命(气质、气象、气势等)时，精神似乎也成了一种可把握、可感受到的东西。于是它成了一个在哲学家那里最得宠的概念，可以是最直观的东西，如气息，也可以是最抽象的东西，如直指太虚。"气"范畴如此巨大的概括能力正揭示出一个事实：古代中国人对世界的整体把握。

在对对象内在特征和对象间关系的理性把握过程中始终不脱离感性，甚至始终以感性的面目出现，这正是理性思维的基本特征。这一点，我们还可以从"气"范畴下的二级概念"道""象"间关系中见出。

"道"在老子那里是最高级范畴，但是在老子看来，"道"是无法用内涵与外延都明确的语言概念来把握的。老子对"道"的描述是"恍兮惚兮"，即是一种感性的把握，但其中有一点是肯定的："其中有象"。老子认为"道"是不能脱离"象"而单独存在的，而"象"又是比"气"更为具体感性的存在形式。因此，在古人那里，"气""道""象"其实是一体的，不可分离的。

由对世界的浑然一体的整体把握到条分缕析的个别把握是人类思维形式发展的一般规律。当西方世界从古希腊时代开始走上一条辨析性思维，或逻辑思维的道路时，中国在伦理实践理性的指导下仍然保持了人类早期整体感性把握的思维形式。在西方逻辑理性的参照下，我们就把这种直觉视为古代中国所特有的民族思维形式。

由"气"（包括"象"）范畴所揭示的直觉思维形式之所以被视为民族的思维形式，不只在于它与西方辨析性思维的鲜明区别，还在于它是一种在民族文化中居于核心地位的思维形式。它深刻地影响了民族文化创造中的方方面面，为这方方面面都染上了一层浓厚的直觉感性色彩。

哲学中，体认而非思辨成为中国古代哲学家们把握世界的基本方式。这种知与行的结合，感性体验与理性认知相结合的方式决定了整个古典哲学的直觉色彩：概念缺乏内涵与外延上的明确界定，却有感性与理性紧紧相连的整体把握；命题之间无严密的推理过程，却有不可移易的内在联系；各个哲学家的思想成果没有明确的体系形式却有对立统一相包容的解说总体发展等。

科学中，自然科学技术发展极其缓慢，既忽视高度抽象的理论模式，又缺乏形而下层面的实验手段。中医这一对人进行整体把握的医学是古代中国科学领域直觉思维的最好证明。

宗教中，印度早期佛教"尊经典，重教义"辨析的传统最终被否定，取而代之的是顿悟直觉，佛教的中国化过程就是禅宗以直觉顿悟取代逻辑思维的过程。

艺术中，以诗为代表的古典艺术，包括书法和绘画全面繁荣，便是民族直觉思维的最大的受益者。因为艺术本身就是一种感性活动，而以感性为起点的直觉思维又进一步提高了艺术的思维水平，实现了由形象思维而直觉思维的飞跃。

美学中，艺术理论与艺术创造的思维形式上的相通，造成大量直觉体悟性概念的盛行，如"气韵""滋味""妙悟""神韵""兴趣"等。美学概念多从日常生活中借用，其内涵与外延无明确界定，美学理论少严密体系，艺术研究中严密分析者少，点滴感悟型诗话、词话、书品、画品及小说评点最为发达。

第三节 "气"与诗性文论

马克思说："语言是思想的直接现实。"①人类的思想(思维)往往通过语言或文本的形式展现出来。由于远古先民以"诗性的"方式进行思维，因此他们的言说和言论无不充满着诗性，从而铸成了中国古代文论的诗性特征。

一、中国文论诗性特征的形成

普列汉诺夫曾说："任何一个民族的艺术都是由它的心理所决定的，它的心理是由它的境况所造成的，而它的境况归根到底是受它的生产力状况和它的生产关系制约的。"②李泽厚也认为："任何民族性、国民性或文化心理结构的产生和发展，任何思想传统的形成和延续，都有其现实的物质生活的根源。中国古代思想传统最值得注意的重要社会根基，我以为，是氏族宗法血亲传统的强固力量和长期延续，它在很大程度上影响和决定了中国社会及其意识形态所具有的特征。"③一个民族的文化特征的形成，取决于该民族的思维方式和言说方式，而思维方式与言说方式归根到底取决于该民族特定的生产和生活方式。

① 《马克思恩格斯全集》(第3卷)，人民出版社1953年版，第525页。
② [俄]普列汉诺夫著，曹葆华译：《普列汉诺夫美学论文集》，人民出版社1983年版，第350页。
③ 李泽厚：《中国古代思想史论》，天津社会科学出版社2003年版，第284页。

列维·布留尔说："许多社会事实彼此间都是紧密联系着并且相互制约着的。因此具有自己的制度和风俗的一定类型的社会，也必然具有自己的思维样式。不同的思维样式将与不同的社会类型相符合，尤其是因为制度和风俗本身，实际上只是那些可说客观地受考察的集体表象的某种样式。"①

我国是农耕文化发展最早的国家之一。《尚书·尧典》就有"播时百谷"的记载。与世界其他文明古国相比，中华文明以农业文化为主要特色，农业文明以种植为主，辅之以采摘、狩猎，形成富于民族特色的生产方式和生活方式。正因为中华民族是一个以农业文明、农耕文化为主要特征的民族，这就决定了其必然采取以农业家庭种植为主的生产和生活方式。中华民族光辉灿烂的诗性文化正是在这种与农业家庭小生产和中国农业型经济相适应的以血缘关系为基础的宗法制度基础之上缓慢发展并积淀深厚的中国传统文化。

中国各民族从原始思维过渡到诗性思维和理性思维的根本动力，在于长期的社会实践促进了人们思维能力的提高，改变了采集狩猎的社会形态，建立了与诗性思维生成根基相适应的经济基础。诗性思维作为在中华民族思维方式中占主导地位的一种思维模式，它既不是法国人类学家列维·布留尔所说的原始思维，也不是理性思维，而是在中国各民族异常繁荣的诗歌文化基础上发展起来的。因此，中华民族诗性思维的形成拥有深厚的社会文化根基。

维柯在《新科学》中提出了一种新的文学观念，他认为诗与理智是不相容的，照他的说法，"诗的最崇高的工作就是赋予感觉和情欲于本无感觉的事物"②。这就意味着，在维柯看来，诗是感觉和情欲物化的产物。而且，人类世界在其幼年时代由一些诗性或能诗的民族组成，诗

---

① ［法］列维·布留尔著，丁由译：《原始思维》，商务印书馆1985年版，第20页。

② ［意］维柯著，朱光潜译：《新科学》，人民文学出版社1986年版，第98页。

与哲学有着本质不同的特征。维柯说："人们起初只感触而不感觉，接着用一种迷惑而激动的精神去感觉，最后才以一颗清醒的心灵去反思。这条公理就是诗性语句的原则，诗性语句是凭情欲和恩爱的感触来造成的，至于哲学的语句却不同，是凭思索和推理来造成的，哲学语句愈升向共相，就愈接近真理，而诗性语句却愈掌握住殊相（个别具体事物），就愈确凿可凭。"①维柯的分析极具启发性，他实际上从语言形式入手，揭示出诗与哲学的本质不同：如果说哲学是凭思索和推理来造成，以体现和升向共相为特征，那么，诗则恰好相反，是凭情欲和恩爱来造成，以掌握殊相（个别具体事物）为特征。这也意味着，人类思维在发生、发展的过程中表现为两种形态：首先是诗性智慧，然后才是从诗性智慧中生发出理性的逻辑思维，两者都是人类思维的重要形式，但存在着重大区别。

由于各自的生存环境和社会发展链上的种种因素，中西方人在思维方式上有很大的差别。西方人对事物的认识方法有较强的分析性、思辨性，中国人看事物往往带有直观性，侧重于从统一性上进行把握，较少细节性分析。因而，有人说西方人的方法是"探究式"的，是科学的，而中国人的方法则是"静观式"的，是诗性的。

西方文论擅长形而上的思辨和严密的逻辑分析，理论化的色彩很浓；中国古代文论则始终针对文学作品尤其是诗歌有感而发，有的放矢，感性、经验性、鉴赏性比较鲜明，也就是趋向诗性，必然要用诗的语言来言说。中国是一个诗的国度，诗不只是文学的主流、正宗，而且还构成了一种诗境，使整个文化、文艺和理论都弥漫着诗性精神。如果从狭义上说，诗性应是指"诗歌的特性"，如从广义上说，则应是指与逻辑性相对的艺术性和审美性。因此，所谓"诗性言说"，就是"以诗言诗"，即以诗的语言、诗的思维、诗的情感探讨文学对象，从而体现出

---

① ［意］维柯著，朱光潜译：《新科学》，人民文学出版社 1986 年版，第 161-162 页。

言说的具象性、直觉性、整体性特征。

维柯说："我们发现各种语言和文字的起源都有一个原则：原始的诸异教民族，由于一种已经证实过的本性上的必然，都是些用诗性文字（Poetic characters）来说话的诗人。这个发现是打开本科学的万能钥匙，它几乎花费了我的全部文学生涯的坚持不懈的钻研。"①正如李建中先生在《古代文论的诗性空间》中所言："中西文论虽有着共同的诗性智慧之源，但自轴心时代起，当西方文论走上哲学化、逻辑化之路时，中国文论却依然保持着自己的诗性传统。儒道释文化的诗性精神及其人格诉求，与汉语言独有的诗性品质及其言说方式，共同构成了古代文论的诗性空间。中国文论有着不同于西方文论的诗性传统。与西方文论家相比，中国古代文论家既没有一种对'理论家'身份的自我确认，也没有一种理论意识的自觉。而正是这种原因铸成了中国古代文论的诗性特征。中国传统文化的根基和素养的一个重要的内涵就在于她的诗性。道家的自然与超迈、道教的神秘与浪漫、玄学的清虚与冲淡以及禅宗的般若顿悟等本身就是典型的诗性文化，即使以'事功'见长的儒家文化也不乏诗性特征。"②李先生认为，中国早期文化的诗性智慧，本源性地铸成了中国文化和文论的诗性特征。轴心期后，当西方文论愈来愈逻辑化、哲学化之时，中国文论却依然保持着诗性的理论形态及言说方式，而从根本上规定中国文论诗性特征之历史走向的是儒道释文化的诗性精神。

因此，我们只有回到滥觞之处，回到史前人类的原始文化及思维，才有可能真正探寻到中国文化的民族根性、流变脉络及文化缊涵，也才有可能在中西文论平等对话的前提下坚持住本土文论的精髓和诗性所在，为中国文论的存续和拓展提供历史的逻辑的前提。

①　[意]维柯著，朱光潜译：《新科学》，人民文学出版社1986年版，第28页。

②　李建中：《古代文论的诗性空间》，湖北人民出版社2005年版，第28-42页。

二、中国诗性文论特征的表现

中国古代文论与西方文论之所以具有完全不同的诗性特征，其根本原因就是中国古代早期文化的诗性智慧（诗性思维）。诗性思维本源性地铸成中国古代文论的诗性特征，其决定性影响表现在以下三个方面：

（一）诗性文字的象形、会意决定了古代文论言说方式的诗意性和审美性

维柯说："我们发现各种语言和文字的起源都有一个原则：原始的诸异教民族，由于一种已经证实过的本性上的必然，都是些用诗性文字（Poetic characters）来说话的诗人。这个发现是打开本科学的万能钥匙，它几乎花费了我的全部文学生涯的坚持不懈的钻研。"①维柯认为原始种族用以己度物的原则创造语言，这个原则就是"诗的逻辑"。不过，"诗的逻辑"具体是通过语言来呈现的，当语言的结构不同，符号表征的内涵和外延不同的时候，"诗的逻辑"也有了根本性的差异，发展出了不同的思维形态和心智结构。语言是思维的媒介，因此考察思维方式最重要的途径就是考察语言。主张天人合一、道不离器的古人注重直观感受和切身领悟，习惯于对事物作整体的观照和浑融的把握，由此养成了一种不排斥感性的理性把握和"不舍象"的思维习惯，以及一整套取譬托讽、言约旨丰的表述方式。

文字是人类早期文明出现的符号，也是标志古代诗性智慧产生的主要代表。汉语是一种非拼音文字系统的语言体系，以象征为其最核心的语言符号构成。由于"语言是存在的家园"，它以自己的符号体系构建了人们的精神世界，呈现着一个种族深层的"文化-心理"结构。因此，古代汉字的结构和语法也隐藏着早期诗性智慧艺术生成的密码。当代学者陈剑晖先生曾指出："从语言与人的思维的关系来看，由于汉字是一

① ［意］维柯著，朱光潜译：《新科学》，人民文学出版社1986年版，第28页。

种表意性的象形文字，它首先是基于主体对于客体的形象的、直观的整体的把握，而不像西方的文字那样经过规范和分析之后，基本上抛弃了象形性的特征。"①

被奉为中国文化元典的《周易》的"系辞"中这样解释汉字的产生："古者庖牺氏之王天下也，仰则观象于天，俯则观法于地，观鸟兽之文与地之宜，近取诸身，远取诸物，于是始作八卦，以通神明之德，以类万物之情。"所以汉字的创设源于先民的仰观俯察，由观象而取象、味象，最后形成文字，所谓"仓颉之初作书，盖依类象形，故谓之文"②。道法天地，人法自然，作为对文学创作规律的概括，文学概念、范畴，包括那些不是从哲学范畴那儿借用过来的纯粹范畴，自然也因此沾带上明显的象形意味，并由此建构起一个不离美感的符号系统。所以汉字笔画的构成本身就是一种艺术，一种诗性智慧，渗透着中国人的深厚情感。譬如"气"就是一个象形字，"象云起之貌，三之者，列多不过三之意也，是类乎从三者也，故其次在是"③。古人以此云气在天地间流动之义，衍为"精气"说，或"元气"说，以为气是构成天地万物的原始物质，所谓"精气为物"（《周易·系辞上》）。不仅如此，由于古人持天地人合一的观念，还将之视为人的生命本原，气就是人充沛郁勃的精神，所谓"气也者，神之盛也"（《礼记·祭义》）。秦汉时人开始尝试将"气"用来谈艺论文，经六朝成为中国古代文论的一个元关键词，它周彻从创作心理到思维方式、文法构成的各个方面，既指作者主体丰沛的生命积养，又指作品生气弥满、意气周流的健旺征象。"气"具有强烈的象形意味，使人幻化出鲜明生动的自然图景，它无所不在，变动不居，充满力度，生生不息，从而具有了无限丰富的诗意性和审美性。

---

① 陈剑晖：《中国现当代散文的诗学建构》，江西高校出版社2004年版，第104页。

② 许慎：《说文解字序》，中华书局2004年版，第1页。

③ 段玉裁：《说文解字注》，上海古籍出版社1981年版，第49页。

（二）诗性隐喻的以己度物和万物有情决定了古代文论理论形态的生命化和人格化

按照维柯的发现，原始人类都以自己为中心，为"万物的尺度"想象和揣度事物，猜测人与自然事物之间的关系，来认识和把握事物——人在无知中就把他自己当作权衡世间一切事物的标准……人在不理解时却凭自己来造出事物，而且通过把自己变形成事物，也就变成了那些事物。① 这就是以己度物的思维认识方式。不仅如此，"人类的心灵还有一个特点：人对辽远的未知的事物，都根据已熟悉的近在手边的事物去进行判断"②。"在一切语种里大部分涉及无生命的事物的表达方式都是用人体及其各部分以及用人的感觉和情欲的隐喻来形成的。"③这就是说，运用比喻、象征等手法乃是原始人类最基本的、必然的认识手段，也就是维柯所说的"最初的诗人们给事物命名，就必须用最具体的感性意象"④。在中国先民看来，人也是世界的中心，人"为五行之秀，实天地之心"（《文心雕龙·原道》）。天（自然）与人相副相类，那么自然的特征及变化与人的情感的特征及变化也是有着对应关系的，这就是刘勰说的"岁有其物，物有其容；情以物迁，辞以情发"（《文心雕龙·物色》），情与外物之间可以相互感应，相互赠答。

隐喻是诗的基础，也是诗性语言的根底。"没有隐喻，就没有诗"⑤。与科学语言、日常语言指示着客观事物不同，诗性语言是一个同时包容着主体和客体的独立世界，也就是说是一个联结着人与自然的

---

① ［意］维柯著，朱光潜译：《新科学》，人民文学出版社1986年版，第181页。

② ［意］维柯著，朱光潜译：《新科学》，人民文学出版社1986年版，第83页。

③ ［意］维柯著，朱光潜译：《新科学》，人民文学出版社1986年版，第180页。

④ ［意］维柯著，朱光潜译：《新科学》，人民文学出版社1986年版，第181页。

⑤ ［英］特伦斯·霍克斯：《论隐喻》，昆仑出版社1992年版，第8页。

隐喻。原始人类在处理主客关系时的主要思维方式，一方面是"万物有灵"或"万物有生"，另一方面是"万物同形"或"万物同情"，二者均为原始思维之要素。这种"结习"本质上就是一种泛联系性、泛象征性的"以己度物"，认为外物同自己一样有感觉、有情欲、有喜怒哀乐，是生命实体，从而用自己所拥有的身体、生命、情感、人格等去理解并表述外物。诗性隐喻的"以己度物""万物有生"和"万物同情"决定了古代文论理论形态的生命化和人格化。

在先秦儒家那里，其思维方式和话语方式就体现出某种诗性智慧。在《论语》中，孔子非常善于用诗性喻说的方式论述自己的思想。比如："为政以德，譬如北辰居其所而众星共之。"（《论语·为政》）这是以"众星拱北辰"喻君子的"为政以德"。又说"岁寒，然后知松柏之后凋也"（《论语·子罕》）。这是用松柏的"岁寒后凋"喻君子那种挺拔高洁的人格。还说："大哉，尧之为君也！巍巍乎！唯天为大，唯尧则之。"（《论语·泰伯》）这是用天的巍峨喻尧那高大的人格形象。孔子心目中理想的人格典型是所谓"君子"，取《诗经》之语以喻君子的人格，乃是孔门师生常用的话语方式。比如，言说君子"贫而乐，富而好礼"的人格风范，取"如切如磋，如琢如磨"（《论语·学而》）加以喻说；再如，言"礼后于仁"的君子人格构成，取"巧笑倩兮，美目盼兮，素以为绚兮"（《论语·八佾》）加以喻说等。

与儒家相比，道家与原始宗教、道家思维方式与原始思维的关系就更为密切了。《老子》第六章中说："谷神不死，是谓玄牝。玄牝之门，是谓天地根。绵绵若存，用之不勤。"[1]按照冯友兰先生的分析，老子将"道"喻为"谷神"，"'谷神'就是形容这个'玄牝'的。女性生殖器是中空的，所以称为'谷'。玄牝又是不死的，所以又称为'神'"，他认为这

---

[1] 《四部要籍注疏丛刊·〈老子〉》（上册），中华书局1998年版，第84页。

种谷神之喻就是一种"带有原始宗教性的说法"①。《庄子》中更是充斥着神仙思想。所以，由于与原始宗教、原始思维有着更为密切的联系，老庄思想更是一种诗性精神。

以己度物的类比推理，不仅应用于自然与人之间，还应用于文章与人之间。中国古代文化在将自然人化、生命化的同时，也将文章人化、生命化了。关于中国文论生命化的问题，钱锺书先生早在二十世纪三十年代就指出，中国古代文学批评有"把文章通盘的人化或生命化""把文章看成我们自己同类的活人"的特点。② 二十世纪末，吴承学先生在此基础上对这个问题作了进一步阐发，他说："文学批评中的'生命之喻'，从哲学上看，是受了中国古代'近取诸身，远取诸物'（《周易·系辞上》）的象征性思维方式影响而产生的，以人拟文正是'近取诸身'的自然而然的结果。"③可见，中国古代文论的生命化、人格化是基于具象思维，集各类喻象批评于一体的比喻。它把文章本身看作一个活人，一个有生命的四肢健全的人。通过这种引譬连类、具象比兴的言说方式，以生命的充盈和丰沛使艺术的本质得以张扬。

古代文论的以己度物包括了生命化和人格化两个方面，前者是以人的生命有机体的部分和整体来命名或指代文学艺术的部分和整体，从而构成古代文论一组常用的基本概念和范畴，如形神、风骨、气韵、血脉、主脑、肌肤、眉目等。后者则是以某一类人的人格形象来类比文学艺术的某一种风格，如《二十四诗品》用"美人""佳士"分别类比、体貌诗歌风格的"纤秾"和"典雅"，用"畸人""壮士"类比、体貌"高古""悲慨"等，司空图所品评的二十四种诗歌风格说到底就是二十四种人格形

① 参见冯友兰《中国哲学史新编》（第二册），人民出版社 1984 年版，第 44 页。

② 钱锺书：《中国固有的文学批评的一个特点》，《文学杂志》，1937 年第 4 期。

③ 吴承学：《生命之喻——论中国古代关于文学艺术人化的批评》，《文学评论》1994 年第 1 期。

象。从《易传》的"近取诸身"到康有为的"书若人然",中国古代文论的生命化和人格化成为一以贯之的思维传统。

(三)诗性逻辑的想象性类概念决定了古代文论范畴的经验性质与归纳方法

"范畴"一词的本义是将同类的事物归纳起来而作为典范。范畴是人类把握世界的方法,是帮助我们认识和掌握自然现象之网的网上纽结。通过对对象世界的概括、抽象和分类,纷杂的自然万象方以井然之序呈现在人类的思维之中。在传统中国的诗性世界里,人们认识世界的主要途径是以实体性的概念区别事物的不同类型。即如《易》称:"天与火,同人。君子以类族辨物",《尹文子》称:"名也者,正形者也。形正由名,则名不可差。"依形而定名,类族而辨物,也是早期人类在诗性逻辑下创造出的把握世界的经验模式,亦即维柯所说的想象性类概念。

如黑格尔所言:"文化上的区别,一般地基于思想范畴的区别。"①诗性文化的典型特征之一,便是其遵循诗性逻辑而构建的想象性类概念体系。诗性逻辑实体性、经验性的类化思维方式明显地体现于汉字象形见意的构造之中,促成了古代中国独特的名实观。这必然影响甚至制约范畴系统的构成方式,同时也赋予了古代文论理论范畴的经验归纳性质。

原始人类构建范畴的方式是归类为范,而古汉语的象形会意之中,就保留着原始思维的这种"类化"痕迹。"中国古代文论的诸多范畴,其构成单元是汉语的字或词,而古文字所残存的原始思维的特征,必然影响甚至制约范畴的构成方式。"②不但中国古代文论的元范畴,如"气""道""理"等经历了由经验而超验、由具象而抽象的演变历程;而且古

① ［德］黑格尔著,贺麟、王太庆译:《哲学史讲演录》,生活·读书·新知三联书店1956年版,第47页。
② 李建中:《古代文论的诗性空间》,湖北人民出版社2005年版,第21页。

代文论范畴的家族体系中那些表示作品体貌风格的范畴，如"风骨""神韵"等也有着经验归纳性质。

正是由于诗性思维的想象性类概念决定了中国古代文论范畴的经验归纳性，从而使得中国古代文论既留存了生命的灵动与鲜活，亦不乏理论的概括与抽象的特点。这种完全不同于西方的民族思维特征，为范畴的理论阐释及其在文学批评中的具体操作，提供了更灵活多样的手法和更为广阔的拓展空间。

三、"气"与中国文论的诗性传统

"气"，自从被曹丕带入文学领域，便沿用贯穿于整个中国文论史，衍生、导引出"文气""养气""体气""气韵""气象""气势""神气""气脉""气格""气骨""气味""逸气""生气""辞气"等理论概念、术语，组成了一个无与伦比的庞大的家庭。作为古代文论的元关键词，"气"的原初含义和哲学内涵携带着神秘互渗、万物有灵等原始智慧的鲜明烙印，颇能体现诗性的思维方式，而且"气"在古代文论系统中的运用充分揭示了文学以人为中心的生命化特质以及文学体式内在的运转机制。因此，对元关键词"气"的阐释，将有利于我们去发掘和展示中国古代文论的诗性特征。

"气"本指的是自然界存在的有别于液体、固体的细微流动体，是所谓的"天地之气"（《国语·周语》）。气本无形，但古人却以象形之法造出了"气"字，并且取与气的属性最相近，能够与"气"直接转化的，可视能察的有形之物"云气"为"象"，让我们更能体味到原始智慧"仰观俯察"的经验式思维运作方式对民族观念形成的重要性。在中国，气被看作循环于一切实体中间的一种神秘力量，是一切生物的生命和力量的神秘本原。视气为世界的本初状态，这样的观念最早见于世界各民族的创世神话之中。缅甸的加钦人（Katchin）认为世界原是一气团，由气团生出了天穹；北美的约述亚（Joshua）印第安人也认为世界最初是天、雾、水不分的混然。而在中国的盘古开天的神话之中，盘古氏挥动巨斧，劈开了浑蒙世界，使清气上腾凝为天，浊气下降结为地。① 以自然现象中的气以及由气形成的烟雾，来说明混沌无形状态的原始观念，源于原始初民的切身体验和观察的积累。

中国传统的气论，在很大程度上保留了原始的想象。《易传》有一段著名的话："同声相应，同气相求。水流湿，火就燥，云从龙，风从虎。圣人作而万物睹。本乎天者亲上，本乎地者亲下，则各从其类也。"显然，这里把云和龙、风和虎归为同类，是想象的而非真实的本质联系，而"同气相求"表明了这种非本质的归类源于对汉民族至关重要的"气"观念在万物中的流传渗透。"气"是天地万物之始，由此任何事物可以视情况彼此互渗或不互渗，"同类通气，性感相动"（王充《论衡·幸偶》）。这使诗性逻辑的归类，随意而变化莫测，并始终处于开放的状态之中。春秋战国之时，气为万物之源、天地之本的思想已相当流行。哲学家们常用气的凝聚解释固定形体的万物生成，并将其纳入宇宙演化理论之中。王充说："万物之生，皆禀元气。"（《论衡·言毒》）在古人看来，天地未形之始，宇宙洪荒，是元气冲荡，"万物负阴以抱阳，冲气以为和"（《老子》），以定三才四时。作为一种真力弥漫、流动不居的宇宙本元，万物万象的存在与不存在皆与"气"有关。

《淮南子》曰："万物有以相连，精祲有以相荡也。""精祲"，高诱注为"气之入侵者也"。把万物连接起来并能渗透到万物内部而激荡的，就是在中国的传统观念中，充盈于宇宙的神奇之源——气。生与死互相循环，生之所以为生，死之所以为死，其根本原因是气的聚与散。气神奇地融会于万物之中，处于有形无形之间，具有原始思维的神秘性质。

董仲舒在《春秋繁露》中就以诗性语言描述气化流行的宇宙人生："春气爱，秋气严，夏气乐，冬气哀。爱气以生物，严气以成功，乐气以养生，哀气以丧终，天之志也。是故春气暖者，天之所以爱而生之；

---

① 刘文英：《漫长的历史源头——原始思维与原始文化新探》，中国社会科学出版社 1996 年版，第 656-665 页。

秋气清者，天之所以严而成之；夏气温者，天之所以乐而养之；冬气寒者，天之所以哀而藏之。……故四时之行，父子之道也；天地之志，君臣之义也；阴阳之理，圣人之法也。阴，刑气也；阳，德气也。阴始于秋，阳始于春。春之为言，犹偆偆也，秋之为言，犹湫湫也。偆偆者，喜乐之貌也；湫湫者，忧悲之状也。是故春喜、夏乐、秋忧、冬悲，悲死而乐生。以夏养春，以冬藏秋，大人之志也。"（《王道三通》）在这里，董仲舒以"气"贯通天道与人性，天人交相感应，形成了和谐一致的情志生命律动。

世界上许多古老的民族都曾经有过运用"气"概念或者以"气"比况解释世界本原、构建哲学体系的历史。如古希腊米利都学派的代表人物阿那克西美尼"空气是万物基始"的学说；古希腊哲学家赫拉克利特把"气"视为万物演化过程中的一个环节。后来，恩培多克勒则把"气"看作构成世界的"四根"之一。《圣经》中也有以上帝之"气"来解释万物和现象生成的记载。然而西方这种自然哲学的取向与日益向伦理学发展的中国哲学自然分道扬镳了。李约瑟在《中国科学文明史》中有言："它（气）虽然在许多方面类似希腊的空气，我还是宁肯不进行翻译，因为它在中国思想家那里的含义是不能用任何一个单一的英文词汇表达出来的。"① "气"，作为中国传统哲学中最基本、最广泛、涵摄丰富而衍变繁杂的范畴，保留了原始思维方式，贯穿古今，向各个领域渗透，沿用不衰，表现出华夏民族把握世界时的特殊智慧，并铸就了民族文化的浑融气质。

中国传统文化认为宇宙的本质是"气"，世界万物的变化来源于"气"的流动。老子《道德经》认为天地之"气"来源于"道"，"道生一，一生二，二生三，三生万物，万物负阴而抱阳，冲气以为和"。东汉哲学家王充在《论衡》中说，"天地，含气之自然也"，"天地合气，万物自生，犹夫妇合气，子自生矣"。张载《正蒙》说，"虚空即气"，"太虚无

形，气之本体，其聚其散，变化之客形尔"。主体要深刻认识客体就要"悟道"，以把握客体内在之"气"，它来源于宇宙之"气"（天地之"气"）。天地之"气"充盈于客体，形成客体之"气"，充盈于主体，就形成主体人格之"气"。主体用人格之"气"去体悟客体之"气"，通过饱含情感的审美体验赋予客体灵性，使其生命化、人格化，达到主客合一的境界。

在中国文学批评史上，"文气"很早就出现了，自从"气"在魏文帝时被引入文学批评，便一发不可收，经六朝成为了十分通行的文论范畴，并熔铸于创作心理、思维方式、文法构成各个方面，既指作者主体丰沛的生命积养，又指作品生气弥漫、意气周流的健旺征象，"气"与文学在诸方面相渗透，使文学成为天地间精气所集的核心艺术，成为人生的寄托，亦因其自身的生命性与人产生共鸣。

诗性传统，既是中国文论民族特色的根基，也是中国文论走出世纪困境、走向世界的前提。二十世纪的中国文论大体走上了一条政治化、哲学化到工具主义、理性主义的路径，诗性传统基本上被中断，这种断裂在一定程度上导致了中国文论民族特色的丢失，导致了中国文论与世界文论以及传统文论与现代文论的疏离。要在二十一世纪建设有中国特色的文学理论，可行性路径之一就是要清理、总结、承续中国文论的诗性传统，并揭示出这一传统的现代价值。

第二章　元气的含义、特征及其理论嬗变

　　本书上一章对"气"进行了字源学的考释，并对"气"的文化原型与诗性品格进行了阐释，故不再赘述。本章重点对"元"及"元气"的含义、特征及元气论的逻辑演进作一探源溯流的梳理。

　　"气"是中国古代哲学中一个表示物质存在的基本观念，其原义指一种不同于液体、固体的流动而无形并独立于人意识之外的物质，同时它又是人和生物赖以生存的生命之源。

　　"气"的观念起源较早，西周末年时伯阳父就提出"天地之气"，而"元气"概念出现相对较晚。战国末期已有以"元"为"气"的观点，如《吕氏春秋·应同》有"与元同气"之语，但还没有明确提出"元气"的概念。直到汉代，"元气"成为一个合成词，用以表示天地万物本原，如《鹖冠子·泰录》谓："天地成于元气。"又有董仲舒在《春秋繁露·王道》中云："王正，则元气和顺。"

第一节　元气的含义

　　元气是中国哲学和中医学中常见的概念。在哲学中，元气是天地万物生成的基始物质，是宇宙万物的本原和本体。元气是人类与一切生物的生命能量或动力。宇宙间的一切事物都被看作元气的运动与变化的结果。在生理学和医学中，元气又是人体生命的基元要素，是人体生命的本原和本体。中医学也把元气看作人体的第一道生理防线，气聚于体内能保护脏腑，而气流一旦散于肤表则外邪便会侵入从而导致疾病的

发生。

元气的基本内涵从"元"和"气"字的含义中大体可以看出。在中国古代，"元"和"气"本是两个独立的名词。

甲骨文	金文	篆文	隶书
元	元	元	元

"元"字演变图

"元"，从汉字的字形构造来看，是一个会意字。从一，从兀。甲骨文字形"元"，像人形。上面一横指明头的部位。上一短横是后加上去的，依汉字造字规律，顶端是一横的，其上可加一短横。因此，"元"的本义是人的"头"或"首"。"元"字的古义与"天""期""首"相同，指人之顶，引申为顶端。在现代汉语中，"元首"一词仍保存其古义。由此引申为"始""本原""本体"等义。《说文解字》曰："元，始也。"《公羊传·隐公元年》云："元年者何？君之始年也。"据考证，早在先秦时期就开始有以"气"解"元"并把两者结合起来组成一个合成词的做法。

"气"在华夏初民的思维活动中就被视为一个具有世界物质统一性的观念。于省吾《卜辞求义》指出："'气'字初文作'三'，降及周代，以其与'上下'合文及纪数'三'字易混，上画弯曲作'气'，又上下画均曲作'气'，以资识别。"[1]"气"（气）在形体上为甲骨文上（一）下（一）的合文。《说文》："上，高也。"高可指山指天。"下，底也。"底可指水指地。"三"（气）本体为象形，即"象云起之貌"。而云，实乃"山川气也"，云即是气，是天地、山水相通相合的一种物象符号。这样看来，"气"本身就含有上下相合、天地相通之意，因此"气"原本就含有总天地

———————

[1] 转引自汉语大字典编辑委员会《汉语大字典》（缩印本），四川辞书出版社1991年版，第843页。

山水于一体的象征意味，即朱熹所说的"天地只是一气"。

随着人们对宇宙万物本原、本体认识的深化，春秋战国时期思想界出现了一种新的动向：许多理论家既重"气"，也开始讲"元"。如《易传》不仅继承了《管子》的"精气"说，而且开始以"元"的观点解读宇宙万物的本原。曰："大哉乾元，万物资始，乃统天。云行雨施，品物流形。大明终始，六位时成。时乘六龙以御天。乾道变化，各正性命。""至哉坤元，万物资生，乃顺承天。坤厚载物，德合无疆。含弘光大，品物咸亨。牝马地类，行地无疆。"（《易传·象辞》）这里提出了"乾元""坤元"的概念。所谓"乾元"是万物资始的物质，所谓"坤元"是万物资生的物质。

《吕氏春秋》以"太一"作为世界的物质本原。如《大乐》篇中说："音乐之所由来者远矣，生于度量，本于太一。太一出两仪，两仪出阴阳""万物所出，造于太一，化于阴阳"。又说："道也者，至精也，不可为形，不可为名，强为之名，谓之太一。"这个"至精"的"道"或"太一"，也就是《管子》所说的"精气"，即精微的原始物质。《吕氏春秋》除了继承道家提出的"万物所出，造于太一，化于阴阳"的观点外，在其《应同》篇曰："黄帝曰：'芒芒昧昧，因天之威，与元同气。'"开始把"元"与"气"联系起来。

综上所述，"元"和"气"本是两个独立的概念，"元"具有一定抽象性，其"本始"之义出现比"气"更早，后来在"始"的基础上加入了物质性的"气"并以"气"解"元"。人们说"元者为万物之本"，实际上就是强调"气"的始极意义。《吕氏春秋》中的"与元同气"说也就是将"元"与"气"两者合二为一，其中的"元"就是"气"，"气"就是"元"，两者通同。因此，元气比较明确地成为天地之始因。

但是，在历史上最早把"元气"作为一个合成词用以表示天地万物本原概念的是战国时期的道家著作《鹖冠子·泰录》。其曰："精微者，天地之始也，不见形窃，而天下归美焉。名尸神明者，大道是也。夫错行合意，扶义本仁，积顺之所成，先圣之所生也。得其道者有其名，为其事者有其功，故天地成于元气。""天地成于元气"的观点在元气论发展史上具有重大意义，它既表明了道家的宇宙本体论思想，也是传统元气论哲学的滥觞。

西汉时期，《淮南子·天文训》称："太始生虚霩，虚霩生宇宙，宇宙生元气，元气有涯垠，清阳者薄靡而为天，重浊者凝滞而为地。"可见，在《淮南子》中，虽然已有道家所主张的宇宙万物由元气生成的哲学思考，但并没有以明确的方式概括出元气本原论的宇宙观。

综上所述，从春秋到汉初，哲学家在探索宇宙本原的问题上，经历了一个漫长的曲折道路，他们提出"元"和"气"两个概念，为元气论的产生奠定了理论基础。然而，他们还没有把"元"与"气"合二为一概括出"元气"这一哲学范畴，更没有提出元气本原论的宇宙观。

直到西汉，哲学家董仲舒才第一次提出了以"元"为天地万物的本原。他说："唯圣人能属万物于一而系之元也。……元犹原也，其义以随天地终始也……故元者为万物之本，而人之元在焉。安在乎？乃在乎天地之前。"（《春秋繁露·玉英》）从字义上说，"原"与"本"均有"本原"之义，是天地万物产生之本。"元"的这种含义使它在与"气"结合时，即具有了宣示宇宙及生命本原的意蕴。在董仲舒看来，"元"是"万物之本"。他在《春秋繁露·王道》中说："元者，始也，言本正也。……王者，人之始也。王正，则元气和顺。"又说："臣谨按《春秋》谓一元之意。一者，万物之所从始也；元者，辞之所谓大也。谓一为元者，视大始而欲正本也。"（《汉书·董仲舒传·举贤良对策》）"谓一元者，大始也。"（《春秋繁露·玉英》）这几段话都偏重于用"始"来解释"元"，可见"元"有"开始、起始、开端"的时间含义。因而，在汉代元气的概念大多是在原始物质的意义上使用，可理解为始气、原气和宇宙的本原。同时，董仲舒认为元气又有阴、阳之分，而且天地间万事万物都是由阴、阳二气构成的，故曰"物莫不合，而合各有阴阳"。同时他又把万物看作阴、阳交感的产物，认为"独阴不生，独阳不生，阴阳与天地参然后生"；他还持有"贵阳而贱阴"即阳尊阴卑的观点。

秦汉时期，不少理论家用元气来描述天地未分之前的"混沌"形态。东汉时期，王充《论衡·谈天》称："说《易》者曰：'元气未分，混沌为一。'"并且认为这种"混沌"形态具有孕育天地万物之生命母体的元素。宇宙万物（包括人类）的形成是由这种"混沌"的元气分化成阴阳两气而产生的，其清轻之阳气上扬即为天，重浊之阴气下沉即为地，天地之气交合则化育万物。王充认为元气不仅是天地万物之原（源），同时也是人类智慧和生命之原（源）。王充认为元气是与云烟云雾相似的原始的物质元素，"天禀元气，人受元精"（《论衡·超奇》），认为天是气，将其称为"天气"；人也是气，称为"人气"，人禀受了元气中最为精微细致的部分，即"精气"。它产生天地，而又非宇宙之根本。他又说"万物之生，皆禀元气"，"元气未分，浑沌为一"。王充认为人和万物都是阴、阳二气结合的结果，"天地合气，万物自生，犹夫妇合气，子自生也"，提出了"阴阳之气"与"天地之气"的概念。另外，他还认为万物都含有"五行之气"，而且人含有"五常之操"（不同的道德精神），提出了"五行之气"的概念。王充继承了道家的自然主义，把元气看作构成宇宙万物的原始物质基础，从而建构了一个由元气"阴阳之气""天地之气""五行之气"构成的"元气一元论"哲学体系。

何休在前人的基础上将元气论向前推进了一大步。他认为元气既是有形的，又是无形的，并突出强调了其作为天地之始的意义。他在《春秋公羊解诂》中云："变一为元。元者，气也。无形以起，有形以分，造起天地，天地之始也。"（《春秋公羊解诂·隐公元年》）这是从宇宙本体论角度肯定元气为万物之"元"。东汉王符《潜夫论·本训》云："上古之世，太素之时，元气窈冥，未有形兆……若斯之亡，翻然自化，清浊分别，变成阴阳。阴阳有体，实生两仪，天地壹郁，万物化淳，和气生人，以统理之。"从万物生成角度进一步肯定了元气为宇宙万物生成的基础。

由此可见，"元气"一词有两层含义：一是原始的气，即天地未分之前的浑然之气，凸显了其在原生、基始、本根方面的内涵；二是总体的气，即天气之间气的总体。说明元气具有包容和统率一切的意义。这一层面的元气实际上又分为形而上的哲学的(思辨的、观念的)气和形而下的人体的(心理的、生理的)气。本章所论述的元气主要是指形而上的哲学的(思辨的、观念的)气。而形而下的人体之元气即本书所论的"体气"将放在第三章重点阐释。

第二节　元气的特征

"元气"("气")概念源于古人特有的自然观和生命观。它主要是指一种精微的、无形无状的、不间断的物质，它能生出有形物质，能构成生命活力，能体现为精神存在。因此，元气的特征主要体现在其超象性、连续无间性和创生性三个方面。

一、超象性

中国思想史上的元气论思想家几乎都认为，作为宇宙本体的元气是"无形""无象"的。《庄子·至乐》云："气变而有形，形变而有生。"《吕氏春秋·君守》云："至精无象，而万物以化。"宋张载《正蒙·太和》云："太虚无形，气之本体。其聚其散，变化之客形尔。"清王夫之《正蒙注·太和》云："气弥沦无涯而希微不形。"而且，他们还普遍认为"有形"之气(万物)与"无形"之气(太虚)是"通一无二"的。汉儒何休云："元者，气也。无形以起，有形以分，造起天地，天地之始也。"(《春秋公羊解诂·隐公元年》)在何休看来，"有形"与"无形"两者之间存在着内在联系："无形"之元气是"有形"之天地的本根。北宋张载云："知虚空即气，则有无、隐显、神化、性命，通一无二。"(《正蒙·太和》)这就是说，感官可及的"有形"之气(万物)与感官不可及的"无形"之气(太虚)之间乃是以时间为中介的"形而下"与"形而上"二者的不断转化，彼此是"通一无二"的。他在《正蒙·太和》中还说："气之为物，散入无形，适得吾体，聚为有象，不失吾常。"这就是说，不论是"无形"

之气（太虚），还是"有形"（有象）之气（万物），虽然形态有别，但本质都是气。后来，明王廷相《慎言·体道》云："有形亦是气，无形亦是气。"便直截了当地说明了这一点。

元气论突出了气的本体无形特征，这与精气说重在显示气的客体有形特征也是相辅相成的。精气说重在突出构成世间万物的基本物质是精气，即所谓"精气为物"，故而精气更多地与有形的具体物态联系在一起，以此说明世界的物质统一性。与此相对应，在元气论看来，作为"气之始"的元气并不因为其"翻然自化"，出现阳清阴浊的天地之气后就消亡了，而是仍然"无形"地存在于宇宙之中，成为天地间生生不息的阴阳交合化生万物的动力源泉。此即柳宗元所说的："彼上而玄者，世谓之天；下而黄者，世谓之地；浑然而中处者，世谓之元气。"（《天说》）更重要的是，"精气为物"只是暂时的，物态消歇，并不意味着气也随之消亡，它只是从其借物显形之客体状态复归无形本体而已。故此王充说："人未生，在元气之中，既死，复归元气。"（《论衡·论死》）这其中已显然包含了物质不灭的思想，实际上是对"精气"说以气来说明世界物质统一性的一种补充。因为只有承认气的恒在性，才能有效说明处于不断生成变化过程中的世界物质统一性的存在。

元气论对气的恒在性的说明是与揭示气的本体无形特征联系在一起的，这从明代王廷相对"精气为物，游魂为变"命题的阐释中可以看得很清楚。他认为："虚者气之本，故虚空即气；质者气之成，故天地万物有生。生者，'精气为物'，聚也；死者，'游魂为变'，归也。归者，返其本之谓也。返本，复如虚空矣。"（《慎言·五行》）在王廷相看来，所谓精气不过是"虚空之气"——气之本体（元气）的一种"质"，亦即具有聚敛、化生万物的功能。在未形成具体物态之前，它只是作为事物生成的一种可能性也是必然性而潜在于虚空之中，此即老子所言"道之为物……窈兮冥兮，其中有精"，亦即王符所言"元气窈冥，未有形兆，万精合并，混而为一"。而当"万精合并，混而为一"的物态形式消歇，精气散解之后仍会复归于作为气之本体的"虚空"中去。"故虚空即气"，亦即元气。所以王廷相要特别指出："无形亦是气……无形，元气也。"（《慎言·道体》）他认为宇宙万物是有形有象的，而作为宇宙万物本体的"元气"则是无形无象的。元气"不可以为象，故曰太虚，非曰阴阳之外有虚有极也"（《慎言·道体》），元气"不可以象名状，故曰太虚耳"（《雅述》上篇）。"太古鸿蒙，道化未形，元气浑涵，茫昧无朕。不可以象求，故曰太虚。"（《王氏家藏集·答天问》）

"元气"无形无象，却又至"真"至"实"。它超然"物外"，却有玄妙的本体意义。正如张祥龙先生所说："'气'这个词的好处是有些隐喻冥通的意味……每当人要表达那既非具体对象亦非一己观念，既非有形质者亦非抽象道理的微妙含义时，就不期然而然地求之于'气'这个有无之间的大象，因为他提供了一种表达和理解非现成者、余意不尽者的可能。"①

二、连续无间性

元气不仅是无形无象的，而且是一种"充盈大宇而不窕"的连续性物质存在。

早在先秦时期，思想家就提出了元气是天地间连续性物质存在的观点。荀子《赋》篇说："云'充盈大宇而不窕'。"这里的"云"实即元气。参考《宋玉集》所载巫山神女故事中"气"与"朝云""暮雨"一体转化关系的有关描述（见《文选》李善注引），再参考许慎《说文解字》"云，山川气也""气，云气也"的有关训释，即可知荀子《赋》篇提到的"云"实即"元气"。这里的"窕"，据王先谦集解引王念孙曰："窕者，间隙之称。言充满大宇而无间隙也。"由此可见，"窕"是"连续无间"的意思。因此，在荀子看来，元气（云气）充盈宇宙，是一种连续"不窕"（无间隙）的物质性存在。

其实，在与荀子大体同时的思想家中，坚持"气"是宇宙天地间连续性物质存在观点的大有人在。《管子·心术上》云："道在天地之间也，其大无外，其细无内。"《管子·内业》云："灵气在心，一来一逝，其细无内，其大无外。"另外，《吕氏春秋·下贤》云："精充天地而不竭，神覆宇宙而无望……其大无外，其小无内。"以上几则引文表明，不论是《管子》的作者还是《吕氏春秋》的作者，均肯定浩渺无垠的宇宙为物质性的气所充盈，此中实无间隙存在。

在战国时代思想家有关气的众多论述中，载于《庄子·天下》的惠施以下一段名言颇值得注意："至大无外，谓之大一；至小无内，谓之小一。"在惠施看来，"至大无外，谓之大一"与"至小无内，谓之小一"两者统一于"一"。即不管是无穷大的宏观世界（"大一"），还是无穷小的微观世界（"小一"）都被连续性的物质性的"一"所充满。紧接着他又说："无厚，不可积也，其大千里。"在他看来，此"一"并无厚度和体积，但"其大千里"。由此判断，惠施所说的"一"，既不是精神实体，又不是微粒状的物质存在（凡微粒均有体积和厚度），而是当时尚无以名之的非微粒性的物质存在。应该说，在先秦思想界，惠施是位思辨力极强的哲人。由于他的思想奇特，所以附和者寥寥，以致他上述所论的"大一""小一"说在中国思想史上几成"空谷足音"。

惠施、荀子之后，强调气乃连续性物质存在的思想家代不乏人。如《列子·天瑞》云："亡处亡气。"宋张载《正蒙·太和》云："知太虚即气，则无无。"清王夫之《正蒙注·太和》云："阴阳二气，充满太虚，此外更无他物，亦无间隙。"

上述思想家都精辟地论述了作为宇宙本体的元气的广袤性、充盈性和连续性，均强调元气是充盈宇宙而连续无间的物质性存在，均坚持宇宙天地间并无"绝对空间"存在的气一元论立场。

三、创生性

元气除了具有超象性、连续无间性等特征外，其最突出的特征在于

"气化流行，生生不息"的功能。

中国古代哲人普遍认为，作为万物本体的气，是一种能聚可散的细微物质存在。《庄子·知北游》云："人之生，气之聚也。聚则为生，散则为死。"在庄子看来，人的一生一死也就是气一聚一散变化的实际表现。宋张载《正蒙·太和》云："气之为物，散入无形，适得吾体；聚为有象，不失吾常。太虚不能无气，气不能不聚而为万物，万物不能不散而为太虚。"又云："气聚，则离明得施而有形；气不聚，则离明不得施而无形。"这就是说，气聚则生成"有形"的感官可及的万物，气散则化为"无形"的感官不可及的"太虚"。能聚可散，这即是本体之气的基本特性。后来，清王夫之在《正蒙注·太和》中进一步阐释张载的上述思想，明确地指出："气化者，气之化也。""凡虚空皆气也，聚则显，显则人谓之有；散则隐，隐则人谓之无。神化者，气之聚散不测之妙。"在王夫之看来，气具有能聚可散、能显可隐的功能特性，这正是气作为万物之本体所独具的"神妙"出奇之处。

中国古代的思想家坚持气能聚可散说旨在强调这样一个思想：宇宙天地之间的气，实有两种基本的存在形态，气聚则成万物，气散则为"太虚"。而正是气这一能聚可散的功能属性，使宇宙天地生机永恒、生命长存。用戴震的话说："气化流行，生生不息，是故谓之道。"（《孟子字义疏证》）由此，着力把握气能聚可散的功能属性，着力体悟"气之聚散不测之妙"，使自己对宇宙人生的认识进入一个新天地，成了中国文人士大夫孜孜追求的最高精神境界。

中国元气论与阴阳说很早就结下了不解之缘。如上所述，元气的特性表现为能聚可散，而促成元气聚散变化的内在动力，即来自元气自身所含阴阳二气的交感或阴阳两种矛盾势力的相互作用。《庄子·则阳》载大公调回答少知所提"万物之所生恶起"的问题时云："阴阳相照相盖相治……聚散以成。"这就是说，是由于元气内部阴阳两种矛盾势力"相照相盖相治"的交感作用，促成了气的聚散变化，促成了包括人在内的天地万物的变化。宋张载在《正蒙·乾称》中说："气有阴阳，屈伸相感之无穷，故神之应也无穷。"又在《正蒙·太和》中说："一物两体，气也。……阴性凝聚，阳性发散；阴聚之，阳必散之。"这就是说，是由于元气自身所包含的阴阳二气对立属性的交互作用，造成了元气聚则为万物、散则为"太虚"的神妙变化。后来，明王廷相《慎言·道体》云："阴阳者，造化之橐钥也。""二气感化，群象显没，天地万物所由以生也。"明确指出懂得阴阳二气的交感这一道理，实是把握宇宙造化奥秘的关键所在。

中国古代哲人还十分强调无形无象的、连续无间的元气在宇宙天地间"如水之流，不得独处"的永恒"流动"的特性。

东汉班昭在为其兄班固的《幽通赋》"浑元运物流不处兮"句作注时说："浑，大也；元，气也；运，转也；物，万物也。言元气周行，始终无已，如水之流，不得独处。"意思就是说，充盈宇宙的浑元之气，永无止息地化生万物，就像流水那样永不停滞。《吕氏春秋·尽数》亦云："流水不腐，户枢不蠹，动也。形气亦然。形不动则精不流，精不流则气郁。"吕不韦与班昭二人所持观点，如出一辙。

其实张载对"元气周行"有极精辟的阐发，他在《正蒙·太和》中说："气块然太虚，升降飞扬，未尝止息。……浮而上者阳之清，降而下者阴之浊。其感遇聚散，为风雨，为雪霜，万品之流形，山川之融结。"又说："游气纷扰，合而成质者，生人物之万殊。其阴阳两端，循环不已者，立天地之大义。"

中国古代持元气论的哲人普遍认为，元气是无形的，感官不可能直接感知。但是通过仰观俯察天地之间"为风雨，为雪霜，万品之流形，山川之融结"这一"大化流行"的宇宙生命图景，又是能够直觉元气"升降飞扬，未尝止息"的周行不息的个中奥秘，能够体悟元气"聚散隐显"循环不已的圆道大义。而一旦直觉个中奥秘、体悟此中大义，就能"赞天地之化育"而与"天地参"，就能"静而与阴同德，动而与阳同波"，以"至人"之心"畜天下"。此时，身心与大道合一，精神进入绝对自由境界。

通过以上粗略分析，我们似可得出结论：中国古代哲学中的"元气"概念，实指无形无象的、"充盈大宇而不窕"的、永无止息地化生天地万物而具有生命力的细微物质存在。中国古代的元气论与西方古代的原子论恰成鲜明对比。古希腊的原子论认为，原子是一种有形的、被虚空间隔的、不可入的、惰性的细微粒子。如果说元气论本质上是一种生命本体论(生命哲学)，那么原子论本质上是一种物质本体论(自然哲学)。因此，中国古代的元气论与西方古代的原子论内涵迥然有别，从而使得建立在特定哲学思想基础之上的中西方古代美学面貌大异且旨趣悬隔也就不足为怪了。

第三节　元气论的嬗变

元气论在中国哲学史上长期占据着主流地位，经历了先秦、汉代、宋明时期、清代至二十世纪初四个主要的发展阶段，达到了相当的系统性。然而，由于元气论自身陷入了宇宙论的二律背反，致使其完全丧失了生命力和存在的理由。

一、元气论之滥觞

西周末年至春秋时期，人们虽已开始以"气"来解释和说明各种自然现象或社会现象，但终究未能摆脱局部的、狭隘的直观性认识，未能形成气一元论的宇宙观，仍处于元气论的酝酿阶段。

从对"气"的字源学考释来看，殷周时期的甲骨文和铭文中早已出现了"气"字。"气"是象形字，其本义是"云气"，是一种自由流动的不同于液体或固体的物质存在。在甲骨文、金文中，虽有"气"字，但并不含哲学意义。在《尚书》《诗经》等古文献中，也未查到有关"气"的资料。

西周末年，由于周王朝的衰亡、社会矛盾的激化以及农业生产与各门科学的发展，以"天"或"帝"观念为核心的宗教神学出现了严重的危机，涌现出了一股怨天、骂天、恨天的无神论思潮，于是人们开始以"气"来解释和说明某些自然或社会现象。最早可以追溯到周幽王时期发生的一场大地震——"西周三川皆震"，由此引发了伯阳父对地震产生原因的探究。他认为："夫天地之气，不失其序。若过其序，民乱之也。阳伏而不能出，阴迫而不能蒸，于是有地震。"（《国语·周语上》）他没有把地震的原因归于天神的震怒和儆惩，而是归于"天地之气"的失序，归于"阳失其所而镇阴也"。他认为阴阳之气是构成天地山川万物的始原物质，其运动变化有一定的规律，而且阴阳之气有一定的方位和秩序，一旦这种秩序颠倒混乱便会出现地震等异常现象。伯阳父以"天地之气"失序来解释地震发生的原因，以阴阳二气的变化来说明自然界发生巨变的内在根据，正式开启了中国气论哲学的序幕。

春秋时期，以阴阳之气来说明星陨的现象已相当普遍。《左传·僖公十六年》记载，是年春天，有五块陨石落在宋国，宋襄公问周内史叔兴曰："是何祥也？吉凶焉在？"叔兴退而告人曰："君失问。是阴阳之事，非吉凶所生也。吉凶由人。"《左传·昭公元年》记载了晋侯求医于秦，秦遣医和视之。医和不仅认为"六气"是疾病产生的原因，而且认为"六气"也是"四时""五节""五味""五声"等产生的原因。医和说："天有六气，降生五味，发为五色，徵为五声，淫生六疾。六气曰阴、阳、风、雨、晦、明也。分为四时，序为五节。过则为灾：阴淫寒疾，阳淫热疾，风淫末疾，雨淫腹疾，晦淫惑疾，明淫心疾……女，阳物而晦时，淫则生内热惑蛊之疾。"《左传·昭公二十五年》记载了赵简子问礼，而子大叔用"六气"的观点说明"礼"与"情"的产生。子大叔答曰："吉也闻诸先大夫子产曰：'夫礼，天之经也，地之义也，民之行也。'天地之经，而民实则之。则天之明，因地之性，生其六气，用其五行。气为五味，发为五色，章为五声。淫则昏乱，民失其性。是故为礼以奉之。为六畜、五牲、三牺，以奉五味；为九文、六采、五章，以奉五色；为九歌、八风、七音、六律，以奉五声。……民有好恶喜怒哀乐，生于六气。"

总之，在西周末年至春秋时期，人们生活在由"天"或"帝"所主宰的神学时代就开始用"气"的观点来解释说明各种自然现象和社会现象，这可以说是人类历史上的一个巨大的进步。他们把"六气"与"五行"看作建构宇宙天地秩序的基本要素，它们之间的关系秩序一旦被打乱破坏，那么自然界就会出现灾异，人就会生病。这种将"六气"与"五行"联系起来进行考察的整体思维倾向，为后世将元气说与阴阳五行思想融为一体，从而构建一个物质运动与时空合一的宇宙图式奠定了坚实的理论基础。然而，当时人们的思维还停留在"天地之气"的早期阶段，仍带有较强的朴素直观性质，并没有上升到宇宙万物本原的高度，即上升到世界统一性的高度，更没有进一步升华出"气"这一最高哲学范畴。

战国时期，百家争鸣，思想界空前活跃。此时的诸子辈，谈天论地，罕有不言气者。与春秋时期相比，这一时期的理论家更侧重于从气论角度来探讨宇宙万物的生成根源。尤其是以老庄为代表的道家，对"元气"概念和理论的形成具有不可磨灭的历史功绩。

老子作为道家学派的创始人，他把"气"纳入宇宙生成图式中："道—气—万物"，从而真正否定"天"的最高权威，促成了气一元论的产生。老子认为"道"是宇宙万物的终极本原，由"道"化生出混沌未分的"元气"（阴阳之气），再由阴阳之气和合而产生宇宙万物。在这个图式中，"气"成为"道"和宇宙万物之间的中介。万物都是由气化生而来，是阴阳二气和合而成的生命整体。《论语》虽然讲"血气""屏气""辞气""食气"，孟子讲"浩然之气"，《墨子》讲"充虚继气"，但它们并不具有哲学的意义。老子的"道"虽是"万物之宗"，然而它是一种非物质性的绝对存在，不能由它直接派生出物质世界。于是老子把"气"的观念引进自己的哲学框架，认为"气"是由"道"向宇宙万物转化的中间环节，是化生宇宙万物的原始物质材料。老子的气论观使人们开始摆脱局部的、狭隘的思想，而从宇宙本体的高度去探索天地万物的生成，这就为后世的气本体论提供了某些思想资料。

庄子继承和发扬了老子的气论思想，在中国哲学史上第一次提出了气之聚散说。在庄子看来，气是一种弥漫宇宙的客观存在，它的基本特质是："气也者，虚而待物者也。"（《庄子·人间世》）这就是说，气虽是一种无形无象的"虚无"，然而它却以不同形式存在于世间万事万物之中。那么，气是如何构成宇宙万物始基的呢？庄子把宇宙间的各种现象都归结为阴阳两气的对立和交合。"天地者，形之大者也；阴阳者，气之大者也。道者为之公。"（《庄子·则阳》）"至阴肃肃，至阳赫赫。肃肃出乎天，赫赫发乎地。两者交通成和而物生焉，或为之纪而莫见其形。"（《庄子·田子方》）"阴阳错行，则天地大絯。"《庄子·外物》）"阴阳相照相盖相治，四时相代相生相杀。"（《庄子·则阳》）"乘云气而养乎阴阳。"（《庄子·天运》）庄子虽然承认阴阳二气的"交通成和"可以产生宇宙万物，但"道"在这个过程中处于支配和主宰地位。由此出发，在万物构成上，庄子得出了一个重要结论——"通天下一气耳"。庄子以人的生死为例论证说："人之生，气之聚也，聚则为生，散则为死。若死生为徒，吾又何患！故万物一也，是其所美者为神奇，其所恶者为臭腐。臭腐复化为神奇，神奇复化为臭腐，故曰：通天下一气耳。圣人故贵一。"（《庄子·知北游》）在此，他更加明确地以气来解释"一"。他认为在运动过程中，阴阳二气或聚或散而形成宇宙万物，而宇宙万物的生灭过程，实际上就是"气"的聚散过程，它以不同形态存在而其本身并没有消亡。庄子的这一思想为唯物主义元气学说的出现准备了条件。中国后世特别是宋以后的气本体论者，都是对庄子这一精辟思想的继承和发展。这是庄子对中国气学思想的重要理论贡献。

不管是老子提倡的气本原论，还是庄子倡导的气本体论，在宇宙构成论上始终未能摆脱道家的道本论思想的影响。在道家思想体系中，"道"与"气"蕴蓄着不同的内涵，它们是两个分属不同层次的哲学元关键词。作为宇宙万物的终极本原的"道"属于形而上层次，而作为构成万物始基的物质材料的"气"则属于形而下层次。

只有到了齐国稷下道家学派，在《管子》四篇中才开始把"道"与"气"两个概念混同使用，或以"气"解"道"，或以"道"解"气"。把形而上之"道"拉回到形而下之"气"中，把"气"从"道"的主宰中解脱出来，从而变成宇宙万物的最后根源。这是一个巨大的思想进步。稷下道家学者吸取了老子的"其中有精"的思想，率先以"气"解"精"，把"精"与"气"结合起来，提出"精气"这一范畴，"精也者，气之精者也"（《管子·内业》），并且在此基础上进一步把精气视为构成宇宙万物的物质材料。管子曰："凡物之精，比则为生。下生五谷，上为列星，流于天地之间，谓之鬼神；藏于胸中，谓之圣人。是故民气，杲乎如登于天，杳乎如入于渊，淖乎如在于海，卒乎如在于己。"管子把精气看作一种流动于天地之间、无所不在的而又独立于人之外的精灵之气，是天地万物赖以产生和存在的物质基础。这完全是一种气本体论的自然哲学。有时，稷下道家学者也以"气"解"道"，认为"凡道无根无茎，无叶无荣。万物以生，万物以成"（《管子·内业》）。"道在天地之间也，其大无外，其小无内。"（《管子·心术》）这些观点和庄子的"道通为一""道者，万物之所由也"等观点是十分相似的。这表明稷下道家学者在探寻宇宙本根时，主要不是从老子的本原论角度去阐述精气（道）与万物之间的关系，而是从庄子的本体论角度来刬发精气（道）是宇宙万物赖以产生和存在的内在根据。这无疑是对庄子气本体论思想的推进。

在老庄那里，虽然讲"精"也讲"气"，但他们并没有把"精"与"气"结合起来，提出"精气"这一概念用以说明人的生命，稷下道家学派在精气说的基础上，全面地揭示了人的生命本质，认为精气是构成人的生命和智慧的基本物质。首先，他们认为人的形体和生命是由天地、男女之精气相合而形成的。如《管子·水地》云："凡人之生也，男女精气合，而水流行。"男女精气又是源于天地之精气，所以《管子·内业》云："凡人之生也，天出其精，地出其形，合此以为人。和乃生，不和不生。"不但人的形体和生命是由精气构成的，就连人的思维和智慧也是精气沟通形体的产物。《管子·内业》云："精也者，气之精者也。气，道乃生，生乃思，思乃知。"这是说天地间有一种特别精微的气，由这一精气沟通人的形体才有人的生命，有了人的生命才有人的思维能力，有了人的思维能力才有人的聪明智慧。其次，他们认为人体健康取决于人体内精气存有状况。《管子·内业》指出，只有通过"定心""去欲"等方法在人体内不断地积聚精气，犹如形成一个气的渊泉，不断地流转周身，才能使"四体乃固""九窍遂通"，保持人的身体健康。只有充满活力的精气不断地积累而达到某种程度，人才会成为"心全于中，形全于外，不逢天菑，不遇人害"的圣人。

先秦道家对宇宙本根的探索，从老子的本原论到《庄子》的本体论再到稷下道家的精气说，标志着道家对气一元论思想的认识不断深化的过程。老子提出了气本原论思维模式，而《庄子》与稷下道家学者则提出了气本体论思维模式。因此，先秦道家开辟了中国气学理论两种思维模式的先河，从而为秦汉以后的气一元论思想体系的发展奠定了理论基础，其开创之功不可磨灭。

无论是《管子》还是《庄子》，由于它们都脱胎于《老子》，所以它们或坚持道一元论，或残留了道论的痕迹。只有到了战国末期，荀子才把"道"这一精神实体从"先天地生"拉回到天地万物之中，把"道"看成天地万物的总体及其规律，抛弃老庄的本体之"道"而走向气一元论，这是荀子宇宙论的必由之路。荀子说："天地合而万物生，阴阳接而变化起。"（《荀子·礼论》）"列星随旋，日月递炤，四时代御，阴阳大化，风雨博施，万物各得其和以生，各得其养以成。"（《荀子·天论》）"水火有气而无生，草木有生而无知，禽兽有知而无义，人有气有生有知，亦且有义，故最为天下贵也。"（《荀子·王制》）荀子完全抛弃了老庄加在"气"或"阴阳"二气之上的精神实体——"道"，而用天地阴阳二气"相合"的观点说明万物的产生。因此，荀子是第一个用"气"的观点阐释物质世界统一性的理论家。

成书于战国至汉初的《黄帝内经》也大力倡扬气一元论的思想。它认为天地之气是构成天地万物的精微物质。"故清阳为天，浊阴为地。地气上为云，天气下为雨，雨出地气，云出天气。"（《素问·阴阳应象大论》）天地万物"本乎天者，天之气也；本乎地者，地之气也。天地合气,六节分而万物化生矣"(《素问·至真要大论》)。人也是"以天地之气生","人生于地,悬命于天,天地合气,命之曰人"(《素问·宝命全形论》)。天地之气既是构成宇宙万物的物质材料,也是合成人体生命的精微物质。

综上所述,先秦气论的产生经历了一个从切身感受体验出发,由感官直觉到观念意识与相关理论的形成和发展过程。初始阶段的"气"与自然的关系比较密切,从最早的云气、风雨和节候之气,阴阳二气等到《老子》的"负阴抱阳"、《庄子》的"大块噫气"、《管子》的精气说都是针对自然万物而言,而孟子的"浩然之气"则是一种与人自身道义相联系的精神意志。先秦"百家争鸣"中,显示出由具体事物之"气"向抽象的"气"概念转化的趋向。先秦儒家关注和力图改造现实社会政治,而道家则力求从宏观角度超越俗世之见,把握社会人生的真谛以及自然万物的运作规律。因此,儒家气论的重点在社会学和伦理学,而道家的气论重在宇宙生成论和养生论。

二、元气论的形成与初步发展

经过漫长时间的酝酿之后,探究宇宙本原和万物生成过程的元气论成为汉代学术的主导。两汉是元气论的正式形成时期。

在中国思想史上,有学者认为西汉初期的刘安最早提出了元气概念。刘安不但继承和发展了先秦道家思想,而且兼容儒、法等其他学派的思想,同时吸收了医学、天文、律历学等方面的理论,从而建构了自己的一套理论体系。在《淮南子》中说:"道始于虚霩,虚霩生宇宙,宇宙生元气,元气有涯垠,清阳者薄靡而为天,重浊者凝滞而为地。"(《淮南子·天文训》)在这里,他所描述的世界图示为:道→虚霩→宇宙→元气→万物。他把"道"看作"一气"或"元气",提出了以"元气"为构成世界万物质料的宇宙生成论。不过,《淮南子》更多讨论的仍然是与人的生命精神相联系的"气",比如《淮南子·原道训》说:"今人之所以眭然能视,督然能听,形体能抗,而百节可屈伸,察能分白黑、视美丑，而知能别同异，明是非者，何也？气为之充，而神为之使也。"由此可知，元气(气)是构成世界万物和人的生命精神的质料。《淮南子》所构筑的宇宙生成论奠定了中国宇宙论的基本框架。

然而，时下学术界一般认为，西汉时期的董仲舒是最早提出元气概念的人物。董仲舒在"天人感应"神学体系中，既讲"天"也讲"元"讲"气"，并且把"元"与"气"合而为一，正式提出了"元气"这一概念。在《春秋繁露》中有两处提到"元气"，其一："《春秋》何贵乎元而言之？元者，始也，言本正也。道，王道也。王者，人之始也。王正则元气和顺，风雨时，景星见，黄龙下。王不正则上变天，贼气并见。"(《春秋繁露·王道》)这里所说的"元气"是与"贼气"相对的一种自然之善气，是用来构成"天人感应"神学体系的一种物质材料，并不含有世界本原的哲学意义。其二："(国君)布恩施惠，若元气之流皮毛腠理也；百姓皆得其所，若血气和平，形体无所苦也。"(《春秋繁露·天地之行》)这里所说的"元气"，是从人体的结构上说的，如同"血气"一样，是一种身体之气，只是一个医学概念而非哲学范畴。因此，董仲舒虽提出"元气"概念，但并不意味着提出了元气一元论。

从现有文献看，元气一元论开始于两汉之际的谶纬神学。谶纬神学虽然是以"天人感应"为基调的神学体系，但其中却包含了把气和元气作为世界万物本原的思想。例如《河图》曰："元气闿阳为天。"又曰："元气无形，汹汹蒙蒙，偃者为地，伏者为天也。"(《太平御览》卷一引)《礼统》曰："天地者，元气之所生，万物之所自也。"(《太平御览》卷一引)《易纬·乾凿度》曰："通天地之元气"，"一者，形变之始，清轻者上为天，浊重者下为地"。把这些观点概括起来，无非是说混沌、无形之元气，分为清轻之阳气上升而为天，而浊重之阴气下降而为地。天地阴阳二气相合，化生出宇宙天地万物。谶纬神学虽然提出了元气论，但它总要在"元气"之前冠以意志之"天"，从而把元气论纳入它的神学体系，使元气成为主宰之"天"的婢女，这是谶纬神学的元气论。

　　真正摆脱谶纬神学思想体系的束缚，而提出了"元气自然论"观点的是东汉时期的大哲学家王充。《论衡·谈天》云："说《易》者曰：'元气未分，浑沌为一。'儒书又言：'溟涬濛澒，气未分之类也。及其分离，清者为天，浊者为地。'""天禀元气，人受元精。"(《论衡·超奇》)王充从纬书中吸取了"元气未分，混沌为一"，元气分离，"清者为天，浊者为地"的思想，但是与纬书相比，他又丰富和发展了元气的内容，将纬书中的主宰之"天"改造成为"禀元气"的自然之物，从而打倒"天"的神秘性。王充正是循着这条路径从纬书中吸取了"元气产生天地"的思想，把元气看作产生宇宙万物的终极根源，进而将神学元气论改造为自然元气论。王充认为元气是宇宙万物的本根和生命。他说："万物之生，皆禀元气。"(《论衡·言毒》)"俱禀元气，或独为人，或为禽兽。"(《论衡·幸偶》)万物是由元气派生的，人也是由元气派生的。他说："人未生，在元气之中；既死，复归元气。元气荒忽，人气在其中。"(《论衡·论死》)又说："天地，含气之自然也。"(《论衡·谈天》)"人之善恶，共一元气。气有少多，故性有贤愚。"(《论衡·率性》)在这里元气不仅构成人的形体，而且决定人的善恶、贤愚。由于"受性"有别，人和物禀赋的元气的多寡也就不同，所以有成为人和成为禽兽的差异，纵然都是人，也有贫富、贵贱、贤愚之别。元气的多寡不仅决定人和事物质的差异，而且决定不同的存在和表现形式。这较之纬书来说无疑是大大地丰富了元气论的内容。王充进一步把"元气"与道家的"自然"概念结合起来提出元气自然论。他认为元气并不是"天地故生万物"，而是"天地合气，万物自生"。(《论街·自然》)这样就从根本上否定了意志之"天"，摒弃了"天地故生万物"的神学内涵。因此，王充提出的元气自然论的历史意义在于他坚持元气自然的唯物主义观点，坚持用元气学说来解释各种不可理解的自然现象，批判了形形色色的唯心主义哲学，形成了旗帜鲜明的朴素唯物主义哲学。但是他并没有明确地概括出"元气→天地→万物"这一完整的宇宙生成模式，只是将天地和元气的观念并列，没有指出"谁产生谁"的关系，所以程宜山认为"王充没有采取元气判分为天地的学说，说明他还不是彻底的元气论者"①。而且在他的元气论中还充满着内在矛盾，缺乏理论的一贯性。

张衡继王充之后，在同谶纬神学的辩论中，又向前推进了元气论。他在《灵宪》中提出了一个以元气为核心的宇宙生成论。他把宇宙的生成过程分为三个阶段：第一个阶段叫"溟涬"。所谓"溟涬"，唐成玄英云："溟涬，自然气也。""溟涬"指气之原始状态。这是"无"的阶段，叫作"道之根"。第二阶段叫"庞鸿"。这是"自无生有"的阶段，叫作"道之干"。第三个阶段叫作"天元"。元气分为天地阴阳，天地阴阳构精，化生出万物。这是天地万物生成阶段，叫作"道之实"。张衡丰富和扩展了王充的宇宙生成论，他不仅以"气"的观点改造了《老子》的"道"和纬书的"太素"，扩大了元气论的地盘，而且明确地提出天地万物是由元气分化出来的这一观点。

王符在王充、张衡的基础上，进一步克服了他们在理论上的矛盾，清除了他们的神秘主义残余，提出了一个更加完整的元气本原论。王符同王充、张衡相比，在元气论的基本观点上虽是一致的，但他终究站在汉代元气论的高峰，为元气论的发展增添了新的内容。首先，他彻底地否定了纬书中的神学说教，认为只有元气才是宇宙万物的最后根源，从而划清了自然元气论同神学元气论的界限。其次，他不但否定宇宙有开端的思想，而且进一步宣传元气自化的思想。他根本不承认在物质的元气之上存在什么"道"或"天"之类的神秘东西。他认为任何神秘主义的东西对于元气都是"莫制莫御"的。"混而为一"的元气是宇宙的最后根源，由它"翻然自化"而为阴阳。阴阳二气的实体就是天地，"天地氤氲"而化生出万物。整个宇宙的生化过程也就是元气的"自化"过程。

综上所述，汉代元气论经过三个发展阶段，即从董仲舒提出"元气"范畴，到以纬书为代表的神学元气论；从神学元气论再分化出自然元气论。不管王充、张衡、王符自觉与否，他们是在抛弃了《老子》的

---

① 程宜山：《中国古代元气学说》，湖北人民出版社 1986 年版，第 5 页。

"道"和纬书的"天"之后，才逐步转向自然元气论的。这是一条哲学发展的普遍规律。

　　魏晋至隋唐时期，随着玄学思潮的出现以及道教、佛教的盛行，汉代的自然元气论重新被神秘主义所窒息，或转向玄学化，或转向宗教化，而具有浓厚的神学气息。魏晋时期，随着汉代经学思潮的衰亡，逐渐产生了以有无之辩为中心的玄学思潮。这一时期，除曹植、嵇康、杨泉等少数人继续坚持元气本原论之外，大多数的玄学家虽然也讲元气，但是总要进一步追求元气赖以存在和生化的本体，认为在此之上还有一个更根本的存在，于是将元气纳入以"无"为本的玄学体系。嵇康、杨泉继承了两汉元气的思想，嵇康认为："元气陶铄，众生禀焉。"（《嵇康集·明胆论》）"元气皓大，则称皓天。皓天，元气也，皓然而已，无他物也。"（杨泉《物理论》）。嵇、杨元气论认为，元气是构成万物的物质基础，自然界的万物是由元气变化产生的，元气之外，再没有什么本体了。

　　柳宗元在同神学、佛、道的辩论中恢复和发展了汉代的元气自然论。柳宗元把儒家的意志之"天"、道教神秘之"道"、佛教的"心识"、玄学的本体之"无"统统推倒，恢复了"元气"的终极地位和绝对权威，从而为元气论的发展作出了重要贡献。他进一步考察了元气运动的内部机制，提出了元气自动说。他认为地震并不是"天命"所使，而是元气的自己运动。他说："山川者，特天地之物也。阴与阳者，气而游乎其间者也。自动自休，自峙自流，是恶乎为我谋？自斗自竭，自崩自缺，是恶乎为我设？……以涌洞膠辕乎其中，或会或离，或吸或吹，如轮如机，其孰能知之？"（《非国语·三川震》）宇宙间的一切运动，都是流动于天地之间的元气，分为阴阳两种对立势力，纵横交错、时而相聚、时而相离、时而相吸、时而相斥的结果。把运动的根源归结为元气内部的矛盾性，从根本上排除了任何外在力量的主宰作用，从而丰富和发展了汉代的元气论。

　　柳宗元的元气论，既是对玄学、道教、佛教的元气论的否定，同时也是对汉代元气自然论的复归。这是一个否定之否定的过程。从汉代元气自然论到魏晋南北朝的玄学、道教、佛教的神学元气论，再到唐代柳宗元的元气自动论的发展，经过了一个迂回曲折却是从低级到高级的前进运动过程。柳宗元在同佛、玄，道的辩论中，既从根本方向上否定玄学、道教和佛教的元气论，又克服了汉代元气论的某些理论缺点，向前推进了元气论的发展，从而登上了元气本原论的高峰，同时又为宋元明清的元气本体论的产生起了理论先导的作用。可以说，柳宗元的元气自动论是从元气自然论向元气本体论过渡的桥梁。

三、元气论的高度发展

元气论发展的第二个黄金时代是宋元明清时期。宋元时期的张载、朱熹、程颐、程颢以及明清时期的王廷相、方以智、王夫之、戴震等是元气论发展史上的重要代表人物。其中张载改造了历史上的元气本原论，提出了气本体论，使气的理论达到了一个新的高度。明末清初的王夫之更发展了张载的学说，使中国古代的气论臻于完善。

北宋时期的张载是中国气论发展史上的界碑式人物。如果说张载以前的元气论多从本原论的角度来论证世界的统一性的话，那么张载以后的元气论则主要从本体论的角度论证世界的统一性。张载从"体用不二"的思维模式出发，认为物质性的气既是天地万物的本原，也是天地万物的本体。他说："太虚不能无气，气不能不聚而为万物，万物不能不散而为太虚。"（《正蒙·太和》）他认为在整个宇宙之中，"气"有两种不同的存在形态："聚"（有形—万物）与"散"（无形—太虚）。"太虚即气"，"太虚无形"是"气之本体，其聚其散，变化之客形尔"。（《正蒙·太和》）他以"太虚"为天地万物的本体。在张载的思想体系中，"气"既是标志物质实体的范畴，也是标志运动变化过程的概念，是"气本"与"气化"的统一。他强调气的运动变化，认为气的内在的本性是运行不息的。他说："气块然太虚，升降飞扬，未尝止息，《易》所谓'缊缊'，庄生所谓'生物以息相吹''野马'者与！"（《正蒙·太和》）又说："若阴阳之气，则循环迭至，聚散相荡，升降相求，缊缊相揉，盖相兼相制，欲一之而不能。此其所以屈伸无方，运行不息，莫或使之。"（《正蒙·参两》）张载的气学着重从有无、虚实的统一上探讨世界物质的存在方式。张载说："凡可状，皆有也；凡有，皆象也；凡象，皆气也。"（《正蒙·乾称》）并且进一步提出"太虚即气""太虚无形，气之本体"，将有无、虚实统一于气。

程颢、程颐（简称"二程"）也认为万物是由气变化而成的。《程氏遗书》云："万物主始皆气化。"（卷五）他们不承认有无形之气。《程氏遗书》云："有形总是气，无形只是道。"（卷六）认为无形的乃是理，理比气更根本。张载以为气聚成物，物毁气散，复归于太虚，气是永恒存在的。而二程则认为物散则其气亦随之消灭。程颐说："凡物之散，其气遂尽，无复归本原之理。天地间如洪炉，虽生物销铄亦尽。况既散之气，岂有复在？天地造化，又焉用此既散之气？其造化者，自是生气。"又说："不必将既屈之气，复为方伸之气。生生之理，自然不息。如复卦言七日来复，其间元不断续，阳已复生。"（《程氏遗书》卷十五）二程以为理是永恒的，气则生而又灭，灭而又生。气是如何生出来的，二程也没有解释。张载肯定气的永恒性，含有物质不灭的观点，二程则不肯承认物质不灭。二程的气论包含了丰富的美学思想，进一步丰富和发展了元气论哲学的美学意蕴。

朱熹继承二程的思想并采纳了张载关于气的学说，认为有理有气，然后有物。他说："天地之间，有理有气。理也者，形而上之道也，生物之本也。气也者，形而下之器也，生物之具也。"（《朱子文集·答黄道大书》）理是产生万物的根本，气是产生万物的凭借。理是第一性的，气是第二性的。理是根本，但必有气，才能产生万物。他说："疑此气是依傍这理行，及此气之聚，则理亦在焉。盖气则能凝结造作，理却无情意，无计度，无造作。只此气凝聚处，理便在其中。且如天地间人物草木禽兽，其生也，莫不有种，定不会无种子白地生出一个物事，这个都是气。若理，则只是个净洁空阔底世界，无形迹，他却不会造作。气则能酝酿凝聚生物也。但有此气，则理便在其中。"（《朱子语类》）朱熹肯定气是构成万物的材料，但不是世界的最高本原。只有理气共存，才能构成一个真实存在的世界。

明代王廷相继承和发展以往的元气论，并针对周敦颐的"太极本无极"以及朱熹以理言太极，提出太极即元气的观点。王廷相认为，太极之说始于"易有太极"之论。他说："推极造化之源，不可名言，故曰太极。求其实，即天地未判之前，大始浑沌清虚之气是也。"（《王氏家藏集·太极辩》）在王廷相看来，作为造化之源的太极，实质上是天地未判之前的元气。他又说："太极者，道化至极之名，无象无数，而万物莫不由之以生，实混沌未判之气也。故曰元气。"（《雅述》）王廷相以元气说太极，提出太极即元气，实际上就是把元气看作天地万物的本源，看作"万物莫不由之以生"的造化之源。王廷相在提出他的元气论时，较多地吸取了张载的气学思想，他从论述有无、虚实的关系入手，进一步探讨元气作为宇宙万物本原所具有的基本特征，从而丰富和发展了元气学说。他把产生宇宙万物的元气称为"太虚"，并且认为它是无形无象的。他提出"天地未形，惟有太空，空即太虚，冲然元气"（《雅述》），他认为天地未形成之前的"太虚"即是"元气"。他说："太古鸿蒙，道化未形，元气浑涵，茫昧无朕。不可以象求，故曰太虚。"（《王氏家藏集·答天问》）"元气之上无物，不可知其所自，故曰太极；不可以象名状，故曰太虚耳。"（《雅述》）这样，王廷相实际上把太极、元气、太虚三者合而为一，认为名异而实同，是从不同角度上表达的。就元气是造化之源而言，它即是太极；就元气"不可以象求"这一基本特征而言，元气又被称为太虚。他说："天地未判，元气混涵，清虚无间，造化之元机也。有虚即有气，虚不离气，气不离虚，无所始、无所终之妙也。不可知其所至，故曰太极；不可以为象，故曰太虚，非曰阴阳之外有极有虚也。"（《慎言·道体》王廷相用气聚为形神、气散归太虚、气无灭息论证元气的实在性。他还说："二气感化，群象显设，天地万物所由以生也，非实体乎？是故即其象，可称曰有，及其化，可称曰无，而造化之元机，实未尝泯。故曰：道体不可言无，生有有无。"（《慎言·

道体》)王廷相从"太极即元气"出发，通过阐释太极、元气、太虚的三者统一，并证明元气为实有之物，为实体，不可言无，从而完成了他的元气论体系的建构。

明末方以智在其早年著作《物理小识》中对于元气论也有所阐发。方以智引述其父方孔炤的言论云："世惟执形以为见，而气则微矣。然冬呵出口，其气如烟，人立日中，头上蒸歊，影腾在地；考钟伐鼓，窗棂之纸皆动，则气之为质，固可见也。充一切虚、贯一切实，更何疑焉。"(《物理小识》卷一)气较形更为微细，而在一定条件之下仍是可以被感到的，虚空中充满了气，一切有形之物亦充满了气。方以智肯定："一切物皆气所为也，空皆气所实也。"(《物理小识》卷一)"气凝为形，发为光声，犹有未凝形之空气与之摩荡嘘吸。故形之用，止于其分，而光声之用，常溢于其余。气无空隙，互相转应也。"(《物理小识》卷一)在这里，方以智指出气与形的区别。"形之用止于其分"，就是说"形"是有一定分界的，彼此不是连接在一起的，而"气无空隙"，意思是说"气"是一种连续性的存在，彼此之间是没有空隙的。

明末清初的王夫之在继承和发展了张载的气论观的基础上，否认有任何形式绝对虚空的存在，他认为宇宙是由气构成的物质实体，提出了更为彻底的气本论思想："虚空者，气之量。气弥沦无涯而希微不形，则人见虚空而不见气。凡虚空，皆气也。聚则显，显则人谓之有，散则隐，隐则人谓之无。"他又在动态中对气给予规定，认为气具有阴阳和动静的功能，"阴阳具于太虚絪缊之中，其一阴一阳，或动或静，相与摩荡，乘其时位以著其功能，五行万物之融结流止，飞潜劲植各自成其条理而不妄"(《张子正蒙注·太和》)。他认为气化即是阴阳二气相互作用、变化生成五行万物的过程。作为总结宋明理学的划时代人物，王夫之在理气、道器、心物关系诸方面力图摆脱程朱理学和陆王心学的虚妄言论，提出了一个"天下唯气"的命题："言心言性，言天言理，俱必在气上说，若无气处则俱无也。"(《谈四书大全说·孟子》)这样使气本体论达到了最高境界。

　　戴震以气化为道，以阴阳五行为道之实体，他说："气化流行，生生不息，是故谓之道。……阴阳五行，道之实体也。"(《孟子字义疏证》)这也是对于张载学说的继承和发挥。

　　清代后期以来，西方近代自然科学和哲学逐步传入中国，朴素、直观的元气论自然观的一些严重缺陷也随之暴露出来。例如大多数元气论者没有建立起微观粒子的观念，因而在揭示物质结构和性质方面一直停留在非科学的玄想阶段，与近代自然科学相形见绌。针对这些问题，近代的谭嗣同、孙中山等人曾力图吸取自然科学的成果，对元气论的自然观加以改造，赋予它以新的生命力。谭嗣同用"以太"取代了"元气"的概念，并且承认以太为"原质之原"(《仁学》)，采取这种方式把微观粒子(质点)的观念吸收进来。孙中山则用中国古代哲学中的"太极"翻译西方自然科学中的"以太"，曾说"太极动而生电子，电子凝而成元素，元素合而成物质"(《孙文学说》)，乃将元气论与原子论熔为一炉。这样致使元气论完全丧失了生命力和存在的理由。

　　综上所述，元气论的逻辑演进大致可概括为：滥觞于先秦，形成于西汉，宋、明、清得到高度的发展，至二十世纪初走向衰落。元气论的发展根植于其自身的内在矛盾：它的本原是什么？它是不是一种具体存在？对于这些问题，传统哲学没有进行深入的反思，虽然朱熹等人曾提出"理"是气的本原的观点，但他们并没有坚持这一理念并将之付诸实践，致使其陷入了宇宙论的二律背反。因此，元气论最终必然走向衰落。

第三章　"气"与"道""心""理"之关系

文学本体论指关于文学存在的本原与本质的学说和理论。由于不同的研究者的视域不同，他们对文学本体的理解也多种多样，诸如道本说、心本说、理本说和气本说等。前面两章笔者已详述气作为宇宙本体论的涵义、特征及其理论的形成和发展过程，本章则从本体的最初源头重点谈"道""心""理"的涵义、特征及其作为本体论的源流演变过程，论述"道""心""理"作为本体论关键词与元关键词"气"之间的关系。

第一节　"气"与"道"

前文已对"气"（元气）这一本体概念进行了较为深入的阐释，顺此而下，本节重点对"道"的涵义与特征及其与"气"（元气）的关系展开论述。

一、原"道"

"道"字最早见之于金文《貉子卣》《曾伯簠》，其本义是行走之路。《易经》："履道坦坦。"许慎《说文解字》曰："所行道也。""道"即今之道路。"道"有"天道"和"人道"之分。"天道"指天体运行的规律；"人道"指人类行为所依恃的准则。子产曰"天道远，人道迩"（《左传·昭公十八年》）即指此意。

"道"也是中国古代文化中一个最为重要的关键词。它最初是中国哲学的一个本原范畴，后引入美学和文论，发展为美与文艺的本原、本体、归宿与至高无上的准则。对"道"的探讨也一直未有间断。中国古代的道论大体可分为道家的"本原之道"、儒家的"人伦之道"与《周易》的"阴阳变化之道"三大系统。尽管各家对"道"解说不一，但学者们莫不以"道"作为其理论体系的基石。

先秦本体论哲学认为"道"是宇宙万物的终极根源。老子在《道德经》中最早提出天地万物的本原问题，"道生一，一生二，二生三，三生万物"。庄子及老庄道家学派其他人物进一步弘扬和阐释老子以"道"为本的思想。道家的"本原之道"成为中国文艺美学崇尚自然之美和探寻艺术之真的依托。

儒家之道则指伦理道德的主张、宗旨及社会政治的原则、理想。孔子很少论天道，所谓"夫子之言性与天道，不可得而闻"，但是他特别重视人道，尝说："谁能出不由户？何莫由斯道也。"（《论语·雍也》）要求"志于道，据于德，依于仁，游于艺"。（《论语·述而》）他曾夸奖子产有"君子之道"，即"行己也恭""事上也敬""养民也惠""使民也义"。（《论语·公冶长》）又对子贡说君子之道有三，"知者不惑，仁者不忧，勇者不惧"（《论语·子罕》）。显然，孔子的这些言论都是从人的道德修养方面着眼。

《孟子》释孔子之道曰："仁也者，人也。合而言之，道也。"《荀子》强调"以道制欲"。可见，儒家之道对文艺具有约束、规范性的影响。《荀子》又说："夫道者，所以变化遂成万物也。"其运动变化的观点与朴素的辩证法亦为美学范畴之先导。

儒家这种对"道"的认识，深刻地影响了历代文人。孔子对道德修养的强调成为后代文学创作必须在作品中体现的精神性内涵，而荀子的相关主张则更直接启发了"明道""征圣""宗经"思想的形成。就具体论者而言，如刘勰《文心雕龙·原道》所谓"夫玄黄色杂，方圆体分，日月叠璧，以垂丽天之象，山川焕绮，以铺理地之形，此盖道之文也"；赵湘所谓"灵乎物者文也，固乎文者本也。本在道而通乎神明，随发以变，万物之情尽矣……日月星辰之于天，百谷草木之于地，参然纷然，司蠢植性，变以示来，罔有遁者。呜呼！其亦灵矣，其本亦无邪存乎道矣"（《南阳集·本文》）。而像王禹偁所谓"天之文日月五星，地之文百谷草木，人之文六籍五常，舍是而称文者，吾未知其可也"（《小畜集·送孙何序》），则由传统天道观径直切入了"道"的道德伦理属性，由此对文学的社会品格作了明确的界定。

《易传》也把"道"看成万事万物矛盾变化的普遍规律，提出了"一阴一阳之谓道"的宇宙体系观。《易传》曰："立天之道曰阴与阳，立地之道曰柔与刚，立人之道曰仁与义。"这就是以天地为准则，而提出弥纶天地之道。荀子在论天道的同时对人道作了进一步的强调，以为"道者，非天之道，非地之道，人之所以道也"（《荀子·儒效》），"道也者，治之经理也"，要求"心合于道，说合于心，辞合于说"（《荀子·正名》），并提出"圣人也者，道之管也"（《荀子·儒效》）的主张。发展到后来，人道的地位得到最大程度的突出，如宋代理学家虽或以"气"言"道"，或以"理"言"道"，但多以之为获得天道印证的伦理纲常，从修身养性的原则发展为伦理道德的规范和处世治国的方法充分体现了儒家学派天人合一的特色。

崇尚"道"是中国传统文化的特点。西方文化有没有类似的概念呢？有人曾将欧洲古代的"逻各斯（logos）"比之于中国的"道"，但二者的文化内涵迥异，仅在表示"规律"的涵义上有所接近。"逻各斯"的希腊文原义为"尺度"，演化为逻辑、理性、规律等术语，侧重于对外物之理的推断。而中国的"道"则着眼于人生，即使说到"大道""自然之道"，也是某种"人生之路"的象征。明末清初的思想家王夫之认为"道"不同于"理"，"道"是"现成之路，唯人率循而已"（《读四书大全说》）。

由于"道"密切关系着人生，以人为核心的中国美学必然视"道"为本原范畴之一。谈艺都不能不论及"道"，围绕着文艺"原道""明道""载道"的问题，中国美学形成了不同于西方的"道"范畴。

　　以上各家关于"道"的学说与观念都不同程度地被美学家、作家、艺术家接受，成为形成美学的哲学根基。

　　刘勰的《文心雕龙·原道》试图融汇儒、道诸家关于"道"的学说，比较系统地阐释了"道"的美学意义。一是将自然之道与人伦之道融合，二是指出道与文的源流关系，三是说明道与文的本末关系。"人文之元，肇自太极"，即是说文源于道。"太极"出自《周易》，三国时人虞翻《周易注》曰："太极，太一也。"《庄子·天下》说《老子》"主之以太一"。《吕氏春秋·大乐》以"太一"释"道"："道也者，至精也，不可为形，不可为名，强为之，谓之太一。"这显然是沿袭老子以"道"为宇宙本原的学说。《老子》云："有物混成，先天地生，寂兮寥兮，独立而不改，周行而不殆，可以为天地母。吾不知其名，强字之曰道，强为之名曰大。"其后，《淮南子》发挥说："道始于一"，"包裹天地，禀授无形"，"与万物终始"。晋代葛洪概括说："道者，万殊之源也。"（《抱朴子·塞难》）唐代孔颖达解释说："太极谓天地未分之前元气混而为一，即是太初、太一也。"（《周易正义》）宋代邵雍也说"道为太极"。（《观物外》）故刘勰所谓"肇自太极"也就是起源于道。刘勰所谓"人文"，即人类文化，兼指文艺、文学。他将文艺的起源追溯到混沌的"道"，旨在提高"文"的地位——"与天地并生"。天、地、人是谓"三才"。文不由天生，不由地生，而由人心所生，其源于与天地同出于混沌的太极，即自然之道。这就否定了文艺的天命观，超越了崇拜天神地祇的文艺思想，肯定了创作主体的价值。

　　"文源于道"的观点，不同于西方美学的"理念"或"绝对精神"之说。中国美学的自然之道，如《老子》所言"道之为物，惟恍惟惚"，是恍惚无形的元始混沌之物而非理念。汉代河上公《老子注》以道为元气得到后世沿用。刘勰的文源于道，"肇自太极"之说，实为后世以元气论文之先导。盖因道学家过分高扬道的伦理政教意义，道的本原意义逐渐更多地由气、元气来指称，如宋代真德秀曰："盖圣人之文，元气也。聚为日星之光耀，发为风尘之奇变，皆自然而然。"（《日湖文集序》)其说合于刘勰"自然之道"的观点。

刘勰认为文"本乎道"。《文心雕龙·序志》的"本乎道",即《文心雕龙·原道》所说:"道沿圣以垂文,圣因文而明道。"所谓"圣"并非孔子一人。刘勰所谓的"作者曰圣"是指那些道德修养完善的创作主体才能被称为垂文明道的圣人,而圣人为文皆"本乎道"。他认为文不再源于自然混沌之"道",进而提出了一种全新的文道观,即道是文的根本与目的,文是道的现象或手段。这样就很难把道看成自然混沌的元气,并将其扩展到社会理想(如"发挥事业")、政治思想(如"政化贵文")与人格追求(如"夫子风采")等方面。这种以道为本的观点得到后世文人的普遍认同,并成为"道"范畴建构的侧重点。

在刘勰之前,不仅贾谊曾提出"德之有也,以道为本"(《道德说》)。在刘勰之后,唐代梁肃也明确强调"文本于道"(《补阙李君前集序》)。柳冕认为"君子之文,必有其道"(《答衢州郑使君论文书》)。韩愈也作《原道》推求道之本原。宋代朱熹说得更清楚:"道者文之根本,文者道之枝叶。惟其根本于道,所以发之于文皆道也。"(《朱子语类》)作为文艺本原的"道"范畴,经过唐宋古文家的弘扬而被确立,在文艺思想界影响深远。然而"道"的涵义何指,各家各派各有其说,因而形成重"道"而不同道的现象。

刘勰提出文"本乎道"并不要求"道"的同一。《文心雕龙·诸子》说:"诸子者,入道见志之书。"诸子百家,各执其"道"。刘勰既崇尚"自然之道",又称经书为"恒久之至道",同时并不排斥诸子之道,主张"含道必授"。自然规律、社会学说、人格理想或艺术精神都可称为"道"。刘勰在《文心雕龙·情采》论及"立文之道"时,认为"辩丽本乎情性","况乎文章,述志为本"。可见刘勰所谓"道"在表示与文艺的本末关系上与情志同义,并不拘于某种理论或一家之道。

稍早于刘勰的南朝画家宗炳在《画山水序》中说:"圣人含道映物,贤者澄怀味象。……山水以形媚道,而仁者乐。"《宋书·隐逸传》记宗炳晚年自云:"澄怀观道,卧以游之。"他认为艺术家胸中自"含道",艺术作品本乎道而以美的形象体现道。其所谓"道"乃是了悟人生，难以言表的某种情趣而已。

唐代司空图也说："俱道适往，著手成春。"（《诗品·自然》）他认为艺术家把握了"道"，以道为本，就能创造美的艺术世界。这里所说的"道"，也全然不同于韩愈等古文家的"道"，而是对人生真谛的领悟，对美的发现。他们基于老庄美学思想，又在一定程度上融合了儒家人文精神。《老子》说："道法自然。"《庄子》曰："行于万物者，道也。"又举佝偻承蜩为"有道"，称庖丁解牛为"所好者道也"。后世美学家、艺术家取其合于自然又合于人生的意趣作为艺术创作之根本，称为"含道""具道""本乎道"。这种以道为本的倾向体现了中国艺术的特点，具有相当普遍的代表性。

二、"道"与"气"之关系

"道"作为最初的原范畴，其与文的直接关联还有一个重要环节即"气"，所谓"文以气为主"。

就"道"与"气"的关系而论，尽管"道"在古代哲学中指一种道德原则或绝对抽象，然而老子把"气"视为"道"化生万物的中介。后人更将之视为一种气化过程，所谓"由气化，有道之名"（张载《正蒙·正和》），"阴阳迭运者气也，其理则所谓道"（《周易本义·系辞上》），"气化流行，生生不息，是故谓之道"（戴震《孟子字义疏正》卷下）。也有人以"气"为世界唯一实体，故称"天地之先，元气而已矣。元气之上无物，故元气为道之本"（王廷相《雅述》）。多数论者都视"气"比"道"低一层，"道"由"气"体现或构成。

管子和庄子秉承老子的道本思想，并进而将"道"指认为"气"。管子说："凡物之精（气），比则为生，下生五谷，上为列星。流于天地之间，谓之鬼神，藏于胸中，谓之圣人。"同时又说："万物以生，万物以成，命之曰道。"（《管子·内业》）因此管子认为"道"与"气"是同一的。庄子认为无形的"道"即是无形的"气"："天地者，形之大者也。阴阳者，气之大者也。道者为之公。"(《庄子·则阳》)其后，他又辩证地说明无(形)与有(形)的关系："察其始而本无生，非徒无生也而本无形，非徒无形也而本无气。杂乎芒芴之间，变而有气，气变而有形，形变而有生。"(《庄子·至乐》)气既是无形的存在，又不是空无，而是有；既是有，又不是有形，而是无。这些观念成了魏晋正始玄学有无之辩的直接思想资料。

曹植释"气"为天道："夫太极之初，浑沌未分，万物纷错，与道俱隆，盖有形必朽，有迹必穷，茫茫元气，谁知其终?"(《文选》卷三十四)嵇康又兼及人道："皓皓太素，阳曜阴凝，二仪陶化，人伦肇兴。"(《太师箴》)张湛认为道在气中："虽浑然一气不相离散，而三才之道实潜兆乎其中。"(《列子注》)《老子·第三十四章》"万物归焉而不为主"，河上公注云："万物皆归道受气。"葛洪称玄(道)者"胞胎元一，范畴两仪，吐纳大始，鼓冶亿类"(《抱朴子内篇·畅玄》)。既然"气""道"合一，那么"气"作为魏晋人生命意识之最高概括，自然也体现了魏晋人之"道"的精神，而作为由"气"使然的外在行为方式之风度和审美表现方式之风骨，当然也是魏晋之"道"的感性与审美的显现。曹丕的"文以气为主"就是这一观点用之于文论的肇始。

就"道"和"气"的关系论，古代历来就有"文本于道"之说，一旦"失道则博之以气"，而"气不足则饰之以辞"，因此他们认为"道能兼气"。"气"是"道"与万物之间的中介和桥梁，是宇宙化生的基本元素和生命力。唐代不少古文家认为："道"是"文"之根本，且"道"不离"气"，"气"全才能辞辩，而离"道"之"气"不足贵，乏"气"之"文"不足观。韩愈所说的"气"指作者昂扬饱满的精神状态以及由这种精神状态所激发而创造出来的盛大宏壮的作品。由于他所论之"道"合于"仁"与"义"，是一种代代相传的儒家之道，所以韩愈的禀道养气思想从根本上说有着儒家之道的道德内容。

宋人王柏视"道"与"正气"为一体。他在《发遣三昧序》中说："文章有正气，所以载道而记事也。古人为学，本以躬行，讲论义理，融会贯通，文章从胸中流出，自然典实光明，是之谓正气。后世专务辞章，雕刻篆组，元气漓矣。"这里是以"道"为"气"，当然这个"气"是"正气"，所以他明确提出了"气亦道也"："文以气为主，古有是言也。文以理为主，近世儒者尝言之。……夫道者，形而上者也。气者，形而下者也。形而上者不可见，必有形而下者为之体焉。故气亦道也。如是之文，始有正气。气虽正也，体各不同，体虽多端，而不害其为正气，足矣。盖气不正，不足以传远。学者要当以知道为先，养气为助。道苟明矣，而气不充，不过失之弱耳。道苟不明，气虽壮，亦邪气而已，虚气而已，否则客气而已，不可谓载道之文也。"（《题碧霞山人王公文集后》）此说打通了"道""气"二者的关系，从而确立了"道""气"之间的体用关系。他认为"道"属于形而上的范畴，而"气"属于形而下的范畴，但是形而上之"道"是不可见的，必须通过形而下之"气"体现出来。为文要以"道"为先，而养"气"是为了助"道"。"道"虽属形而上，但有所体现，圣人之道即是这种体现。故历代论者在讨论"道"与"气"关系时，提出了学习圣人著作的主张。又由于自周公而上圣人之道仅见于行事，孔孟以下不得其时才见于著述，所以许多人便以"六经"为养气之本。所谓"天地未判，道在天地；天地既分，道在圣贤；圣贤之殁，道在六经。凡存心养性之理，穷神知化之方，天人应感之机，治忽存亡之候，莫不毕书之"（宋濂《徐教授文集序》），"气之所充，非本于学不可也。六经而下，以文雄世者，称孟轲氏、韩愈氏"（戴良《密庵文集序》）。

明人方孝孺更加明确地确立了"道—气—文"的逻辑关系。他在提出"文与道相表里""道者气之君，气者文之师""文者辞达而已矣"等观点后，以为汉司马迁、贾谊可谓达，而扬雄则未也；唐宋如韩愈、柳宗元、欧阳修、苏轼、曾巩可谓达，而李观、樊宗师、黄庭坚之徒则未也。又说"于道则又难言也"（《逊志斋集·与舒君》），即上述诸人究竟有几个文达于"道"，这个并非他所能轻下断语的，但是从他所言来看，大部分人未能达"道"的意思是很明显的。"道者气之君",既然上述诸人未能达"道","气"自然也就难昌了。

当然,在与"道"的关系中,"气"也并非无所作为。前面王柏已说,"道"虽属形而上,必待形而下之"气"为之体焉。在明确了创作的根本性旨归后,要付诸具体实践,毕竟还有赖文学创作本身,所以"气"的始原意义及规定性作用在古人那里还是得到了充分的强调。清人魏禧曾专就"气"与"道"的关系展开论述,他说:"地悬于中,万物毕载,然上下无所附,终古而不坠,所以举之者,气也。人之能载万物者,莫如文章。天之文,地之理,圣人之道,非文章不传。然而无以举之,则文之散灭也已久。故圣人不作,六经之文绝,然其气未尝绝也。圣人之气,如天之四时,分之而为十有二月,又分之为二十有四气。得其一气,则莫不可以生物。六经以下,为周诸子、为秦、为汉、为唐、宋大家之文,苟非甚背于道,则其气莫不载之以传。《书》《诗》《易》《礼》《春秋》之气,得其一皆足自名。而世之言气,则惟以浩瀚蓬勃,出而不穷,动而不止者当之,于是而苏轼氏乃以气特闻。子瞻之自言曰:'吾文如万斛泉源,不择地皆可出,在平地一日千里无难,乃其与山石曲折,随物赋形,而不自知也。行乎其所当行,止乎其所不得不止。'而乃以气特闻。"(《魏叔子文集·论世堂文集序》)魏禧无意推翻"道"的终极意义,但突出了"气"的举托作用和禀此"气"而生的文章的传达作用,并由禀"道"之"气"推及苏轼不择地而出的浩荡文风。其实,苏轼的这段"自评文"主要是在讲为文须自由抒写,平易流畅。当然,文理自然,姿态横生,与作者所禀之气的浩荡是有直接联系的,但出论"道"与"气"转换到文章的自然流畅,这个过程如此自然而然,似乎无意中体现了"气"之于具体创作活动展开的决定意义。

第二节 "气"与"心"

在中国哲学中,"心"这一范畴有三种基本含义:一是道德之心,以孟子为代表，指由人的善良本性发展而来的道德意识、道德理性；二是认知之心，以荀子为代表，指人所具有的认识事物的能力，可称为认知理性；三是虚灵明觉之心，以佛道为代表，指人的虚静明慧的心理状态和精神境界。先秦诸子中孟子、庄子、荀子都讲到过"心"，尤其是孟子提出著名的"尽心知性知天"，从而开辟了哲学的心性理论。至宋明时期，理学家在继承儒家传统思想基础上，吸收佛道的心性学说，建构了以突出人的主体地位为特征的心本论，其代表人物是陆九渊、王阳明。

在心理学史上，"心"与"身"是一对认识人自身的重要范畴。将"心"引入美学，用来表示人的内心世界、自我意识、心性实体以及思维、情感、意志等心理活动。相对于客体对象，"心"既是认识客观外物，创造和欣赏美的主体，又是统摄五官感觉，掌控人的思想行为活动的主宰。一系列心理范畴如情、性、志、意、思、想、感、悟等都由"心"衍生且与"心"密切相关。因此，决不应忽略这个具有本原与主体两重性和多种衍生功能的美学范畴。"心"为我们展示着奥妙无穷的内宇宙，有待人们不断地探索与自省。

一、原"心"

"心"字演变图

"心"是一个象形字。《说文解字》曰："心，人心，土藏，在身之中。象形。博士说以为火藏。"据古代医书"土藏"为"脾"。颜师古注《急就篇·心主》："心，火藏也。主者，言心最在中央，为诸藏之所主。"可知，"心"本是生理学与医学上的概念，因心为五脏(藏)之首，自古人们把心看作思维认识的器官，认为心具有精神属性，于是将知觉、思虑、情感、意志等思维意识活动都归属于心。在此基础上，"心"由一般性概念升华发展成为一个哲学范畴。

自古人们就以"心"来表示人的心理活动。例如，在《诗经》中，《国风·王风·黍离》篇云："行迈靡靡，中心摇摇。"《国风·召南草虫》篇云："未见君子，忧心忡忡。"《周易》也有"得其资斧，我心不快""鸣谦贞吉，中心得也"。情感在心，意念在心，自我在心，"心"被看作精神活动的主体与人的生命之本。战国时期的医学宝典《黄帝内经·素问》曰："心者，生之本，神之变也。"开始以生命根本与精神活动来定义"心"。《左传》记录晏子语："以平其心，心平德和。"《尚书·大禹谟》曰："人心惟危，道心惟微。"古代思想家、政治家把"心"作为道德化的对象。管子对人心的认知主导功能与心理活动特点作了专题研究，说："心也者，智之舍也。"(《管子·心术》)孟子曰："心之官则思。"他认为"心"是思维活动的器官，同时他又提出"仁义礼智根于心"之说，将"心"抽象概括为伦理哲学的本体范畴，从而影响了后世心学与儒家美学的"心"范畴理论建构。庄子的"心斋"与佛家的"心源"也为美学"心"范畴提供了理论依据。

中国传统美学以"心"为审美感知的中心，认为"心"是情感活动的世界，是想象思维的主体，也是道德良知的根本。基于天人合一观的心物感应说则成为美学"心"范畴的理论旨归。

先秦诸子认为人类的感知与言行活动都受人的自我精神的主宰与支配，而且他们将这种自我的精神主宰定位于心。荀子说："耳、目、鼻、口、形，能各有接而不相能也，夫是之谓天官。心居中虚，以治五官，夫是之谓天君。"(《荀子·天论》)管子也认为："心之在体，君之位也。"(《管子·心术》)就是说，心作为生命有机体的组成部分，犹如国君，是五官感知及各种行为活动的主宰。荀子将心的统摄功能称为"征知"，即用心来验证、辨别与整合感官的认知。"心有征知。征知，则缘耳而知声可也，缘目而知形可也。"（《荀子·正名》）由此推及审美，因五官四肢均受心的统摄，审美感知与审美创造就不能不受心的支配。《吕氏春秋·适音》也谈到了心对五官美感的制约作用，说："耳之情欲声，心弗乐，五音在前弗听；目之情欲色，心弗乐，五色在前弗视；鼻之情欲芬香，心弗乐，芬香在前弗嗅；口之情欲滋味，心弗乐，五味在前弗食。欲之者，耳、目、鼻、口也，乐之弗乐者，心也。"这就是说，人的五官无法接收声、色、香、味之美，只有通过心的"征知"，才会有心的适同，才会产生美感。

心又是情的温床与代称。所谓"情动于中"，即动于心中。《诗品序》中"感荡心灵"与"摇荡性情"同义。《淮南子·本经训》提到，"凡人之性，心和欲得则乐……心有忧丧则悲"，即"喜怒哀乐，随心所感"（庞垲《诗义固说》）。亦如《荀子》早已概括："说、故、喜、怒、哀、乐、爱、恶、欲，以心异。"七情六欲皆发自于心，故常将心情连用，动心就是动情，陶冶情性亦即美化心灵。

心的思维想象功能更为美学家所看重。孟子说："心之官则思。"庄子说："心彻为知。"庄子的"心游"就是想象。他们都以心作为认知与想象的主角。列子曰："夫志想象犹吾心也。"文学艺术家研思"用心"，即探索审美观照与创作构思中内心活动的规律。晋代陆机《文赋》论想象的特点说："收视反听，耽思傍讯，精骛八极，心游万仞。"以"心游"表示构思中主体的想象活动。梁代萧统在《文选序》中也说："心游目想，移暑忘倦。"宋代沈括的《梦溪笔谈》中有"心存目想"的绘画之法的记载。清代王昱在论绘画时也说："心游目想，忽有妙会，信手拈来，头头是道。"（《东庄论画》）"目想"就是内视，"心游目想"就是对心的内视作用的概括。

中国式的思维不仅将本属生理学的名词"心"化而为心理学的中心概念，还进一步将它道德化为伦理学的范畴。古代政治家讲究"得人心""顺民心"，《左传》赞美"仁人之心"（《昭公元年》），《论语》称颂"天下之民归心"（《论语·尧曰》），都是从伦理政治意义上来运用"心"

的概念，指群体的愿望、态度，人们思想感情的指向。孟子以"心"释"仁"，认为"仁，人心也"（《孟子·告子上》）。又提出"恻隐之心，仁也；羞恶之心，义也；恭敬之心，礼也；是非之心，智也"（《孟子·告子上》）的"四端"说，总括为"仁、义、礼、智根于心"（《孟子·尽心上》），主张人本来就有的"仁义之心"即"良心"（《孟子·告子上》）。朱熹集注曰："良心者，本然之善心。即所谓仁义之心也。"明代王守仁干脆说："圣人之学，心学也。"（《象山全集叙》）宋明之心性学派以"心"为本，竟雄踞中国思想界数百年。至今民间仍普遍认同"良心"之说。中国文艺以"劝善惩恶"为主调，足见道德良心的力量。

与儒家的"良心"不同，老子提出"虚其心""浑其心"与"心善渊"的人生哲学，一面提倡清心寡欲，而另一面又讲究用心深沉。庄子以"气""道"来释"心"，提出"唯道集虚，虚者，心斋也"（《庄子·人间世》）。他反对"撄人心"和"苦心劳形"，提倡以"心斋"的方式达到一种澄明淡泊的心境，从而获得游心物外的自由。他将"心"与"物"对举，提出"乘物以游心"与"游心于物之初"的人生理想，为中国美学的心物论奠定了基础。《管子》亦有心术论，以"心术"为认识方法的"七法"之一，认为"心术者，无为而制窍者也"。（《管子·心术上》）《管子》还提到"灵气在心"（《管子·内业》），"心之中又有心"（《管子·心术下》）等心理哲学观点，其说对艺术创作的虚实论、活法论与主体论都产生了一定影响。

在心与物、心与身、心与神相互关系的探讨中，中国哲学家很早就说明了心的主体性与主宰作用。如《鬼谷子》云："心者，神之主也。"《内经·素问》曰："心者，君主之官也，神明出焉。"《荀子·解蔽》说："心者，形之君也，而神明之主也。"董仲舒《春秋繁露》认为："心，气之君也。"晋代傅玄亦曰："心者，神明之主，万物之统也。"（《傅子·正心》）以"心"为主体的哲学观成为中国艺术以言志抒情为主要倾向的理论基础。

在中国古代哲学中，对心的功能强调得最突出的莫过于佛教。佛学最先把"心"提高到本体论的高度。郗超《奉法要》说："经云：心作天，心作人，心作地狱，心作畜生，乃至得道者，亦心也。凡虑发乎心，皆念念受报，虽事未及形，而幽对冥构。夫情念圆速，倏乎无间，机动毫端，遂充宇宙。罪福形道，靡不由之，吉凶悔吝，定于俄顷。是以行道之人，每慎独于心，防微虑始，以至理为城池。常领本以御末，不以事形未著而轻起心念。"在佛教教义中，身、口、心三业都是五道轮回的根据，但又特别强调其中的"心"的作用。郗超引用儒家经典《礼记》和《周易·系辞》中的话如"慎独""防微虑始"，目的在于叫人持守自己，隐藏最深的意念，从心念的起始处加强控制。宗炳把心视为万有的根源，认为心能产生、造作万物。他说："夫《洪范》庶征休咎之应，皆由心来。……故佛经云：'一切诸法，从意生形。'又云：'心为法本，心作天堂，心作地狱。'义由此也。"（《明佛论》）在接下来的佛教发展史上，"心作万法"的思想被大大突出了，"万法唯心""心为法本"成为中国佛教各宗派的共同主张。

　　倡导心本论的理学家中最有代表性的是陆九渊、王守仁，故学术界有"陆王心学"之称。此派不赞成程朱以理为宇宙本体的观点，在他们看来，天地自然、人类社会固然要服从"理"，但"理"不是可以脱离人心的自在存在，恰恰相反，它是完全来源并依赖于人心的自为存在。陆九渊说："人皆有是心，心皆具是理，心即理也。"王守仁进一步提出："夫物理不外吾心，外吾心而求物理，无物理矣。"（王阳明《答顾东桥书》）因此，他们主张"心"是天地万物的终极存在，建立起以心为本的哲学本体论，心本论者亦以"心"作为其论证"天人合一"的哲学基础。所不同的是，气本论、理本论的"天人合一"，在理论的逻辑上是由天道而及人道，要求以人合天，而心本论者的"天人合一"，在理论的逻辑上是由人道而及天道，实际上是要求以天合人。王守仁说："人者，天地万物之心也。心者，天地万物之主也。心即天，言心则天地万物皆举之矣。"（《答季明德》）"天地万物，俱在我良知的发用流行中。"（《传习录下》）这样，心本论者实际上是把伦理主体上升到了本体论的高度。

综观数千年中国文化,"心"原本由生理发端,借为心理概念,化入伦理意义,形成哲理范畴,表示与"物"相对的精神主体和与"身"相对的意识中心。中国古代哲学对心的功能相当重视。心的功能大致可概括为三方面:一是心对外物的思虑或认识,这是心的最重要的功能;二是心对于自身的反思;三是心的生成宇宙万物、为宇宙万物命名的功能。概言之,"心"是一个与外在宇宙相映照的奥妙无穷的内宇宙。

二、"心"与"气"之关系

在"心"与"气"两者的关系上,儒家与道家有着一致的认识,即"心"与"气"是相通的,但是儒道两家在修养的方式与目标上却有着很大的差异。儒家提倡通过"养心"而培养一种合乎道义的"浩然之气";而道家则是主张通过"心斋""坐忘"等方式,使人心达到与天地合而为一的自由境界。

老庄道家学派很早就认识到了"心"与"气"是相通的。老子认为"心"可以支配"气"——"心使气曰强"(《老子》第五十五章)。又说:"致虚极,守静笃。万物并作,吾以观复。夫物芸芸,各复归其根,归根曰静。"(《老子》第十六章)心里虚极静笃,以至"塞其兑,闭其门"(《老子》第五十二章),即以意念堵塞感官渠道,关闭不正之欲之门,内心保持深度平和清净,这样就能"观"到万物复归其根。这里的"根"就是"道",而"道"作为实在就是"气"。"道"本性在静,故唯虚静为入"道"之门。

在继承和发展老子的观点的基础上,庄子把"心斋""坐忘"作为修身养性的方法和目标。他说:"若一志,无听之以耳,而听之以心,无听之以心,而听之以气。耳止于听,心止于符。气也者,虚而待物者也。唯道集虚,虚者,心斋也。"(《庄子·人间世》)所谓"心斋"就是要废止人的感觉、知觉器官的作用,使自己无知无欲、绝思绝虑,进入空明澄静的心理状态。《大宗师》云:"堕肢体,黜聪明,离形去知,同于大通，此谓坐忘。"这就是要人忘掉一切存在，抛弃一切知识，达到与道合一的境界。由于感官是心与外物的联系通道，因此要闭目塞听，以排除外物的一切干扰，从而达到一种心与天地万物融为一体，完全冥合的状态。"心斋"强调净心，以求达到心与道的冥合；"坐忘"强调忘我，从而消解一切主客体的对立。二者的目的都是以主客相融的方式，实现对世界的更高层次的领悟和认知。只有这样才能使人心"通乎道，合乎德"，从而达到与天地合而为一的自由境界。

儒家的代表人物孟子、荀子都讲到过"心"，尤其是孟子提出"尽心、知性、知天"，建构了哲学的心性理论。孟子一方面注重心的思维功能，另一方面他更重视心中的先验道德意识。他说："仁、义、礼、智根于心。"(《孟子·尽心上》)这个"根"，便是他所说的"四端"："恻隐之心，仁之端也；羞恶之心，义之端也；辞让之心，礼之端也；是非之心，智之端也。"(《孟子·公孙丑上》)人的仁义礼智根源于心，是人心固有的，因此一个人想要成为具有高尚道德品质的人，必须通过心的思维功能来审视自我，不断扩充和发扬内心本有的道德意识，进而通达天人之道。即如他所说："尽其心者，知其性也，知其性，则知天矣。存其心，养其性，所以事天也。"(《孟子·尽心上》)由此可见，在孟子的心论中，"心""性""天"具有内在一致性，或者说，"性"是"心"的不同表现形态。孟子认识到"人心皆有害"，"心害"就是各种利欲。而要消除利欲之害，扩充和发扬仁义礼智"四端"，就必须"寡欲"而"养心"。养心的更重要的方式是培养内心的"浩然之气"，形成"居仁由义"的坚定意志。人心的"浩然之气"是与"义""道"相配合的精神意志，它通过"志"这一中介而影响心的活动。"夫志，气之帅也。气，体之充也。夫志至焉，气次焉。故曰：持其志，无暴其气。……志壹则动气，气壹则动志也。今夫蹶者趋者，是气也，而反动其心。"(《孟子·公孙丑上》)从孟子的这些论述中可以看出，"心"具有不同的形态，它包括仁义礼智"四端"、利害之欲、"志"、"气"、"性"等。"志"在孟子这里合乎"道"与"义"的道德观念，是人的心理活动的主宰；而"气"则是一般的心理活动，需要由"志"来控制，在"志"的控制下不断修养而成为合乎道义的"浩然之气"。

荀子认为"心生而有知"，他援引老子《道德经》的"人心之危，道心之微"之言，将心区分为"人心"与"道心"。所谓"人心"，就是人的利欲好恶之心。人由气而成形，"天职既立，天功既成，形具而神生。好恶、喜怒、哀乐藏焉，夫是之谓天情。"（《荀子·天论》）人心的欲望、感情与生俱有，故称"天情"。同时，荀子还看到"人心譬如盘水"，很容易为外物所动、所扰乱，而不能够正确地对待事物，导致人心不能合于"天心"。为此，荀子指出人要"知道""知天"，必须使心处于"虚壹而静"的状态。《荀子·解蔽》说："心何以知？曰：虚壹而静。""虚"就是"不以所已藏害所将受"，即不因内心本有的认识而妨害将要接受的认识，不因对某一事物的认识而妨碍对另外一种事物的认识。为了克服"中心不定"而保持"虚壹而静"，就必须"治气养心"。荀子曰："血气刚强，则柔之以调和；知虑渐深，则一之以易良；勇胆猛戾，则辅之以道顺……凡治气养心之术，莫径由礼，莫要得师，莫神一好。夫是之谓治气养心之术也。"（《荀子·修身》）这就是他的"治气养心"之法。他又把所有的养心之术归结为"以诚养心"："君子养心莫善于诚，至诚则无他事矣。"（《荀子·不苟》）他认为通过治气养心，达到"虚壹而静"的状态，可以使"惟危"之"人心"合于"惟微"之"道心"："心合于道，说合于心，辞合于说，正名而期，质请而喻。"（《荀子·正名》）这就是圣人之心的境界。由此可见，在荀子哲学中，"天情""气""心"等概念都是心的不同表现形态。

此外，气还具有提高心智的能力。气是生命之源，人不但可以通过呼吸吐纳的方式将宇宙天地之自然灵气吸纳入心以维持机体的新陈代谢，而且在这个过程中，人可以通过机体的生理调养使内心虚静下来，从而提高心智的能力。《管子·心术上》说："人皆欲智而莫索其所以智。智乎智乎，投之海外无自夺，求之者不得处之者。夫圣人无求之也，故能虚。其所知，彼也，其所以知，此也。不修之此，焉能知彼？

修之此，莫能虚矣。"这里的"所知"是指认识对象，而"所以知"则是指
人的认识能力。只有提高了认识能力和水平，才有可能扩大认识对象的
范围，并把握到认识对象的本身特征以及他们之间的深层联系。但是就
如何提高心智能力而言，不同的人有不同的做法，自然也就会产生不同
的结果。有的人拼命向外求索却收效甚微，而圣人则能修己静心从而达
到与道合一的境界。

第三节　"气"与"理"

如果说唐代是儒道释三教并行而佛学空前兴盛的时代，传统气论实
际上被边缘化了，而宋元时期是一个高扬"理学"而又重"气"的时代。
一方面，以二程和朱熹为代表在对儒家学说的继承和创新发展中创建了
影响巨大而深远的理学，认为"至显者莫如事，至微者莫如理，而事理
一致，微显一源。古之君子所谓善学者，以其能通于此而已"①。"下
学只是事，上达便是理。下学、上达，只要于事物上见理。"②另一方
面，以张载为代表的气本体论和以朱熹为代表的"理气"说将气论哲学
推向新的高潮。例如张载"太虚无形，气之本体；其聚其散，变化之客
形尔"③的著名思想，朱熹"天地之间，有理有气"（《答黄道夫书》，
《晦庵集》卷五十八）④之"理"先"气"后的思想。理学和气论哲学在宋
代得到了高速发展并在整个时代学术思潮中处于主导地位。随着历史进
入到元代和元人对宋学的因循，宋代理学和气论哲学遂深刻地影响和渗
透到了元代的思想意识和文化形态之中。

宋代理学和气论哲学的发展直接影响到了文气论批评，并带来唐代

---

① 程颢：《二程遗书》（卷二十五），上海古籍出版社 2000 年版，第 380 页。
② 朱熹：《朱子语类》（卷四十四），中华书局 1986 年版，第 1140 页。
③ 张载：《张子正蒙·太和》，上海古籍出版社 2000 年版，第 86 页。
④ 朱杰人等编《朱子全书》（第 23 册），上海古籍出版社 2002 年版，第 2755
页。

之后文气论批评的再一次历史转型，由"文以意为主，气为辅"转向"文以理为主，气为辅"的批评观。如宋人王柏在《题碧霞山人王公文集后》所揭示的："'文以气为主'，古有是言也。'文以理为主'，近世儒者尝言之。"①黄庭坚在《与王观复书》中也说："以理为主，理得而辞顺，文章自然出群拔萃。"同时代的吴子良在《为文大概有三》中进而将"理"与"气"并提："为文大概有三：主之以理，张之以气，束之以法。"②到了元代的刘将孙，则在宋代诗学批评的基础上进一步综合概括为"文以理为主，以气为辅"说。

一、原"理"

"理"字的本义是"治玉"，由此引申指玉石的纹路，再引申而指物的纹理或事的条理，如《荀子·正名》有"形体色理，以目异"。作为中国哲学概念抽象的"理"，其义与"道"相通，主要指万事万物之条理、原理、规律、法则，包括自然物理和人间事理。《韩非子·解老》："道，理之者也""万物之所然也，万理之所稽也"。又说："理者，成物之文也""万物各异理，而道尽稽万物之理"。意即"理"为具体物象的纹理规律，万物都有各自的理路，体现着普遍的"道"。《易·系辞上》所说的"易简而天下之理得矣"显然包括了物质界与社会界的"理"。人们常讲"合理"或"不合理"，所谓合理指合乎自然规律或当然之理，但实际上在中国哲学与文化的历史发展中，"理"范畴和对"理"的认识要复杂得多。

首先是道家自然哲学的"理"，也即"天地之理""万物之理"的"大理"。《庄子·秋水》："尔将可与语大理矣""是未明天地之理，万物之情者也。……是所以语大义之方，论万物之理也"。《庄子·天下》："判天地之美，析万物之理，察古人之全。"这实际上都是本体论意义上

---

① 郭绍虞：《中国历代文论选》（第 2 册），上海古籍出版社 2000 年版，第287 页。

② 吴子良：《荆溪林下偶谈》（卷二），文渊阁四库全书本。

普遍之"理"，即总规律、总法则的"道"。道家这种对"理"的认识在战国时期儒家著作中亦可见出，如《荀子·解蔽》中有"凡人之患，蔽于一曲而暗于大理"，《易·说卦》中有"穷理尽性以至于命"。到晋代，嵇康《声无哀乐论》有"夫推类辨物，当先求之自然之理"之论，阮籍《达庄论》亦有"自然之理不得作"则一切事物的运作和关系便乱套的表述。东晋的易学中，支遁径直把"道"解作"理"，他说："至理冥壑，归乎无名。无名无始，道之体也。……故理非乎变，变非乎理……故千变万化，莫非理外。"①到了唐代，华严宗的"四法界"中就有了"理事无碍法界"和"理法界"，把佛教至高无上的真如境界叫作"理"世界。这种对"理"的推崇可以视为后来宋明理学的先导。

其次是儒家伦理社会学的"理"，也即"义理""儒道""礼乐"之"理"。《孟子·万章下》曰："始条理者，智之事也；终条理者，圣之事也。"《告子上》曰："心之所同然者何也？谓理也，义也。……故理义之悦我心，犹刍豢之悦我口。"《中庸》曰："君子之道，淡而不厌，简而文，温而理。知远之近，知风之自，知微之显。可与人德矣。"他们将理看做儒道圣德，并将义理奉为自我最心仪的准则。荀子《劝学》将礼恭、和顺作为"道"与"理"的前提："故礼恭，而后可与言道之方。辞顺，而后可与言道之理。"《荀子》将诚心行义看做"理"和"天德"："诚心行义则理，理则明，明则能变矣。变化代兴，谓之天德。"

再次是程朱理学、伦理社会学向宇宙本体论转化的"理"。程朱理学是在儒家道统基础上发展而来的，故其"理"首先是儒家所言之理，即君君、臣臣、父父、子子的"理"。但程朱理学之所以是哲学而非伦理学就在于它走向了本体论，将儒家之理上升为本体论意义上的理。如前引程颐关于事理关系的讨论即可看出这种转向。"至显者莫如事，至微者莫如理。而事理一致，微显一源。古之君子所谓善学者，以其能通

---

① 释僧祐：《大小品对比要抄序第五》，《出三藏记集》（卷八），中华书局1995年版，第299页。

于此而已。"①

综上所述，"理"具有能指的多义性，在不同的文本中和语境下含义不同，当代有学者将"理"的含义概括为三个层次。第一个层次是作为宇宙本体的"理"。这一层次的"理"等同于"道"，所谓"理也者，形而上之道也，生物之本也"；第二个层次是指儒学及宋代理学家的"理"。这主要是指谈文章须"明理"或"明道"。第三个层次是指普通的事理。这一概括基本符合"理"的通常用法和所指，但是多数情况下并非如此截然分明，"理"往往是同时蕴涵着哲学的、伦理的、日常物理事理情理的多种意指，尤其当"理"的概念转化为审美概念而用于文学批评中时，更是携带上了综合的多义的色彩。

理学，亦称道学，作为一种哲学文化思潮，其发展过程大致可概括为：兴起(北宋中期)——发展(南宋)——鼎盛(元、明、清初)——衰落(清代中叶)。理学(包括心学)实质上是儒学在特定历史条件下的变异发展形态，它出现于社会纷乱、道德衰落、意识形态亟待重作整饬的宋代可以说是时势使然。就儒学本身而言，汉儒拘执名物考据和章句训诂并以之为禄利之路；唐儒苟守疏不破注的窠臼并以疑经为背道，几乎失去了自身发展的生机，特别是在与释道两家的竞争中，经常因迂阔和粗鄙而削弱了其影响力。一面是纷乱的时世和人心需要一种统一的思想来救治，另一面是扮演这一角色的儒学自身千疮百孔，亟待振兴，故应和着唐后期以来儒学复兴的情势，宋人开始别出心裁地疑经改经，特别是在前人未及钻研的本体论方面，他们尤其用心探索，力求既明其"所当然"，又明其"所以然"。由此，程、朱学派以"道体"为核心，把儒家的伦理道德原则上升到宇宙本源、本体、本性的高度，标举"理"，以"性"与"理"相合，务求穷理尽性，由穷理尽性而贯通"性""理"达到"道通为一"。总之，理学是以儒家孔孟之学和《周易》哲学为基础，同

---

① (宋)程颢：《二程遗书》(卷二十五)，上海古籍出版社2000年版，第380页。

时吸纳道家和佛教的思想资料，而建构起来的一套性理学说体系。它适应了宋代社会意识形态的需要，成为宋代的主导思想和文化主潮。

宋代理学实际上是一种本体论意义上的哲学、伦理学、心理学。在哲学方面，提出了"天下物皆可以理照"的宇宙知识观；在伦理学方面，提出了"父子君臣，天下之定理"的社会人伦观；在心理学方面，提出了心性修养的"主静"说和"主敬"说。这样就在自然万物与人生性命两方面都假设了现实可求的和令人向往的目标，而这时理学其实已经近乎于或等同于美学了，所以在"穷理尽性"过程中理学向文学转移、渗透也就是必然的了。

审美中的"主理"实际上也包含着相互联系的两个方面：一方面是儒家政治伦理的"理"，另一方面是"格物致知"的"理"。在中国封建社会，作为哲学的内容总是同政治伦理联系在一起，但无论是汉初黄老还是魏晋玄学都没有像宋明理学那样与政治伦理联系得如此直接、紧密，也未曾像宋明理学一样统治思想界达 700 多年。朱熹对"格物致知"的解释达到由此及彼"而吾心之全体大用无不明矣"的境界。因此，正是上述这一切构成了宋代"主理"的审美取向和价值内涵。

二、"理"与"气"之关系

理气关系是中国传统哲学的一个重要问题。

首先是主气的客观理派，主张气一元论。客观理派认为气是宇宙本原或本体，其代表人物主要有李觏、王安石、张载等，尤以张载"太虚即气"的思想最为著名，在中国哲学发展史上具有里程碑意义。张载首先把"理""气"作为一对哲学范畴提出来，认为气是宇宙的本体，理是气聚散变化的规律。他既肯定气为宇宙之本，否认在气之上有任何精神性的本原，又强调气的阴阳变化、生生不息。这种气本与气化相结合的理论是其气论的特点。他在《正蒙·神化》中说："所谓气也者，非待其蒸郁凝聚，接于目而后知之。苟健顺、动止、浩然、湛然之得言，皆可名之象尔。然则象若非气，指何为象?"《乾称》又说："凡可状，皆有也。凡有，皆象也。凡象，皆气也。"张载认为气是宇宙万物的本根，不仅虚空是气，各种有形体的万物是气，一切具有运动和静止、有深度和广度的现象都是气。在他所提出的"气""太和""太虚""性"四个基本性观念中，"气"又是最根本的："太和"是阴阳未分之气，"太虚"是散而未聚无形可见之气，"性"是气所固有的能动的本性。《正蒙·太和》说："太虚无形，气之本体，其聚其散，变化之客形尔。……气之为物，散入无形，适得吾体，聚为有象，不失吾常。太虚不能无气，气不能不聚而为万物，万物不能不散而为太虚。循是出入，是皆不得已而然也。"气是万物原生的状态，虽有聚散运动，仍然是本质的、恒常的，故言"本体"；事物现象是暂时的、变化不定的，故称"客形"。万物的生成消亡是气之散聚所至，气必然要经过聚集而为"有象"的万物，万物又必然最终消散为"无形"的"太虚"（气）。按照自然规律出现"无形"化为"有象"，"有象"复化为"无形"的循环往复是不得不然的。故曰："若阴阳之气，则循环迭至，聚散相荡，升降相求，纲缊相揉，盖相兼相制，欲一之而不能。此其所以屈伸无方，运行不息，莫或使之。"

其次是主理的绝对理派，主张理先气后论。这主要是宋代理学家们的思想，以二程和朱熹为代表，他们虽然倡导理本体哲学，将"理"作为最高哲学范畴，但仍然强调"气"是"理"借以产生万物必不可少的材料和运化过程。程颢、程颐持理本气化观点，一方面认为万物由气的运动变化而成，另一方面又否认无形之气，把气化纳入了理本体论的哲学体系之内，认为无形的是理，理比气更为根本。《二程遗书》云"万物之始皆气化"，又云"有形总是气，无形只是道"，"气是形而下者，道是形而上者"，① 开理本气末的先河。

在理气论的审美渗透中，朱熹、王柏、姜夔等人所论最为突出。

---

① 程颢：《二程遗书》（卷五、六、十五），上海古籍出版社 2000 年版，第130、133、208 页。

朱熹在理气关系的论证中认为：首先，理气相互依赖、不可分离。"理未尝离乎气"，"有是理，必有是气，不可分说"。有理必有气，无理也就无所谓气，理与气相依不离，互相统一。其次，理寓于气中。"此本只是说气，理自在其中。"形上之理存在于形下的气之中，理与气相互渗透，理寓于气中。复次，理气不分先后。"问：'太极动而生阳，静而生阴，见得理先而气后。'曰：'虽是如此，然亦不须如此理会，二者有则皆有。'"（以上均见《朱子语类》）理与气不可分先后，或者可以说理与气本来就无所谓先后。理一旦离开了气，便无"挂搭""顿放""附著"之处。

王柏作为金华朱学的代表人物，辨析了理气对文的意义："夫道者，形而上者也；气者，形而下者也。形而上者不可见，必有形而下者为之体焉，故气亦道也。如是之文，始有正气。……盖气不正，不足以传远，学者要当以知道为先，养气为助。道苟明矣，而气不充，不过失之弱耳。道苟不明，气虽壮，亦邪气而已，虚气而已，否则客气而已，不可谓载道之文也。"①王柏从道学家立场出发，以道（理）为本，认为有气的文章即为有道（理）。

"文以理为主"说的提出，从深层次上看，就如王运熙先生指出的，从"文以气为主"修正为"文以理为主"，标志着魏晋南北朝和唐宋元明清两个不同历史时期在这个问题上的不同认识和要求。"文以气为主"说，认为作品的风貌是作家气质、才性的表现，作家的气质、才性出自天赋，禀气清刚，作品就能写得爽朗刚健。此说的指导思想是当时流行的才性论，重视禀赋，不重视用后天的学习来培养作者的气质、才性，不要求作品应有某种思想倾向。孔融的文章，曹丕说其"理不胜辞"，但大家（包括曹丕）都说其才气飞扬，并加以赞美。"文以理为主"说，认为作者应在"六经"孔孟之道的指导下，培养起正直刚毅的气概（浩然

① 郭绍虞《中国历代文论选》（第2册），上海古籍出版社2001年版，第287页。

之气），发为文章，就能文辞畅达。此说与这个时期流行的理学在思想上息息相通，强调儒学的指导作用，强调学习儒家经典，强调养气，把提高作者的思想道德修养放在首要地位。至于要求文章写得气势旺盛，风格刚健，则是两说所共同的。① 需要说明的是，从大的文化历史角度划分，将唐宋元明清作为整体来比较其"主理"与魏晋南北朝"主气"的不同不无道理，但毕竟如本章开头指出的，唐代的"主意"与宋元的"主理"、明清的"主神"是各有审美侧重的。

黄庭坚在思想上深受当时的理学影响，他不但在《濂溪》中高度赞扬周敦颐："人品甚高，胸中洒落如光风霁月，好读书，雅意林壑"，（《濂溪诗序》）②而且他自己也非常重视自身的道德修养与品行操守，因此，他被理学大师朱熹誉为"忠信孝友"之人。在理学思想的熏染下，他在文学思想和创作理论上明显表现出既向儒家正统思想回归，又向周敦颐与二程理学靠拢的倾向，进而提出了"文以理为主"的命题。他在《与王观复书》中说："好作奇语自是文章病，但当以理为主。理得而辞顺，文章自然出群拔萃。观杜子美到夔州后诗，韩退之自潮州还朝后文章，皆不烦绳削而自合矣。……文章盖自建安以来，好作奇语，故其气象衰苶，其病至今犹在。"

如果说黄庭坚凸显"主理"而不无偏颇的话，同时代稍后的吴子良则对其"文以理为主"作了补充，于作"文"纲领给予了更加完整的表述。吴子良在《荆溪林下偶谈》中提出："为文大概有三：主之以理，张之以气，束之以法。"又说："文虽奇，不可损正气；文虽工，不可掩素质。"吴子良以"文以理为主"置换了"文以气为主"，而气处于辅助地位，由于此"气"具有奔逸不羁的特点，所以还要以法相束缚。可见，在吴子良的文学批评中，理学与文学的关系由割裂走向了新的融合，追求义理的同时很讲究"文气""文法"，体现出欲纠正绝对理学化的

---

① 王运熙：《古代文论中的文气说》，《文史知识》1984 年第 4 期。
② 引自谭松林、尹红整理《周敦颐集》，岳麓书社 2002 年版，第 19 页。

诗学向度。

以许衡、郝经、吴澄、刘将孙为代表，继承宋代理学家的观点，以"理"（道）和"气"论文。他们强调文道合一、文为道用。许衡曰："凡人为诗文，出于何而能若是？曰：出于性。诗文只是礼部韵中字而已，能排得成章，盖心之明德使然也。……文也，义也，道也，只是一般。"（《鲁斋遗书》）郝经认为："道非文不著，文非道不生。自有天地，即有斯文，所以为道之用，而经因之以立也。"（《原古录序》）吴澄在《陈文晖道一字说》中说："人之践行者为道，道之著见者为文……则知文之炳焕而晖，即道之贯彻而一也。"（《吴文正集》卷八）刘将孙在《赵青山先生墓表》中强调将义理融为文章："不能畅于理、据于理者，不能推之文。"他们还强调理为本和理法合一。郝经在《答友人论文法书》中说："理者法之源，法者理之具，理致夫道，法工夫技""古之以理为文……法在文成之后，辞由理出，文自辞生，法以文著，相因而成也"。又说："夫理，文之本也，法，文之末也。有理则有法矣，未有无理而有法者也。六经理之极，文之至，法之备也。"同时，他在思想上和为学上，主张加强自我内在修养。他在《内游》《养说》中发挥孟子"我善养吾浩然之气"的观点，强调提升主体精神，提出"圣之所以为圣，贤之所以为贤，大之所以为大，皆养之使然也"。郝经提倡"内游"，反对"外游"，认为道德修养是养气、作文之本，而反对游历四方与观览群籍。因此，在艺术审美方面郝经同样重视创作主体的内在涵养，而且将充实学养的范围限定在理学思想之内。这些言论对明初宋濂等人的文论与清代桐城派的古文理论不无影响。

吴澄作为元代重要的思想家、教育家，在诗文论上可谓渊深而善思。周振甫先生认为金元两代"受北宋文章论影响，吴澄文论最为杰出"①。他在诗文审美上确有吴子良理气论的影子，明确提出了"主辅"

① 周振甫：《中国文章学史》，《周振甫文集》（第六卷），中国青年出版社1999年版，第13页。

说。在《东麓集序》中对张桓的诗文评点后说："诗文以理为主，气为辅，是得其本矣。"在《吴伯恭诗序》中他仍然以此标准论人论诗："而伯恭方且研经务学，以培其本。他日本亦深，理亦明，则心声所发，理为之主，气为之辅，虽古之大诗人何以尚兹？"由此可见，理学是吴澄思想的本原，但他虽然信研程朱理学，却能综合南宋以来对一味主理的纠偏，将理气论贯穿于诗文批评中。

对"理主气辅"的批评形态加以清晰概括的是刘将孙，他在《谭村西诗文序》中明确阐释了为何要提"文以理为主，以气为辅"的理论命题："文以气为主，非主于气也，乃其中有所主，则其气浩然，流动充满而无不达，遂若气为之主耳。故文之盛也，如风雨骤至，山川草木皆为之变，如江河浩渺，波涛平骇，各一其势。……予亦于气为主之言，而窃愿有所益也，主者同而所以为主者异，辄欲更之曰：文以理为主，以气为辅。"（《养吾斋集》卷十）在刘将孙看来，"理"才是真正的文之主宰、统帅，以往所说"文以气为主"是只看到表面上"气"在行文过程中的作用，实质上，"气"的流动而形成文势是因为其中有所主，即"理"的作用。刘将孙在《赵青山先生墓表》中又说："出议论于事外，发理趣于意表。"由此可见，刘将孙强调"主理"说的文学批评观与宋代理学思想是一致的。刘将孙在强调"理"的同时也非常重视"文气"问题，他给友人所写的序文中多次强调了"气"，还指出"炼辞"首先在于"炼气"。但刘将孙所强调的"理气"并不完全等同于道学家们所讲的"理气"，他已经将"理气"转化为审美的、生命的"理气"，他懂得审美创造过程要有审美自由的心态，要把握审美对象之"真"、之"神"，也就是摄天地间清气、天趣入诗而使之成为不朽之作。

然而，无论道本论、心本论、理本论还是气本论，都不是西方哲学意义上那种独立于现象世界之外的逻辑世界，不具有西方概念那种从逻辑推演而来的本体论意义。"本体"一词，虽然在晋代早已出现，但不管是司马彪在《庄子释文》中所说的"性，人之本体也"，抑或是张载所言的"太虚无形，气之本体"，还是朱熹所说的"虚灵自是心之本体"，这些言论中所述的"本体"都不同于西方学界的"本体"（Substance）。我们甚至可以说，西方哲学意义上的本体论先天性地与中国传统哲学绝缘。中国著名哲学家张岱年先生曾说："'本原'观念应该保持，本体观念却是可以废除的。中西哲学的会通性，是'本原'范畴可以保留使用的内在原由。中西哲学形态的差异性，是'本体'与'本体论'不可能适用于中国传统哲学的终极性证明。"①这正如俞宣孟所论："在我们国内，对本体论的认识与术语的翻译有一定的关系。……中国学术中本来没有'本体论'这个词，它是学界造出来用作对 ontology 的翻译的，但'本体论'这个译名并不确切。运用译名的目的在于指示本名所指的内容，本名 ontology 所指的内容是以'是'为其核心范畴的、逻辑地推论出来的范畴体系。中国哲学中并没有这样的内容。然而'本体论'这个译名却很容易将人引向另一类内容，即以为它是关于本根、本体、体用等的学说。"②

总之，"气"作为中国文化元关键词的理论依据有如下几点。

首先，"气"是作为中国文化元关键词进入哲学视野的。从宇宙生成论而言，无论归根溯源的"道"，还是作为万物生存发展动力的"和"，其最终都要落实于"气"。

"道"是中国传统哲学思想中衍生万物的根本，且置"道"于"气"之上，这是儒道两家千百年来达成的共识。但是从古代相关文献的描述来看，"道"是对"气"所作的升华。如《老子》说："有物混成，先天地生。寂兮寥兮，独立而不改，周行而不殆，可以为天地母。吾不知其名，强字之曰道。"又说："道之为物，惟恍惟惚。惚兮恍兮，其中有象；恍兮惚兮，其中有物；窈兮冥兮，其中有精，其精甚真，其中有信。"又说："其上不皦，其下不昧，绳绳兮不可名，复归于无物。是谓无状之状，无物之象，是谓惚恍。迎之不见其首，随之不见其后。"学者们一般认

---

① 张岱年：《中国哲学中的本体观念》，载《安徽大学学报》1983 年第 3 期。
② 参见俞宣孟《本体论研究》，上海人民出版社 1999 年版，第 573 页。

为，这里所描述的寂寥、恍惚、不皦不昧、无物无状又周行不殆的"道"就是"气"的形态与运动规律的升华，"道"和"气"在此实则是一体的。

再如《淮南子·原道训》："夫无形者，物之大祖也，无音者，声之大宗也。其子为光，其孙为水。皆生于无形乎！……所谓无形者，一之谓也。所谓一者，无匹合于天下者也。卓然独立，块然独处，上通九天，下贯九野。员不中规，方不中矩。大浑而为一，叶累而无根。……是故视之不见其形，听之不闻其声，循之不得其身。无形而有形生焉，无声而五音鸣焉，无味而五味形焉，无色而五色成焉。是故有生于无，实出于虚，天下为之圈，则名实同居。"其最后得出的结论是："道者，一立而万物生矣。"其对"道"卓然独立、上通九天、下贯九野、无形无状又幻生万物的描绘，与《老子》对"道"的描绘没有区别，如此贯彻天地又弥漫无穷的也只有气。因此，《淮南子》论"道"实则也是论"气"，所谓"道生万物"，其本质也就是"气生万物"。

其次，从"和"与"气"的关系中，我们也同样可以感悟到"气"作为中国文化关键词的核心地位。

"和"是中国传统美学的重要一维，相关思想最早可追溯到老子的"道生一，一生二，二生三，三生万物，万物负阴而抱阳，冲气以为和"。其中"一"为元气，"二"为阴阳二气，"三"则是指阴阳二气与负阴抱阳所形成的冲和之气。冲和之气并不独立于阴阳二气之外，而是对阴阳二气冲和形态的描述，即阴阳能够冲和则生成冲和之气。由此看来，"和"不仅是一种状态，也是生成这种状态的条件。有了"和"方能成"三"，进而化生万物。可见，"和"本质上是指阴阳二气之和。

综上所述，从本体论而言，"气"与作为万物本体的"道"一体；从万物生成和发展的动力而言，作为万物生存发展动力和依据的"和"所促成的结果依然是气化，"和"无非是对"气"之形态的描述和规定。"气"由此既具有本体性，又具有本原的动力性，因此它就是哲学诸关键词之中的元关键词。

　　具体到审美活动，刘勰《文心雕龙》于开篇设"原道"细究文学之源泉在于"道"。龚鹏程先生论其具体理路说："分类，是《周易》构成的基本原理，万事万物须先分类，各以阴阳予以表示，才能以之成象，说其刚柔进退吉凶。分类之后，方以类聚，族以群分，同类者同声相应同气相求，异类者则感而通之。'文'就是异类通感相交的这个过程与状况。而又因为天地要相交才能化生万物，所以'文'又是万物存有的原理。文既是存有又具活动义，故事实上'文'就是'道'了。"①所谓"文既是存有又具活动义"，就是说"文"既是阴阳交错、异类相感的产物，同时又是这种异类相感活动及产物的内在规律，因此"文"就是"道"。后世文以明道、文以载道、文以贯道等说皆由此衍生。而如前所述，"道"无非就是"气"的内在运动规律，将文源追溯到"道"，也就是对"气"的归依。

　　"气"的这种本原地位与作用，促成了中国美学从人的生命追求推及审美客体之生命追求的特点，其间昂扬着生气，贯通着生机，沟通着物我。这种认识指导下的审美实践不仅致力于对生命源泉的探索、生命最高活力的追求，并且将审美对象等一切非生命的客体视为生机勃勃的生命体，充溢着诗情画意。于是"在中国人的意识中，气不仅成为天与人间赖以沟通的血液，成为人与物的生命之源，成为不同阶级等级赖以区别的根据，也流通于审美主客体，成为创作的冲动之源，神思之所依，才情之所据。其在作品则成为作品的生命之本。有了它，作品才可感人；有了它，主体才能欣赏，才有美感共同性的存在，才有作品流传之不朽。宇宙间一切事物存在于气运生动，作品之生命活力亦在于气韵生动，而进一步追求生命的活跃则有神、有自然、有逸、有穷理尽性等等。在人如此，表现于审美艺术亦然，而作品风格的不同亦不外生气运

---

　　①　龚鹏程：《中国文学批评史论》，北京大学出版社 2008 年版，第 6 页。

化的不同表现等等"、① "气"贯穿于主体、客体，流行于作者作品，延伸至批评鉴赏，既充盈于自我，又弥漫于外在世界。由此，奠定了"气"作为中国文化元关键词的地位。

① 于民：《气化谐和》，东北师范大学出版社 1990 年版，第 11 页。

中编 体气：人体生命之气

体气是构成人体、维持人体生命活动的物质、能量、信息的一种独特的生命质素。体气是个体生命之气，包括生理和心理两个方面。生理之气指人体生命之源的气息、元气、血气、精气等生理功能和力量，心理之气包括一个人的情感、意志、个性、气质、才气等心理过程和特征。气是人体生命的根基。生命存在最基本最首要的条件是呼吸（气息）。人的生死是生命的流程，实际上也是气的聚散过程。由于不同的人禀气不同，因而呈现出不同的质性与类型。根据其性质的不同，大致可以分为清气、刚气、正气和厚气四种。气是诗文的本体和生命，养气是创作主体生成的根本要求，因此必须认真思考作为主体的作家需要养什么样的气以及应当如何养气等问题。

第四章　体气概念的形成与发展

第一节　体气的内涵

"体气"一词，在不同的学科领域有不同的含义。在医学上，体气是指身体散发出的一种特殊臭气。在文学、文论上，体气常被用来当作"文学风格"的代名词，指作品的体貌风格。以上两种解释都局限于从某一特定学科的褊狭视域出发来理解体气，而本书所指的"体气"则试图超越这种褊狭的学科视域，在打通不同学科视域的前提下来把握"体气"这一概念的独特内涵——人体的生命之气。

一、释体气

"体"是形声字。繁体字为"體"，从骨，从豊。"豊"意为"等级系列"。"骨"指人身骨架。"骨"与"豊"联合起来表示"骨节系列"。"体"的本义是指人身上的骨节系列(包括：头骨、颈椎、脊梁骨、肋骨、上肢骨、下肢骨、盆腔骨、手指骨、脚趾骨等)。许慎的《说文解字》释"体"为："总十二属之名也。"《说文通训定声》和《说文段注》皆解"十二属"为：首属三(顶、面、颐)，身属三(肩、脊、臀)，手属三(肱、臂、手)，足属三(股、胫、足)。《广雅》曰："体，身也。"可见，"体"的词根是一个实体名词，其最初的含义是指可见可感的、有具体形象的存在物。最早的"体"主要包括两类事物：人的身体和一般的物体(动植物)。

由表示具象之物的"体"，一根衍生为三支，逐渐转换出"体"的其他含义。一是"体"的延伸义。表具象之物的"体"，主要是指人和动物的身体，而人和动物的身体，既是一个整体，又有四肢的分别，这便体现了整体与部分、一与多的关系。从《说文》对"体"的解释可以看出，人之一体具有五官百骸，由不同的部分组合而成。因此，由身体之"体"可引申出"全体""个体""整体"等词语。二是"体"的比拟义。由表具象之物的"体"经过拟象、象征等手段，大大拓展其概念的外延，从而使"体"获得了一种普泛化的效应。就具象之物来说，万物各有其体：字有字体，文有文体，国有国体、政有政体……正如程颐所说："声无形声可求，而物物皆有体。"(《河南程氏经说》卷八)所以"体"几乎成了存有的代名词。三是"体"的嫁接义。人的身体既是血肉之躯又是心灵的寓所，所以一"体"实含有心、物二义。人的身体不是僵死之物，它有特殊的感知能力，充满着主观能动的精神，所以它必然要和客观环境有所接触，而人体和外界发生关系的过程便称为"体"。如：体察、体味、体悟、体物、体仁等，这里的"体"由名词转化为动词了。"体"的延伸义和比拟义在一定逻辑层次上相合，即逐渐演化出了哲学上所说的实体、本体的含义。总之，"体"不但揭示了天人关系中人的主观能动性和主导性，而且将人与自然(天人)、道德实践与求知活动(知行)融通为一，展现出了更为广阔的理境。

如前所述，东汉许慎《说文解字》释"气"云："云气也，象形，凡气之属皆从气。"段玉裁注："气本云气，引申为凡气之称。"张岱年先生说："气之观念，实即由一般所谓气体之气而衍出的。气体无一定形象，可大可小，若有若无，一切固体液体都能化为气体，气体又可结为液体、固体。以万物为一气之变化的见解，当是由此事实而导出的。"[1]"气"字之涵义，最早是指云气，为自然之气。《易传》及老子，首先把气看成宇宙万物的本原，为天地万物的元气。元气为天地万物创生的元

---

① 张岱年：《中国哲学大纲》，中国社会科学出版社1982年版，第40页。

素，人为万物之一，人的生命来源当然也是气。元气遍布于天地之间，元气当然也是在人身周体流行。《辞海》曰："元气，亦称'原气'，指人体组织、器官生理功能的基本物质与活动能力。"①中医学认为气是人体的第一道防护线，聚于体内保护着脏腑，而流散发于肤表以防外邪侵入而导致疾病发生。所以元气除了具有哲学意义上的天地之气的含义以外，它同时具有生理学和医学上的含义——体气（人体生命之气）。

气是构成天地万物的最基本的元素，也是构成人体并维持人体生命活动的最基本的物质和原动力。远古哲人很早就有"气者，身之充也"（《管子·心术》），"气者，体之充也"（《孟子·公孙丑上》）的言论，可见，他们早已认识到气是充满全身和整个生命过程的活力。气虽然是生命之源，但它必须与身、与体完美结合在一起才能展示出其无限的生命力。正如王充所说："人禀元气于天，各受寿夭之命，以立长短之形。……体气与形骸相抱，生死与期节相须。"（《论衡·无形》）体气只有"与形骸相抱"（完美结合）才能充满生机和活力。

体气作为人体的生命之气，是指构成人体并维持人体生命活动的最基本的物质或能量。人体生命之气，根据其性质的不同，可分为阳气与阴气；根据其功能活动，又可分为脏腑之气（胃气、心气、肝气等）与经脉之气；根据其部位分布，又可分为头气、胸气、腹气等；根据其形态，则有津、液、脉等的不同；根据其涵养方式，又有宗气、营气、卫气之别。由上章可知，元气是天地万物的本原、本体。人作为天地万物之一部分，人体生命之气既来自先天父母之精气，也离不开天地自然所提供的呼吸之气与饮食水谷之气，这些气通过人体三焦运行全身，从而维持人体的生命活动。

总之，体气（人体生命之气）由先天父母之精气（"元精"）、后天饮食水谷之气与天地自然之气三者结合，而后成阴阳二气，阴阳二气相互转化以维持人体的生命活动，其中阴气主物质而阳气主功能。因此，从

---

① 夏征农、陈至立：《辞海》，上海辞书出版社2010年版，第1120页。

生理学意义上来说，"体气"禀自先天，藏于肾中，又赖后天饮食水谷之气以充养，从而成为维持人体生命活动的基本物质与原动力。体气的主要功能是促进人体的生长和发育，激发并调节人体全身的脏腑、经络等各机体组织、器官的生理功能。

二、体气的构成

人的生命是一个统合体。人的精神活动离不开血气的支持，即精神生命不能脱离生理生命。人的思维、情感、意志等活动都与人的生理之气密切相关。因此，人体生命之气大体可以分为生理之气和心理（精神）之气两大类。

（一）生理之气

生理之气主要包括血气、息气和声气等。

血气也可称之为生命元气，它是一种周遍于人身的生命活力，同时也是人的禀性基质。据日本学者研究，在甲骨文中，已经存在表示人的气息状态的文字。[①] 不过，在春秋末年以前，围绕生命之气而展开的最主要的理论首先是"血气"说。

血气首先应当是作为自然之气的一个部分，具有明显和明确的物质性含义。例如《左传·襄公二十一年》记载，楚子使蓬子冯为令尹，访于申叔豫。叔豫曰："国多宠而王弱，国不可为也。"遂以疾辞。楚子使医视之。复曰："脊则甚矣，而血气未动。"再如《国语·鲁语上》中的一段记载，展禽曰："夏父弗忌必有殃。"侍者曰："若有殃焉在？"曰："未可知也。若血气强固，将寿宠得没，虽寿而没，不为无殃。"在这些表述中，"气"显然被赋予了生理性的意义，甚至是被作为生命的物质基础来理解的。而这样一种理解以后便成为中国古代医学包括养生和治疗活动的一个重要理论基石。例如《周礼·天官冢宰·疾医》中说道："疾

---

① ［日］小野泽精一、福永光司、山井涌主编：《气的思想》，上海人民出版社 1990 年版，第 27 页。

医掌养万民之疾病。四时皆有疠疾，春时有痟首疾，夏时有痒疥疾，秋时有疟寒疾，冬时有嗽上气疾。以五味、五谷、五药养其病。以五气、五声、五色视其死生。两之以九窍之变，参之以九藏之动。凡民之有疾病者，分而治之。死终则各书其所以，而入于医师。"

息气是指人体呼吸的气息。呼吸之气也是人们最易体味、观察到的。它是生命的象征，在人死亡之后就离开了人体。在古代还把呼吸之气与对人的灵魂的认识联系起来。如拉法格指出："灵魂是轻微的吹动；用来表示灵魂的希腊文 Pevmapeyehe' anemos 和拉丁文的 anima 开始都用作'呼吸'的意义。"①从这可以看出呼吸之气与空气的关系。现代生理学认为，人体通过呼吸，吸入氧气，呼出二氧化碳。在古代，对于吸入之气的体察很显然不像呼出之气那样明显，而对呼出之气的体察除感觉外，与季节气候也有着明显的关系。如在严寒的冬季，呼出之气是很容易被观察到的。不仅如此，呼吸之气与饮食之气的关系也很密切。《内经》论述人体中最根本、最重要的气——真气的形成时，曰："真气者，所受于天，与谷气并而充身者也。"这里的天即自然界，自然之气的吸入就是呼吸之气。谷气指食物被机体吸收利用的部分，中医学称为水谷精微。

声气也是人体的一种生命力，但这种气是透过发音器官所发出的声音。"声气"一词出现较早，如《左传》"金鼓以'声气'之""声盛致志"(《隐公二十二年》)，这是说外在的金鼓之"声"可以激发、鼓动起内在的上"气"或斗"志"——这虽非论诗，但在基本原则上与诗论相通。诗之"声气"的作用也是指外在的语言之声激发、触动人的内在之气。又云："(君子)声气可乐，动作有文，言语有章，以临其下，谓之有威仪。"(《襄公二十一年》)此"声气"描写的是人的言语，"有章"是指说话要有条理，"声气可乐"是指说话在声音(语气)上要抑扬顿挫、和顺婉

—————————

① [法]拉法格：《思想起源论》，生活·读书·新知三联书店 1963 年版，第 123 页。

畅——这与诗更近了。

(二) 心理之气

心理之气主要表现为神气、志气和勇气等。

神气俗称精神，它是人体生命力作用的外现。神气的本义是指神妙灵异之气，引申为人的精神气息。同时，它还指道家所谓存养于人体内的精纯元气。刘大櫆在《论文偶记》中说："行文之道，神为主，气辅之……神者，文家之宝。文章最要气盛，然无神以主之，则气无所附，荡乎不知其所归也。神者气之主，气者神之用。神只是气之精处。"刘大櫆此处所说的"神气"即人的精神气质在文学创作中的作用和地位。

志气是由心志的活动所表现的气象。古语评论"志"的重要性有："三军可夺帅也，匹夫不可夺志也。"《庄子·盗跖》曰："目欲视色，耳欲听声，口欲察味，志气欲盈。"嵇康《与山巨源绝交书》曰："且延陵高子臧之风，长卿慕相如之节，志气所托，亦不可夺也。"韩愈《祭十二郎文》曰："毛血日益衰，志气日益微。"可见，志气是一种为求上进的决心和勇气，是要做成某件事的气概。朝着一定目标走去是"志"，一鼓作气中途绝不停止是"气"，两者合起来就是"志气"。一切事业的成败都取决于此。

勇气是人体表现于勇力的精神面貌。它是一种勇往直前的气魄，同时也是一种敢想敢干毫不畏惧的气概。如《左传·庄公十年》曰："夫战，勇气也。一鼓作气，再而衰，三而竭。"这是曹刿向鲁庄公论作战制胜的道理。他认为作战全靠战士的勇气、斗志，在第一次击鼓进军的时候，士气是最为高昂旺盛的时候，等到第二次的时候就会衰竭。此文的勇气是指作战时的斗志。

第二节 体气概念的形成

早在先秦时期，儒道两家的开创者及其继承者便意识到人类自身的生存发展离不开体气，并试图用体气来解说各种自然和社会现象，于是众说纷纭的"体气"观逐渐形成。

一、以老庄为代表的道家"体气"观

以老庄为代表的道家其思想的核心宗旨是"道法自然，无为而治"。他们在谈人体之气时同样也遵循这一指导思想，提倡返璞归真，以天合天，从而达到天人合一的境界。

(一)老子的"体气"观

首先提到人体之气的学者是老子。《老子》一书中一共有三处谈到"气"。除"冲气以为和"(《老子·第四十二章》)中的"气"是指天地元气外，其余两处如"专气致柔，能如婴儿乎?"(《老子·第十章》)和"心使气曰强"(《老子·第五十五章》)中的"气"都是指人体之气——人的血气(元气)，是人的一种生理本能，是人体禀自自然的生命力。老子强调自然，主张归根复命，返璞归真，要求世人都能如同婴儿一样，保持无欲无知的全性状态，而不加上任何心志的活动。这是老子的重要思想之一。

(二)庄子的"体气"观

《庄子》一书谈到"气"的地方很多，除了笔者前文所述天地元气与自然之气，人体之气也是庄子思想的重要观点之一。庄子既认为"通天下一气耳"，又说："人之生，气之聚也；聚则为生，散则为死。"(《知北游》)可见庄子认为气既是生命的本源，又是生命的主宰。

庄子谈人体之气，有时指生理之气，有时指心理之气。如："矜其血气，以规法度"(《在宥》)、"兽死不择音，气息茀然"(《人世间》)、"不能出气"(《盗跖》)、"忿滀之气"(《达生》)，又说"虚憍而恃气"，又说"疾视而盛气"，又说"未尝敢以耗气也"。这里的"气"都指生理之气。人体生命的存在是靠呼吸空气以促进血液循环，血液在人体畅顺循环便是血气运行的结果。

生理之气为生命的根源，心理之气则是生命的呈现。人体有生理之气才能表现其心理之气，因为没有生理之气即无生命可言，更无所谓心理之气了。不过，一般人谈气多偏重于心理之气，强调一个人的精神状态。尤其思想家谈人生的修养更是以心理之气为主。庄子的人生修养以至人、神人、圣人或真人为最高境界。庄子曰："至人无己，神人无功，圣人无名。"至人、神人、圣人是"乘天地之正，而御六气之辩，以游无穷者"（《逍遥游》），是"大泽焚而不能热，河汉冱而不能寒，疾雷破山、飘风振海而不能惊"（《齐物论》）。逍遥自在，不受世间任何影响。至于真人，甚至连睡觉和呼吸都和常人不同。曰："古之真人，其寝不梦，其觉无扰，其食不甘，其息深深。真人之息以踵，众人之息以喉。"又说："古之真人，不知悦生，不知恶死，其出不欣，其入不距，翛然而往，翛然而来而已矣。"（《大宗师》）

但是要如何才能达到这个目标呢？简而言之，就是要与道化合。道即自然，与道化合就是与自然化合。庄子曰："道通为一。""天地与我并生，而万物与我合一。"（《齐物论》）他认为人来自自然，也要回到自然。只有与自然化合为一，才能真正达到逍遥自在的境地。而要与道化合，则必须去成心，无欲、无己，心斋、坐忘。《齐物论》："道隐于小成，言隐于荣华。故有儒墨之是非，以是其所非而非其所是。欲是其所非而非其所是，则莫若以明。"人生的痛苦往往就是因为私心太重。成见、欲念都是私心，"其耆欲深者，其天机浅"（《大宗师》）。心斋就是虚心无己，坐忘就是离形去智。唯有通过心斋、坐忘的功夫才能与万化冥合。"无听之以耳而听之以心，无听之以心而听之以气。"就是要超越感官的知觉和心智的判断，而直接以道心与大化接触才能与天相合。

庄子有时将人的精神之气称为神气。如："忘汝神气，堕汝形骸。"（《天地》）"夫至人者，上窥青天，下潜黄泉，挥斥八极，神气不变。"（《田子方》）"庖丁为文惠君解牛……方今之时，臣以神遇而不以目视，官知止而神欲行。"（《养生主》）"桓公读书于堂上。……徐则甘而不固，疾则苦而不入。不徐不疾，得之于手而应于心，口不能言，有数存焉于其间。"（《庄子·天道》）"梓庆削木为镰，镰成，见者惊犹鬼神。……则以天合天，器之所以疑神者，其是与！"（《达生》）庖丁解牛、轮扁斫轮、梓庆削木为镰的经验都是强调人的神气与天合，所以"以神遇而不以目视""有数存焉于其间""以天合天"，都是说明人体精神的神秘力量，因此是可意会而不可言传的，"臣不能以喻臣之子，臣之子亦不能受之于臣"。庄子认为人生修养的最高境界就是"以天合天"，而要达到"以天合天"，则必须"辄然忘吾有四肢形体也"。也就是心斋、坐忘，达到浑然无我的境界。庄子所谓的神，并不是神明的神，而是神气的神，指人的精神，也就是气。《庄子》一书也谈养神之道。庄子所谓养神之道，在虚、在静、在顺天而行，而其结果则能"德全而神不亏"。

二、以孔孟为代表的儒家"体气"观

由于儒道两家有着不同的核心价值观：道家强调"自然"与"无为"，而儒家则强调"仁"与"礼"，所以两家有着不同的"体气"观。道家提倡返璞归真、以天合天，而儒家则要求克己复礼，一切都应符合儒家的伦理道德规范。

(一)《论语》的"体气"观

在《论语》一书中，孔子提到人体之气的有两处。一处是《乡党》："摄齐升堂，鞠躬如也，屏气似不得息者。"这里"屏气"的"气"是指呼吸的气息。一处是《季世》："孔子曰：'君子有三戒：少之时，血气未定，戒之在色；及其壮也，血气方刚，戒之在斗；及其老也，血气既衰，戒之在得。'"这里的"血气"是指人体的元气。孔子注意到了血气与人的心性、情感、欲望的关系以及人的年龄差异对性情气质的影响。这些观点被后世儒家所发挥，成为儒家心性学说的重要内容。《泰伯》记载曾子论君子之言，首开以气论辞的先河。曾子说："君子所贵乎道者三：动容貌，斯远暴慢矣。正颜色，斯近信矣。出辞气，斯远鄙倍矣。"朱熹注："辞，言语。气，声气也。鄙，凡陋也。倍，与背同，谓背理也。""出辞气，斯远鄙倍矣"意思是一个人的言语、声气中规中矩则能避免凡陋、背理的毛病。语言、文字是人类表情达意的重要工具，人在说话的时候，能够注意到说话的内容，以及表现的声音气调，才能收到说话的效果，才不会因为内容的不得体，或是表现的声音气调不得宜而失礼得罪人。

（二）孟子的"体气"观

孟子谈气偏重人格修养。气在人体之中，生理之气为人的先天禀赋，心理之气则是受后天的影响，但是生理之气和心理之气是有着密切联系的。血气健壮的人，神气也一定健旺；血气衰败的人，神气也一定衰败。相反的，一个人的精神意志往往也会影响其生理健康。一个病人染患重疾，如果精神意志坚强就比较容易痊愈，如果精神意志薄弱就比较难以恢复。

儒家思想虽然是以治国平天下为目标，但是想要治国平天下，必先齐其家、修其身。修身是最基本的功夫。孟子是继孔子之后最伟大的儒家学者，当然特别重视修身。孟子自述"我四十不动心"是说他对事理皆已圆融通达，不受外在事物的影响而动心志。孔子"四十而不惑"，孟子亦自述"四十不动心"，都是在说明圣贤修养的境界。

孟子对北宫黝、孟施舍、曾子养勇的方法进行比较，他认为，北宫黝的勇是血气之勇，是生理之气。孟施舍的勇是求之于心，是志气之勇，为心理之气。不过孟施舍只能守气，抑制自己的内心恐惧，而不像曾子的求之于心，以理直不直为依据。曾子的勇虽然也是心理之气，但是他是养气之勇，而不是志气之勇。所以北宫黝、孟施舍、曾子三人，养勇的方法以曾子最为切要。

孟子曰："敢问夫子之不动心与告子之不动心，可得闻与?""告子曰：'不得于言，勿求于心；不得于心，勿求于气。'不得于心，勿求于气，可。不得于言，勿求于心，不可。夫志，气之帅也；气，体之充也。夫志至焉，气次焉。故曰：'持其志，无暴其气。'""既曰志至焉，气次焉，又曰持其志，无暴其气者，何也?"曰："志壹则动气，气壹则动志也。今夫蹶者趋者，是气也，而反动其心。"这一段文字中，孟子批评了告子的不动心以及讨论志与气的关系。告子不动心的方法是"不得于言，勿求于心；不得于心，勿求于气。"告子的不动心，只是消极地守其志，不动其气，对于不契合于言的事就不放在心上，对于不契合于心的事就不去动气。这虽然可以不动气，但不是处理问题的正确态度。正确态度应该是像孟子所说的，一方面持其志，一方面养其气(不暴乱其气)。孟子分析志与气的关系，进一步肯定和发挥了气与精神思维的关系。他认为志指心志，是人体思想的主宰，而气是周遍于人体全身的生理之气，是人体生命活力的根源。志和气有主从的关系，两者互相影响。一个人的心志专注于某件事，其体气必然随之而动，同理，一个人的体气专注于某件事，他的心志也会随之而动，所以孟子主张"持其志，无暴其气"。只有这样，才能把任何事理都处理得圆融通达，而不会有动乱心志的情形发生。至于告子不动心的方法，只是消极地逃避，而不是主动地面对问题，所以不能真正地解决问题，不能真正地不动心。

何谓"浩然之气"？连孟子自己也说："难言也。"不过，这个"气"与上文的"气，体之充也"的"气"不同，上文的"气"是生理之气，为周行于人体全身的体气，是人人都有的。这里所指的"气"属于心理范畴，是仁义道德修养达到很高境界时所具有的正义凛然之气。虽然来自天地自然之气，但不是人人都有的，这种气要"直养而无害"，要配合义与道而成，要靠平时"居仁由义"(《孟子·尽心》)才能存养而得，而不是偶行仁义就能具有。浩然之气是诚于中则形于外，不是可以袭取而得的。只要秉心纯正，凡事都能合于义理，自然而然就能存养浩然之气。

总之，孟子深化并丰富了孔子的"血气"观，奠定了儒家心性道德之学的基础，从主体道德心性方面丰富了中国哲学的气范畴。

三、先秦史书中的"体气"观

接下来谈谈先秦时期两部重要的史书《左传》和《吕氏春秋》所体现的"体气"思想。

(一)《左传》的"体气"观

在古代史书中，最早提到人体之气的是《左传》。《左传》所载有关人体之气的资料已可分别为生理之气和心理之气。所指生理之气含血气与声气；所指心理之气则是偏重于勇气。

《左传·僖公十五年》曰："今乘异产以从戎事，及惧而变，将与人易。乱气狡愤，阴血周作，张脉偾兴，外强中干，进退不可，周旋不能，君必悔之。"这是庆郑劝谏晋侯作战时不可乘坐其他国家的马，以防止发生变故的时候难以驾驭。此文"乱气"的"气"是指马的血气。

《左传·襄公二十一年》曰："瘠则甚矣，而血气未动。"楚国太医为申叔豫看病，说他虽然很瘦，但身体无疾，血气平顺，没有动乱。

《左传·昭公元年》曰："君子有四时，朝以听政，昼以访问，夕以修令，夜以安身，于是乎节宣其气，勿使有所壅闭湫底，以露其体。"孔颖达《正义》云："壅谓障而不使行，若土壅水也；闭谓塞而不得出，若闭门户也；湫谓气聚；底谓气止。四者皆是不散之意也。气不散则食不消，食不消则食少，食少则肌肤瘦，肌肤瘦则骸骨露也。言人之养身，当须宣散其气，勿使气有壅闭而集滞，以赢露其形骸也。"

《左传·昭公九年》曰："味以行气，气以实志，志以定言。""味"指饮食，用以维持生命的存在。所以说"味以行气"。气和则志充，因此"气以实志"。在心为志，出口为言，因此"志以定言"。

《左传·昭公十年》曰："让，德之主也，谓懿德。凡有血气，皆有争心，故利不可强，思义为愈。义，利之本也。"这是晏子劝谏陈桓子不要去求利义。"凡有血气"是指凡是有血气的人。

《左传·昭公十一年》曰："不道、不共、不昭、不从，无守气矣！"这是叔向在单子会韩宣子于戚的时候，从单子"视下、言徐"的举动判断单子将死。单子"视下登带，言不过步，貌不道容，而言不昭矣"。即所谓"不道、不共、不昭、不从"，貌不正而言不顺，为无守身之气象。此文"守气"的"气"当然指血气、元气，为人体的生命力。

《左传·襄公三十一年》曰："君子在位可畏，施舍可爱，进退可度，周旋可则，容止可观，作事可法，德行可象，声气可乐，动作有文，言语有章，以临其下，谓之有威仪也。"这是子产形容君子在位的威仪。此文的"声气"是指人体发出的声音气调。

《左传·庄公十年》曰："夫战，勇气也。一鼓作气，再而衰，三而竭。"这是曹刿向鲁庄公论作战制胜的道理。他认为作战全靠战士的勇气、斗志，在第一次击鼓进军的时候，士气最为高昂旺盛，等到第二次的时候就会衰竭。此文的"勇气"是指作战时的斗志。

《左传·僖公二十二年》曰："三军以利用也，金鼓以声气也。利而用之，阻隘可也。声盛致志，鼓儳可也。"古代两军作战，前进则击鼓，退兵则鸣金，金、鼓二物，以声壮气。声为金、鼓之声，不是人体声音之声；气为志气、勇气之气，不是人体声气之气。"声盛致志"是指壮盛的鼓声，可以引发勇敢心志。

《左传》虽然没有明载志气，但是谈到勇气时志气已在其中了。因为勇气来自志气，"声盛致志"是引发勇敢的心志，勇气便是勇敢的心志的表现。

(二)《吕氏春秋》的"体气"观

《吕氏春秋》讲自然之气时，强调自然之气与人事的密切关系。因为人体之气源自自然，人与自然有共通的地方。《知分》说："凡人物者，阴阳之化也。阴阳者，造乎天而成者也。天固有衰味废伏，有盛盈岔息，人亦有困穷屈匮，有充实达遂，此皆天之容物理也，而不得不然之数也。"人有穷通，一如阴阳大化有消长，因此《吕氏春秋》以阴阳变化的征象来说明人事的道理。《序意》说："凡十二纪者，所以纪治乱存亡也，所以知寿夭吉凶也。上揆之天，下验之地，中审之人，若此则是非、可不可无所遁矣。"

人为万物之一，因为人与万物都禀自自然之气，所以人与万物之间及人与人之间是可以相互感应的。这种可以互相感应的道理，有时是难以令人理解的。《吕氏春秋·精谕》说："圣人相谕不待言，有先言言者也。海上之人有好蜻者，每居海上，从蜻游，蜻之至者百数而不止，前后左右尽蜻也，终日玩之而不去。其父告之曰：'闻蜻皆从女居，取而来，吾将玩之。'明日之海上，而蜻无至者矣。"又说："身在乎秦，所亲爱在于齐，死而志气不安，精或往来也。"又说："周有申喜者，亡其母，闻乞人歌于门下而悲之，动于颜色，谓门者内乞人之歌者，自觉而问焉，曰：'何故而乞?'与之语，盖其母也。故父母之于子也，子之于父母也，一体而两分，同气而异息。若草莽之有华实也，若树木之有根心也。虽异处而相通，隐志相及，痛疾相救，忧思相感，生则相欢，死则相哀，此之谓骨肉之亲。神出于忠而应乎心，两精相得，岂待言哉?"人与人或人与物之所以能互相感应，是因为有精、有神，精为精气，神为神气，精、神是人与人或人与物共同的部分，这是超越经验而事实存在的。《庄子·达生》"以天合天"或许可以解释这些只可意会而难以言传的经验。

四、秦汉学者的"体气"观

秦汉学者对人体之气也有很多精辟的见解。譬如管子虽然也主张气流行于天地之间，为万物生长的本源，"有气则生，无气则死，生者以其气"（《管子·枢言》），但是气在人体之中则成了生命的元素而充塞于人体之中。《管子·心术》说："气者，身之充也。"

管子谈气，有时指天地元气，有时指人体之气。管子指人体之气时非常重视"心"。如《管子·心术》："全心在中，不可匿，外见于形容，可知于颜色。善气迎人，亲如弟兄；恶气迎人，害于戈兵。"他所谓善气、恶气，是指人体之气，形之颜色。以善迎人，则善气生；以恶迎人，则恶气生。又说："心之在体，君之在位也，九窍之有职官之分。心处其道，九窍循理。"而心的作用则来自气。《内业》说："精也者，气之精者也。气，道乃生，生乃思，思乃知，知乃止矣。"心有气，然后能思，能思然后能知。心的思辨作用来自气的作用，但是心产生作用后，气仍存在，气在人体中，是生命的动力。《内业》说："心静气理，道乃可止。"管子所谓的道，是"夫道者，所以充形也，而人不能固。其往不复，其来不舍。谋乎莫闻其音，卒乎乃在于心，冥冥乎不见其形，淫淫乎与我俱生。不见其形，不闻其声，而序其成，谓之道"（《枢言》)。这里的道是抽象的存在，没有定形，没有声音，是生命存在的原理，只有静心、理气，道才有可止处。如果心烦气乱便会招致祸害。管子说："和乃生，不和不生。"(《内业》)又说："勿烦勿乱，和乃自成。"(《赋》)也是由修养的观点强调气的调和的重要性。

荀子的气论也是以气为天地的元气，人禀天地的元气而有血气。血气是有生命的动物具有的，有血气就有知觉。《礼论》曰："凡生乎天地之间，有血气之属必有知，有知之属莫不爱其类。"人在天地之间最为灵贵，因为人有知而且有义。《礼论》又说："有血气之属，莫知于人。"《王制》说："人有气、有生、有知、有义，故最为天下贵也。"

知觉只是感官的作用，道义才是理智的行为。荀子主张性恶，所以人的为善，不是先天的本能，而是后天的修养。《性恶》说："人之性恶，其善者伪也。"杨倞注："伪，为也。凡非天性而人作为之者，皆谓之伪。"因此，荀子非常重视修养功夫。血气是知的基础，修养血气为君子必要的功夫，君子之知，为"血气之精也，志意之荣也"(《赋》)。"血气和平，志意广大。"(《君道》)

音乐对血气修养的影响很大。《乐论》："凡奸声感人而逆气应之，逆气成象而乱生焉。正声感人而顺气应之，顺气成象而治生焉。唱和有应，善恶相象，故君子慎其所去就也。"人的血气，或逆或顺，实受奸声、正声的影响，所以荀子主张："君子以钟鼓道志，以琴瑟乐心，动以干戚，饰以羽旄，从以磬管。故其清明象天，其广大象地，其俯仰周旋有似于四时。故乐行而志清，礼修而行成，耳目聪明，血气和平，移风易俗，天下皆宁，美善相乐。"

荀子《修身》提到治气养心术。他说："治气养心之术，血气刚强，则柔之以调和；知虑渐深，则一之以易良；勇胆猛戾，则辅之以道顺……凡治气养心之术，莫径由礼，莫要得师，莫神一好。夫是之谓治气养心之术也。"荀子谈治气养心之术，偏重于人格的修养，与方术炼气家偏重长生不老的养生之道不同。荀子主张劝学、隆礼，所以他说：

"凡治气养心之术，莫径由礼，莫要得师。"至于"莫神一好"即《庄子》"用志不分，乃凝于神"之意。"莫神一好"之"一"，为专一之意。神与气相通，"莫神一好"，谓养心之道，没有比用气于专一所好更为重要。心为气之用，所以谈养心之道，与治气之道，并行不悖。

值得一提的是，荀子除了讲血气也讲气色。《劝学》："不观气色而言，谓之瞽。"气色就是指人的血气形于颜面。前文《管子·心术》曰："善气迎人，亲如弟兄；恶气迎人，害于戈兵。"管子所谓善气、恶气也是指气色，不过管子并没有明白说出来，荀子第一个提出"气色"一词。刘劭《人物志·九征》也说："夫仪动成容，各有态度。直容之动，矫矫行行；休容之动，业业跄跄；德容之动，颙颙昂昂。夫容之动作，发乎心气；心气之征，则声变是也。夫气合成声，声应律吕：有和平之声，有清畅之声，有回衍之声。夫声畅于气，则实存貌色。故：诚仁，必有温柔之色；诚勇，必有矜奋之色；诚智，必有明达之色。"荀子观气色之说对后世的影响十分深远。

第三节 "体气"概念的发展

两汉时期在元气论哲学的影响下，"体气"概念也得到了较为充分的发展。到魏晋六朝时期，随着人性的觉醒，人的审美意识、思辨能力等的加强，刘勰等人将"体气"观进一步完善和发展，逐步建立起系统的理论体系。

一、两汉时期的"体气"观

两汉时期在元气论哲学的影响下，"体气"概念较之先秦时期来说得到了较为充分的发展，特别是《黄帝内经》、王充、董仲舒提出的"以气为性"的观点影响深远。

(一)《黄帝内经》的"体气"观

用气来解释人体，早在先秦就已经开始了，但只到《黄帝内经》出现才得以对人体进行深入认识。《黄帝内经》是我国古代重要的医学经典，它基本上是一部以气论养生、论病和以气辨证施治的书。该书不仅详细论述了天地、四时、阴阳、五行等各种气，而且对各种病理因素进行了归类，从而揭示出人的种种生命现象与人的感觉、精神、意识之间的关系。《黄帝内经》认为气是动态的，人身体的气有上、下、缓、消、收、泄、乱、耗、结的不利变化，人体之气可通过营卫和调节达到平和状态。脉气反映病理，是探查病情的途径，由于"百病生于气"，摒除邪气和病气之类非正常的"气"而使其他诸气平、和，则身心康健。

与此同时，《黄帝内经》还认识到，人之体气的不同会导致人性的差异，所谓"气味有薄厚，性用有躁静"（《至真要大论》）。而且气与形神之间互为表里，即"气里形表而为相成也"（《阴阳离合论》），"气有多少，形有盛衰"（《天元大纪论》）。

总之，《黄帝内经》一书不仅表明其对于人之生理体气的客观把握，同时蕴涵着人们对种种生命现象活动形态的理解。尤其是对人的体气与个性、感觉体验等相关方面的认识无疑加深了人们对于人体的理解。

（二）王充的"体气"观

王充认为天地元气是宇宙生命的本源。《论衡·言毒》说："万物之生，皆禀元气。"人禀气而生，也"含气而长"（《论衡·命义》），而"诸生息之物，气绝则死"（《论衡·道虚》）。人的生死就是气的聚散。《论衡·论死》曰："人之生也者，精气也，死而精气灭。"又说："人未生，在元气中；既死，复归元气。元气荒忽，人气在其中。"王充以宇宙生命的本源为元气，而以精气表示人的体气，人生则精气存，人亡则精气灭。

王充主张"用气为性"。《论衡·无形》曰："人禀元气于天，各受寿夭之命，以立长短之形……用气为性，性成命定。"有气则有性，有性则有命。气既构成了人性，同时也决定了人的生命。《论衡·初禀》曰："人生受性，则受命矣。性命俱禀，同时并得，非先禀性，后乃受命也。"性与命是很难分野的。《论衡·命禄》云："凡人遇偶及遭累害，皆由命也。有死生寿夭之命，亦有贵贱贫富之命，自王公逮庶人，圣贤及下愚，凡有首目之类、含血之属，莫不有命。"可见人的死生寿夭、贵贱贫富都是命，而寿夭之命，贵贱之命则来自性。《论衡·命义》："禀得坚强之性，则气渥厚而体坚强，坚强则寿命长，寿命长则不夭死。禀性软弱者，气少泊而性羸窳，羸窳则寿命短，短则蚤死，故言有命。命则性也，至于富贵，所禀犹性。所禀之气，得众星之精。众星在天，天有其象，得富贵象则富贵，得贫贱象则贫贱。"

王充可以说是一位宿命论者，他把人的寿夭、贵贱、善恶、智愚以及才情个性等的不同都归之于所禀的"体气"的不同。

人的命既然受之于天，由气而成，人的身体形象也是由气而成。因此，王充认为由人的骨相可以看出一个人的命。《论衡·骨相》说："人曰命难知。命甚易知。知之何用？用之骨体。人命禀于天，则有表候见于体。察表候以知命，犹察斗斛以知容矣。表候者，骨法之谓也。"又说："禀气于天，立形于地。察在地之形，以知在天之命，莫不得其实也。"又说："案骨节之法，察皮肤之理，以审人之性命，无不应者。"

其实，以相观命的思想由来已久。《荀子·非相》说："相人，古之人无有也，学者不道也。古者有姑布子卿，今之世，梁有唐举，相人之形状、颜色，而知其吉凶妖祥，世俗称之。古之人无有也，学者不道也。"相人之术，在汉代极为流行。《史记》的《高祖本纪》《吴王濞列传》《淮阴侯列传》《陈丞相世家》等都提到汉高祖、吴王濞、韩信、陈平的不凡相貌。王充《论衡·骨相》也列举了三代以前至汉代的许多历史人物，说明骨相与性、命的关系。魏刘劭《人物志》是一本品论人物的专著，他的理论基础则是源自王充的"用气为性，性成命定"的思想。

(三) 董仲舒的"体气"观

董仲舒的《春秋繁露》也认为气为宇宙生命的本体。他在《春秋繁露·五行相生说》说："天地之气，合而为一，分为阴阳，判为四时，列为五行。"不过董仲舒认为阴阳二气，阳贵而阴贱，因为阳为善，阴为恶。《春秋繁露·阳尊阴卑》说："故阳气出于东北，入于西北，发于孟春，毕于孟冬，而物莫不应是。阳始出，物亦始出，阳方盛，物亦方盛，阳初衰，物亦初衰，物随阳而出入，数随阳而终始，三王之正，随阳而更起。以此见之，贵阳而贱阴也。"《春秋繁露·王道通三》说："恶之属尽为阴，善之属尽为阳，阳为德，阴为刑，刑反德而顺于德，亦权之类也……阳，天之德，阴，天之刑也，阳气暖而阴气寒，阳气予而阴气夺，阳气仁而阴气戾，阳气宽而阴气急，阳气爱而阴气恶，阳气生而阴气杀。"

在董仲舒以前，《吕氏春秋》虽然已经把有利于万物滋生的阳气属为生气，把不利于万物滋生的阴气属为杀气，但是还是没有赋予阴阳二气仁善、恶戾的性格。董仲舒第一个赋予阴阳二气仁善、恶戾的性格。董仲舒之所以把阴阳二气划分为两种不同性格的气，与阳气有利于万物滋生，阴气不利于万物滋生有关。

董仲舒主张阴阳二气化生万物，人为万物之一，也是禀气而生。阴阳二气有善恶的不同性格，人禀自然之气，则有贪仁之性，这是董仲舒以气为性的观点。《春秋繁露·深察名号》说："人之诚有贪有仁。仁贪之气两者于身，身之名取诸天，天两，有阴阳之施，身亦两，有贪仁之性。"

董仲舒提出了"以气为性"的主张。他认为人有贪仁之心，故人不一定都为善，必须等待君王的教化才能为善。《春秋繁露·深察名号》说："性比于禾，善比于米，米出禾中而禾未可全为米也。善出性中，而性未可全为善也。善与米，人之所以继天而成于外，非在天所为之内也。天之所为，有所至而止，止之内谓之天性，止之外谓之人事，事在性外而性不得不成德。"又说："天生民性，有善质而未能善，于是为之立王以善之，此天意也。民受未能善之性于天，而退受成性之教于王，王承天意以成民之性为任者也。"

然而，董仲舒"以气为性"的主张，在人性论上属于"善恶混"一派。王充《论衡·本性》说："周人世硕以为人性有善有恶。举人之善性养而致之则善长，性恶养而致之则恶长。如此性各有阴阳，善恶在所养焉！

故世子作养书一篇。宓子贱、漆雕开、公孙尼子亦论情性，与世子相出入，皆言性有善有恶。"

总的来说，董仲舒的人性论建立在"以气为性"的基础上，阴阳二气既有善恶的区别，人禀阴阳之气以生，人便有贪仁的不同了。

二、魏晋南北朝时期的"体气"观

到魏晋南北朝时期，随着人性的觉醒，人的审美意识、思辨能力等的加强，"体气"观得到进一步完善和发展，并逐步形成系统的理论体系。

（一）魏晋时期的"体气"观

魏晋时期，"体气"一词既广泛用于描述人之身体，同时也用于对人物道德修养等方面的品评。如"丹阳旦送，吾体气极佳"（王羲之《杂贴》）、"体气休健"（《宋书》），这里的"体气"就是描述人之身体状况的。这时期将"体气"用于品评人物修养时，既有仅从体或气去品评的，亦有"体气""体性"合用的，如"养气体而不乞言"（《礼记·内则》）、"气静神虚者，心不存于矜尚，体亮心达者，情不系于所欲"（嵇康《养生论》）、"支道林尝谓会稽有远体而无远神"（《晋书·简文帝纪》）、"子瑜都长，体性纯懿"（袁宏《三国名臣序赞》）、"天性孝谨，体貌瑰伟"（《南史·安陆王大春传》）、"性刚直，甚得司直之体"（《宋书·郑鲜之传》）、"能以恬漠为体，宽愉为器者，大喜荡心，微抑则定，甚怒烦性，小忍即歇"（颜延之《庭诰》）等。在他们看来，"体"主要指人体的外表，而"气"是人先天的禀赋，"体"的恬淡和雅由"气"所决定。

（二）南北朝时期的"体气"观

魏晋时期这种以"体气"来品评人物的风气，到了南北朝时期延伸扩展到了文学艺术方面。在书画方面，如庾肩吾在《书品》中评孙皓（吴王元宗）的书法曰："吴主体裁绵密。"谢赫在《古画品》中评陆绥的画说："陆绥体韵遒举，风采飘然。"在文论方面更为多见，如陆云在写给其兄陆机的书札中认为陆机文已形成藻伟体时说："既无藻伟体，都自不似事，兄往日文虽多瑰铄，至于文体，实不如今日。"谢灵运认为文体应该雅丽统一，"'诗人之赋丽以则'，文体宜兼，以成其美"(《山居赋序》)。张融则认为文章作家虽以某种风格为主，但也应英奇而又多变化，"吾文章之体，多为世人所惊。……夫文岂有常体，但以有体为常……吾文体英变，变而屡奇。"(《问律自序》)萧子显自诩曰："体兼众制，文备多方。"①《梁书·徐陵传》有："其文颇变旧体，辑裁巧密，多有新意。"武帝敕批沈众《竹赋》曰："卿文体翩翩，可谓无忝尔祖。"(《陈书·沈众传》)武陵王萧晔"其作短句诗，学谢灵运体"(《南齐书·武陵王晔传》)、伏挺"为五言诗善效谢康乐体"(《梁书·伏挺传》)。②由此可知，这一时期人们都重视文体的多样性与独创性，而且有的作家确实已形成自己独特的文体风格，如"谢灵运体"。

由此可见，南北朝时期"体气"概念得到了充分的发展。它包括两个层面的内涵，既可以指作家，又可以指作品；既指作家的个性气质在作品中的生动表现，又可指文学艺术的整体风格。

"气"主要指作家的个性气质。"气"与"质""性"相连，可组合为"气质""性气"。如"虚玄流正始之音，气质驰建安之体"(李善《上文选注表》)、"子何以知其性气"(《晋书·赫连勃勃传》)、"其性气衣服有异"(《宋书·高句丽传》)等，这些言论中的"气质"或"气性"就是指人的活动中所体现出来的个性气质。

"体"既指人体的风神姿态，也指作品的文体风格。从南北朝时期人物品评来看，"体"可包含风姿、神态、器量、见识、威望等内容，因此它可与其他词组合成"体貌""体器""体识""体望"等来描述人的形神动止。如《宋书》有"器体淹中""体兼望实"等语，《晋书》有"体识冲粹"之说等。此外，《宋书》还有"气志渊虚，姿神清映"之语，这里的姿神即形神，也就是"体"。中国所谓"体"，除了指人体的形神动止外，还可以指作品文体风格。钟嵘说："庸音杂体，人各为容。"这里的"体"

① (唐)李延寿：《南史》，中华书局1997年版，第87页。
② (唐)姚思廉：《梁书》，中华书局2001年版，第719页。

即容体，不同容貌体态、个性气质的作家创作出风格各异的作品。

钟嵘《诗品》所谓某人之诗源出于某人，基本上是就"体"（文学风格）而言的，并不是针对诗的思想内容或文词本身。钟嵘《诗品》首列《古诗》，认为"其体源于国风"，而在评王粲"其源于李陵"，评陆机"其源出于陈思"等时，"其"字后面都省略一个"体"字。他认为《古诗》的作者感物抒情非常自然，风格上颇似《国风》之典雅，而陶潜的诗歌风格质直真率且富含幽默，故曰"其源出于应璩"。他评陆机称其"举体华美"，评张协则曰"文体华净"，评曹丕云"颇有仲宣之体，评江淹说"诗体总杂"等。其中的"体"都是指他们在作品中所体现出的文学风格。后代理论家在品评诗人诗作时也多从"体"立论。

刘勰在继承前人关于体、体气等观点的基础上对"体性"作了较为全面的论述。《文心雕龙·体性》云："然才有庸俊，气有刚柔，学有浅深，习有雅郑，并情性所铄，陶染所凝，是以笔区云谲，文苑波诡者矣。故辞理庸俊，莫能翻其才，风趣刚柔，莫能改其气，事义浅深，未闻乖其学；体式雅郑，鲜有反其习。"他认为作家创作个性的形成是受了才、气、学、习四方面因素以及由这四个因素综合而成的个性的影响。"才"是个人感受、想象、创造和表达能力在文体方面的表现，"气"是灌注在文学作品中的作家的生命力，这二者都属于先天性因素。个性与爱好虽与先天禀赋不无关系，但也可以通过后天学习来改变和塑形，从而促进良好的文体特质的形成。文体特质的个体差异有时是比较明显的，这除天资因素外，学习——尤其是初始学习和基础知识学习是很重要的，因为作家个体间的才、气、学、习四方面的差异就会造成其文体风格个性的不同，从而造成文体的显著差异。曹丕虽也讲到才，但他毕竟强调的是气。因此，刘勰的"体气"观是在前人基础上的进一步完善和发展。

总的来说，魏晋南北朝以后，"体气"作为一个文化关键词不再局限于人的生理或心理方面，指人的生命之气，而更多的是朝着文学艺术方面发展，用以指作家的个性气质与作品的艺术风格。

第五章　体气的质性与类型

由于不同的人禀气不同，因而气呈现出不同的质性与类型。根据其性质的不同，大致可以分为刚气、清气、正气和厚气四种。从伦理学的角度来分，可分为正气和邪气。从心理学和生理学的角度出发，又可分为清气和浊气。从物理学的角度来看，按气的多寡、数量来分又有厚薄之别。然而，气的数量多寡又影响到气的质地纯驳。基于这种量与质的辩证关系，气论者既强调主体含气之质，也重视其含气之量；视量之厚为质之纯，视量之薄为质之驳。因此，他们并不脱离这个量与质的辩证法而泛言气，诚如刘熙载所言："气有清浊厚薄，格有高低雅俗，诗家泛言气格未是。""文贵备四时之气，然气之纯驳厚薄，尤须审辨。"(《艺概》)因此，本章即从气的质地和数量来论其纯驳与厚薄。

第一节　刚气

刚气又称"阳刚之气"。人们常说的"愤气""豪气"或"浩然之气""英雄之气"等都可称为"阳刚之气"。

一、"刚气"说的提出及其发展

孟轲首倡刚气为文，他认为只有具备了"至大至刚""塞于天地之间"的"浩然之气"才能"知言"。宋代王十朋赞蔡端明即谓："文以气为主，而公之诗实出于气之刚。入则为謇谔之臣，出则为神明之政，无非是气之所寓。学之者宜先涵养吾胸中之浩然，则发而为文章事业，庶几无愧于公云。"（《蔡端明文集序》）清代管同也说："日蓄吾浩然之气，绝其卑靡，遏其鄙吝，使火为体也常宏，而其为用也常毅，则一旦随其所发，而至大至刚之概，可以塞乎天地之间矣。如此则学问成，而其文亦随之以至矣。"（《与友人论文书》）显然，孟子的思想经后世论家阐发推广，由"知言"至"学问"再至"文章事业"，至大至刚的浩然之气便成了古代文论家所普遍尊崇的一种主体人格。

孟轲之后，力主刚气为文，在文学史上最著名且影响深远的是司马迁的"发愤著书"说与韩愈的"不平则鸣"说。

司马迁自言因"穷"和"怨"而发愤。班固称其"既陷极刑，幽而发愤"（《汉书·司马迁传》），苏辙则称其"颇有奇气""其气充乎其中，而溢乎其貌，动乎其言"（《上枢密韩太尉书》）。陆游指出："盖人之情，悲愤积于中而无言，始发为诗。不然，无诗矣。"又说："士气抑而不伸，大抵窃寓于诗，亦多不免。"（《澹斋居士诗序》）可见，愤者，气也。发愤，即是"气充乎其中"，借诗文以宣泄被压抑的"士气"。

韩愈所谓"不平则鸣"亦指鸣不平之气。苏轼以诗相释云："退之论草书，万事未尝屏，忧愁不平气，一寓笔所骋。"（《送参寥师》）陆游论韩、柳时亦指出："某闻文以气为主，出处无愧，气乃不挠，韩柳之不敌，世所知也。……每言虏，言畔臣，必愤然扼腕裂眦，有不与俱生之意。士大夫稍有退缩者，辄正色责之若仇。一时士气，为之振起。"（《傅给事外制集序》）邓云霄称唐代诗人多不平之气，云："自唐以诗取士，而诗道寝衰，而其真而近古者，往往得于佗傺无聊不平之感。"（《重刻空同先生集序》）黄彻说："怨愤不平之气，无所舒吐，未尝不形于篇咏、见于著述者也。"（《碧溪诗话自序》）元好问也说："伤谗疾恶，不平之气不能自掩，责之愈深，其旨愈婉，怨之愈深，其辞愈缓。"（《杨叔能小亭集序》）总之，不平之气即是"忧愁"之气、"不挠"之气、"愤然"之气、"伤谗疾恶"之气，一如司马迁所云之愤气。

二、刚气的来源

文学主体的这种愤然不平、慷慨豪爽的刚气来自哪里呢？

首先，它来源于客体自然中的愤勃之气。清代廖燕曾对愤怒之气作过精彩论述，他说：“慷慨者何哉？岂藉山水而泄其幽忧之愤者耶！然天下之最能愤者，莫如山水。……故吾以为山水者，天地之愤气所结撰而成者也。天地未辟，此气尝蕴于中，迨蕴蓄既久，一旦奋迅而发，似非寻常小器足以当之。必极于下之岳崎潮回、海涵地负之观，而后得以尽其怪奇焉。其气之愤见于山水者如是，虽历今千百万年，充塞宇宙，犹未知其所底止。故知愤气者，又天地之才也。非才无以泄其愤，非愤无以成其才。则山水者，岂非吾人所当收罗于胸中而为怪奇之文章者哉？”（《刘五原诗集序》）因此，这种慷慨愤然之刚气，首先应当表现为一种自然之气，即如元好问赞北朝民歌《敕勒歌》所谓：“慷慨歌谣绝不传，穹庐一曲本天然，中州万古英雄气，也到阴山敕勒川。”（《论诗绝句》）同时，这种愤然不平的刚气又来自现实人生压抑而致的主体之心性血气运动，它又分为两种情况：一是偏重于物质生理方面的，如古代惯有“穷而后工”说，即是指坎坷不平的生活际遇必然会激发主体的愤慨不平之气，从而创造出佳作。韩愈说：“穷饿其身，思愁其心肠，而使自鸣其不幸也。”（《送孟东野序》）又说：“夫和平之音淡薄，而愁思之声要妙；欢愉之辞难工，而穷苦之言易好也。是故文章之作，恒发于羁旅草野。至若王公贵人，气满志得，非性能而好之，则不暇以为。”（《荆潭唱和诗序》）关于其中的缘由，欧阳修解释说：“予闻世谓诗人少达而多穷，夫岂然哉？盖世所传诗者，多出于古穷人之辞也。凡士之蕴其所有，而不得施于世者，多喜自放于山巅水涯之外，见虫鱼草木风云鸟兽之状类，往往探其奇怪，内有忧思感愤之郁积，其兴于怨刺，以道羁臣寡妇之所叹，而写人情之难言。盖愈穷则愈工。然则非诗之能穷人，殆穷者而后工也。”（《梅圣俞诗集序》）又说：“君子之学，或施之事业，或见于文章，而常患于难兼也。盖遭时之士，功烈显于朝廷，名誉光于竹帛，故其常视文章为末事，而又有不暇与不能者焉。至于失志之人，穷居隐约，苦心危虑，而极于精思，与其有感激发愤，惟无所施于世者，皆一寓于文辞。故曰：穷者之言易工也。"(《薛简肃公文集序》)

苏舜钦则明确地从气上解释说："诗之作，与人生偕者也。人函愉乐悲郁之气，必舒于言，能者述之，传于律，故其流行无穷，可以播而交鬼神也。"(《石曼卿诗集序》)人称诗圣的杜甫便是"穷而后工"的典型例证。陆游说他"比至夔，客于柏中丞、严明府之间，如九尺丈夫，俯首居小屋下，思一吐气而不可得"(《东屯高斋记》)，谢榛说他"不遭天宝之乱，何以发忠愤之气，成百代之宗"(《四溟诗话》)。

胡应麟认为，不仅杜甫如此，整个唐代诗人亦是"饥寒半之"，文云："古今诗人，穷者莫过于唐，而达者亡甚于宋。汉苏、李，魏刘、王，晋阮、左，北魏温、邢辈，皆阨穷摧折，顾未至饥寒也。唐世则饥寒半之。宋诸名公仅梅圣俞、陈无己以穷著，自余虽处士，亦泰然终身。"[1]黄仁黼亦云："有唐以来，朝廷既无博采之典，草野复乏颂祷之言，故学士大夫，则专以词章博取声誉，而穷愁抑郁之子，又每于长篇短幅之中，吐发其胸中不平之气，而三百之旨微矣。圣俞之诗，既无太史之陈，又非学士大夫得志者比，故一时之作，皆为虫鱼物类羁愁感叹之言。而王文康竟叹二百年所未有，斯亦可谓专门名家者矣。而乃卒为穷愁所迫，终身一得一雅颂之音，致使清庙明堂，让美在昔，悲夫！"[2]

刘克庄把时间视野放得更远，"秦、汉以来，士有抱奇怀能，流落不遇，往往躁心汗笔，有怨诽沈抑之思，气候急刻，不能闲远，古之词人皆是也"[3]。

白居易更把"穷"与时代离乱及由此造成的"诗人命薄"相联系，"予历览古今歌诗，自风骚之后，苏李以还，次及鲍谢徒，迄于李杜辈，其

① 丁福保：《历代诗话续编》，中华书局1983年版，第309页。
② 丁福保：《历代诗话续编》，中华书局1983年版，第53页。
③ 丁福保：《历代诗话续编》，中华书局1983年版，第482页。

间词人闻知者累百，诗章流传者钜万，观其所自，多因谗冤谴逐，征戍行旅，冻馁病老，存殁别离，情发于中，文形于外，故愤忧怨伤之作，通计今古，十八九焉。世所谓'文士多数奇，诗人尤命薄'，于斯见矣。又有以知理安之世少，离乱之时多，亦明矣。"（《序洛诗序》）诗人如此，小说家亦莫能外，诚如清末王钟麒所指，中国的小说多是"穷而在下"的知识分子的愤气之作。其《中国历代小说史论》云："吾国之作小说者，皆贤人君子，穷而在下，有所不能言、不敢言，而又不忍不言者，则姑婉笃诡谲以言之。"至于具体内容，他列举有三条："一曰：愤政治之压制"；"二曰：痛社会之混浊"；"三曰：哀婚姻之不自由"。（转引自《晚清文学丛钞·小说戏曲研究卷》）

其实，上述由物质的生理的"穷"而逼迫出来的愤气已经具有了精神的心理的蕴含，这种精神的心理的愤气也就是古代哲学和美学中早就肯定了的忧患意识。忧患意识正是孕育愤气、刚气的精神和心理的温床。《淮南子》说："人之性，心有忧丧则悲，悲则哀，哀斯愤，愤斯怒，怒斯动，动则手足不静。人之性，有侵犯则怒，怒则血充，血充则气激，气激则发怒，发怒则有所释憾矣。"（《淮南子·本经训》）文学创作就是要把心中的满腔怨恨宣泄、释放出来。借文艺以释心中忧愤之气者在古代比比皆是。如先秦诸子："有志于为善，而数奇不偶，终不能略展素蕴者，其胸中愤怨不平之气，无所舒吐，未尝不形于篇咏、见于著述者也。此《说难》《孤愤》《离骚》《国语》所由作也。"[1]又如明代顾起纶在《国雅品》中说："彼荆筑悲歌，而燕丹变色。嵇琴雅春天，惟向秀擅聆。岂同声起予，合志发愤邪？"[2]再如："汉人诗未有无所为而作者，如《垓下歌》《春歌》《幽歌》《悲愁歌》《白头吟》，皆到发愤处为诗，所以成绝调。"[3]至于杜甫，是其作品中"多忧愁愤厉之气"皆"缘其性褊

---

① 丁福保：《历代诗话续编》，中华书局 1983 年版，第 345 页。
② 丁福保：《历代诗话续编》，中华书局 1983 年版，第 1090 页。
③ 王夫之：《清诗话》，上海古籍出版社 1978 年版，第 947 页。

躁婞直"而起，即由其为国焦虑、为民不安、耿介刚正的禀性所致。①
这类释憾愤气之举乃是忧患之心之性的自然迸发，并不能凭理智驾驭。
诚如王充所谓："夫论说者闵世忧俗，与卫骖乘者同一心矣。愁精神而
幽魂魄。动胸中之静气，贼年损寿，无益于性，祸重于颜回，违负黄、
老之教，非人所贪，不得已，故为《论衡》。"焦竑也说："古贤豪者流，
隐显殊致，必欲泄千年之灵气，勒一家之奥言，错综《雅》《颂》，出入
古今，光不灭之名，扬未显之蕴，乃其志也。""诗也者，率其自道所欲
言而已，以彼体物指事，发乎自然，悼逝伤离，本之襟度，盖悲喜在
内，啸歌以宣，非强而自鸣也。"（焦竑《朱浪斋诗集序》）

三、刚气的美学价值

正是这种不得已而自鸣的、自然而然的愤气、阳刚之气，决定了文
学的英气、雄浑之气。司空图谓："大用外腓，真体内充，返虚入浑，
积健为雄。"（《二十四诗品·雄浑》）司空图此说指明为文者有宏气充于
体内，则必有"大用"。而伸张于诗文，其诗文即具"雄""浑"之气。在
我国古代文学史上，这类实例可谓俯抬皆是。如"袁中郎评徐文长之
诗，谓其胸中又有一段不可磨灭之气，英雄失路、托足无门之悲。故其
为诗，如嗔如笑，如水鸣峡，如钟出土，如寡妇之夜泣，羁人之寒起"
（钱谦益《题记伯紫诗》）。范开评辛弃疾"以气节自负，以功业自许"，
故而"气之所充，蓄之所发，词不能不尔也"（《稼轩词序》）。王十朋称
孟轲之文有"浩然充塞天地之气"，而称韩愈之文有"忠犯逆鳞、勇叱三
军之气"（《蔡端明文集序》）。黄遵宪评徐公度"举其胸中抑郁不平之
气，仰天椎心，不敢告人之语，一泄于诗"（《先兄公度先生事实述
略》）。

不只抒情的诗为气之所泄，即使是叙事的小说亦为气之所泄。余集

---

① 参见丁福保《历代诗话续编》，谢榛《四溟诗话》（卷四），中华书局 1983 年
版，第 1217 页。

评《聊斋志异》即谓"余盖卒读之而悄然有以悲先生之志矣！按县志称先生少负异才，以气节自矜，落落不偶，卒困于经生以终。平生奇气，无所宣泄，悉寄之于书"(《聊斋志异序》)。

诸多例证足以说明，文的刚气实源于人的刚气，它既非学识渊博通达所能代替，如王充所谓："精诚由中，故其文语感动人深。是故鲁连飞书，燕将自杀；邹阳上疏，梁孝开牢。书疏文义，夺于肝心。非徒博览者所能造，习熟者所能为也。"(《论衡·超奇》)也非恃才傲物者所能得之，如叶燮所谓："李白天才自然，出类拔萃。然千古与杜甫齐名，则犹有间。盖白之得此者，非以才得之，乃以气得之也。从来节义、勋业、文章，皆得于天，而足于己。然其间亦岂能无分剂？虽所得或未至十分，苟有气以鼓之，如弓之括力至引满，自可无坚不摧，此在觳率之外者也。……故白得与甫齐名者，非才为之，而气为之也。历观千古诗人，有大名者，舍白之外，孰能有是气者乎？"(《原诗·外篇》)

总而言之，决定文之阳刚之气的非关学、非关才，实乃本于为文者主体的阳刚之气，即主体的一种人格、一种精神、一种气质。这种人格、精神、气质，唯刚正不阿者、大义凛然者方可具备。诚如王十朋所言："文以气为主，非天下之刚者莫能之。古今能文之士非不多，而能杰然自名于世者无几，非文不足也，无刚气以主之也。"(《蔡端明文集序》)

以刚气为文的美学理想，在我国文学史上占有很重要的地位。这一方面表现为，它是某些正直的文人反对儒家传统的"文以载道"说，高扬文学的主体性的理论武器。清代汪琬在驳斥"儒者之言曰：义者载道之器"时即指出："至于为文之有寄托也，此则出于立言者之意也，非所谓道也。如屈原作《离骚》，则托诸美人香草，登阆风，至县圃，以寄其佯狂；司马迁作《史记》，则托诸游侠、货殖、聂政、荆卿轻生慕义之徒，以寄其感激愤懑者皆是也。……夫文之所以有寄托者，意为之也。其所以有力者，才与气举之也。于道果何与哉？"(《答陈霭公论文书一》)

与此相关的另一方面是，它成为正直文人嫉俗愤世、抨击时政、抗衡权贵的一种巨大的精神力量。即如谢榛在《四溟诗话》所说："赋诗要有英雄气象，人不敢道，我则道之；人不肯为，我则为之。厉鬼不能夺其正，利剑不能折其刚。"①又如明代陈孝逸所慷慨陈词："夫士可无豪气耶？士不可无豪，犹文不可无英。文无英气，则五代、宋末老婢作声是也。人无豪气，则曹蜍、李志辈，狐狸所唉是也。使执政而惟豪气消尽之人是取，则人才坏，主司而惟英气消尽之文是尚，则文体亦坏。"（《又与付平叔》）上述思想在古代具有相当的代表性和普遍性，是古代文学史上一条论世衡文的重要标准。

第二节　清气

清气是指主体所具有的一种中正平和之气，所以我们有时又把"清气"称为"平气""和气""中和之气"等。

一、"清气"说的提出及其发展

在关于宇宙发生的神话中，早就有天地开辟之初清气上扬、浊气下沉的说法。受道家的影响，"清"一直是文学、美学界所推崇的范畴。汉魏六朝才性理论兴起，主体之气分清浊的说法逐渐多起来。

以"清气"为文的审美意识滥觞于先秦普遍认同的"乐正""乐和""乐平"等观念。《国语·周语下》曰："乐从和，和从平……诗之道之，歌以咏之"，并解释"和"与"平"曰："声应相保曰和，细大不逾曰平……于是乎气无滞阴，亦无散阳，阴阳序次，风雨时至，嘉生繁祉，人民和利，物备而乐成，上下部罢，故曰和乐兴焉。"《礼记·乐记·乐象》也说："正声感人，而顺气应之；顺气成象，而和乐兴焉。"荀况则说："君子以钟鼓道志，以琴瑟乐心。……是故其清明象天，其广大象

---

①　丁福保：《历代诗话续编》，中华书局 1983 年版，第 1211 页。

地，其俯仰周旋有似于四时，故乐行而志清，礼修而行成，耳目聪明，血气和平，移风易俗，天下皆宁，美善相乐。"（《荀子·乐论》）

如果说上述所言为"乐正""乐和"的"清气"还是外在于主体，须经主体蓄养而持的话，那么"以无为诚乐"的庄子则完全是从本体论的角度来诠释"清气"了。庄子以"虚静恬淡寂寞无为者，万物之本也"，即以气本说为前提，进而解释音乐的审美本质说："静而圣，动而王，无为也为尊，朴素而天下莫能与之争美。夫明白于天地之德者，此之谓大本宗，与天和者也；所以均调天下，与人和者也。与人和者，谓之人乐；与天和者，谓之天乐。"又说："以虚静推于天地，通于万物，此之谓天乐。"（《庄子·天道》）"虚静"者，气也。气行自然无为，故"至乐无乐"（《庄子·至乐》），非人工有意为之，乃"虚静恬淡寂寞无为"之气无为而至。所以至乐的审美形态即为"应之以自然""建之以大清"（《庄子·天运》）。

后世主清气为文者多承庄子旨意，均从气本自然的意义上进行阐释。宋代方回主"意味之自然者为清新"，其释"清"曰："天无云谓之清，水无泥谓之清，风凉谓之清，月皎谓之清。一日之气夜清，四时之气秋清。空山大泽，鹤唳龙吟为清，长松毛竹，雪积露凝为清。荒迥之野笛清，寂静之室琴清。而诗人之诗亦所谓清焉。"（《冯伯田诗集序》）

明代胡应麟主"诗最可贵者清"，其释"清"云："绝涧孤峰，长松怪石，竹篱茅舍，老鹤疏梅，一种清气，故自迥绝尘嚣。"（《诗薮》）

清代沈祥龙说："词宜清空，然须才华富藻采缛，而能清空一气者为贵。轻者不染尘埃之谓，空者不著色相之谓。清则丽，空则灵，如月之曙，如气之秋。"（《论词随笔》）黄图珌亦有类似说法："出神入化，超尘脱俗，和混元自然之气，吐先天自然之声，浩浩荡荡，悠悠冥冥，直使高山、巨源、苍松、修竹，皆成异响，而调亦觉自协。"（《看山阁集闲笔》）黄宗羲则一言以蔽之曰："诗人萃天地之清气，以月露风云花鸟为其性情。"（《景州诗集序》）诸说归一，实不出庄子所谓"物化"原理，也就是"天地与我并生，而万物与我为一"的精神境界。

二、清气的本质特征

既然清气是一种与物诸化的自然之气，那么它的本质特征就应该是自然之真。主清气为文的实质即是求真。庄子释"真"云："真者，所以受于天也，自然不可易也。"庄子所谓"物化"的原则说到底就是"法天贵真"。因为"真在内者，神动于外，是所以贵真也"（《庄子·渔父》）。贵真就是贵"受于天""自然不可易"且主于人之内的气。邓云霄即说真乃"与天同其气"，文云："诗者，人籁也，而窍于人。天者，真也。……故其真，音之发，而情之原。从原而触情，从情而发音，故赴响应节，悠悠然光景屡新，与天同其气。"（《重刻空同先生集叙》）章学诚以"清""真"并举，说"仆持文律，不外清真二字。清则气不杂也，真则理无支也"（《文史通义》）。按元气论诠释，"理气为一物"（罗钦顺《困知记》），"自其沉浮升降者而言，则谓之气；自其沉浮升降不失其则者而言，则谓之理"（黄宗羲《诸儒学案》）。故知，所谓"清"与"真"、"气"与"理"，在本质上是同义的，只不过"清"与"气"侧重气的物质性，"真"与"理"侧重于气之运动的规律性。"气不杂"即指气的物质性的纯净，"理无支"则指气的规律性的无伪。由此可见，章氏之以"清真"为文律也就是以清气为文律，而他释清气为"不杂"之气、"无支"之气。《礼记·乐记·乐象》又有与之相近的另一解，云"和顺积中，而英华发外……不可以为伪。""和顺积中，而英华发外"与庄子所谓"真在内者，神动于外"可等观。"和顺"即和顺之气，亦即清真之气，当为"不可以为伪"之气。总之，"不杂""无支""不伪"，即清，即真。

我国古代诗文向来以"清真"为审美的极致，其实质就是主诗文应具自然元气之"真实无伪"的品格。宋代张耒说为文须要诚："君子之文章，不浮于德，则刚柔缓急之气，繁简舒敏之节，一出于诚，不隐其所已至，不强其所不知。譬之楚人之必为楚声，秦人之必衣秦服也。惟其言不浮乎其心，故因其言而求之，则潜德逸志不可隐伏。"又说为诗亦须诚，"夫诗之兴，出于人之情，喜怒哀乐之际，皆一人之私意，而至大之天地，极幽之鬼神，而诗乃能感动之者何也？盖天地虽大，鬼神虽幽，而惟至诚能动之，彼诗者，虽一人之私意，而要之必发于诚而后作。……夫情动于中而无伪诗，其导情而不苟，则其能动天地、感鬼神者，是至诚之悦也"（《上文潞公献所著诗书》）。

清代施补华在《岘佣说诗》中评唐人元结诗云："诗忌拙直，然如元次山《舂陵行》《贼退示官吏》诸诗，愈拙直愈可爱，盖以仁心结为真气，发为愤词，字字悲痛，《小雅》之哀音也。"①

凡此种种，都是从心性和情感本源上看待诗文的真与诚实无伪，而气论者更是溯源于自然之气。如清代黄子云所言："诗犹一太极也，阴阳万物于此而生之，变化无穷焉。故一题有一义，一章有一格，一句有一法。虽一而至十，十而至千百，毋沿袭，毋雷同。如天之生人，亿万耳目口鼻，方寸间自无有毫发之相似者，究其故，一本之太极也。太极诚也，真实无伪也。诗不外乎情事景物，情事景物要不离乎真实无伪。"（《野鸿诗的》）文学创作要达到这样极致的境界，关键就是从自我、本我出发，"信于己""足于己"，充分表现创作主体的"真血脉""真气骨"，即如陈少香所云："诗欲其真，不欲其伪，最初为真，后起非真，信于己者为真，徇于人者非真，足于己者为真，袭于人者非真。是故读书有真种子，作文有真血脉，而作诗有真气骨。"（林昌彝《射鹰楼诗话》）

提倡"文者以明道"的柳宗元自述其创作心态云："吾每为文章……未尝敢以昏气出之，惧其昧没而杂也。未尝敢以矜气作之，惧其偃蹇而骄也。抑之欲其奥，扬之欲其明，疏之欲其通，廉之欲其节，激而发之欲其清，固而存之欲其重，此吾所以羽翼夫道也。"（《答韦中立论师道书》）刘熙载从另一角度对柳说作了解释，云："柳州自言为文章'未尝敢以昏气出之，未尝敢以矜气作之'。余尝以一语断之曰：柳文无耗

---

① 王夫之：《清诗话》，上海古籍出版社 1982 年版，第 981 页。

气。凡昏气、矜气，皆耗气也。惟昏之为耗也易知，矜之为耗也难知耳。"柳氏谓去昏昧之气、骄矜之气，和刘氏总之谓去蒙昧之气，其正面旨意都在强调须以真气、清气为文。

总之，清气蕴含着丰富的精神内涵，它既是超凡绝俗生命态度的表征，又是刚劲峻拔生命力的张扬，同时也展现出人类真善美的精神品质。清气以其深厚的生命底蕴而为不同时代的文学家、艺术家所钟爱。凡以清气为文者都表现了超凡脱俗、崇尚自然、返璞归真的共同审美情趣和美学理想。

三、主刚气为文与主清气为文之关系

主刚气为文与主清气为文，无论是从审美内涵，还是从审美形态看，似乎是处在对立的位置上，然而事实上二者往往是互济互补、交融同构的。究其原因主要有以下两点：

其一，如前所述，"作为原始思维或原型思维，元气论的无意识性和潜意识性，往往隐含在显形的社会意识形态之内，就对文学施予影响而言，它往往是寄附于某种社会意识形态之内而起作用的"①。以儒家为正统的儒道释三教互补互融，既是我国古代社会民族心理和思维的整体性特征，也是各个时期文学家心理和思维的个别性特征，而元气论作为集体无意识和潜意识正附着寄寓于这整体性和个别性之中。社会清明，入世思想高扬，则刚气上升；社会混乱，出世思想盛行，则清气横流。这就构成了一个时代文化思想和文学思想的主潮。然而，时代和社会又是清浊昏明相混的，入世与出世思想必然互存，故而刚气与清气也必然交陈：扬气之刚者，未免不以平和之气辅之；吐气之清者，时而或有愤怨之气涌出。比如韩愈既倡"不平则鸣"又鼓吹"心醇气和"，即是这种既有主调又二气交并情况的典型一例。

---

① 陈竹：《中国古代气论文学观》，华中师范大学出版社 1995 年版，第 21 页。

其二，则在于文学家的内在气质与他采用的文学手段虽有统一的一面，也有矛盾的一面。气质的内在主宰性和主导性，与文学的外在表现形态的丰富性和多样性是辩证统一的。比如古代文论中常提到的意与言、立意与辞达的关系即是如此。

第三节　正气

正气又可称之为"粹气""真粹之气"或曰"温柔敦厚之气"。

一、"正气"说的渊源

以正气为文的审美思想实根于"思无邪"和"温柔敦厚"的儒家诗教观和文道观。最早提出这一观念的是宋初的孙仅，他说："中古而下，文道繁富，风若周，骚若楚，文若西汉，咸角然天出，万世之衡轴也。后之学者，瞀实聋正，不守其根，而好其枝叶。……昂昂然神其谋，挺其勇，握其正，以高视天壤，趋入作者之域：所谓真粹气中人也。"（《读杜工部诗集序》）显然，他是以先秦的"文道"为"衡轴"、为"根"、为"相准"，而极力排斥后汉魏晋所谓"淫波""烦声"，主张创作主体要有"谋"、有"勇"、有"正"，成为"粹气中人"。

朱熹的弟子楼钥则直接以"正"解"粹"说："粹然一出于正。至未免耶？典谟训诰无一语之奇，无一字之异，何其浑然天成如此！文人欲高一世，或挟战国策士之气以作新之，诚可以倾骇观听，要必有太过处。呜呼，如伊川先生之《易传》，范太史之《唐鉴》，心平气和，理正词直，然后为文之正体，可以追配古作……故古文之感人如清庙之瑟。若孟郊贾岛之诗，穷而益工者，悲忧憔悴之言，虽能感切，不近于哀以思乎！"（《答綦君论文书》）足见其所谓"正"是既不能"挟战国策士之气"又不可有"悲忧憔悴之言"，而应维持"心平气和，理正词直"之态，使文"如清庙之瑟"。这种"正"其实就是儒家所谓"乐而不淫，哀而不伤，怨而不怒"。所以楼钥又借评杜诗而论云："工部之诗，真有参造化之妙，别是一种肺肝，兼备众体，间见层出，不可端倪，忠义感慨，忧世愤激，一饭不忘君，此其所以为诗人冠冕。后人著意形似，亦有可杂之诗中不可辨者，至其奔逸绝尘，虽诸名公未免瞠乎若后，此难与不知者道也。"（《答杜仲高书》）

儒家的文道讲"归正"，"归正"就是要"无邪"。程颐的弟子杨时就强调为文要养温柔敦厚之气而祛"邪僻之气"，其文云："为文要有温柔敦厚之气，对人主语言及章疏文字，温柔敦厚尤不可无。如子瞻诗多于讥玩，殊无恻怛爱君之意；荆公在朝论事多不循理，惟是争气而已，何以事君？君子之所养，要令暴慢哀僻之气不设于身体。"（《龟山集》）

二、"正气"说的提出

朱熹的弟子王柏则正式提出"正气"说并竭力加以鼓吹。关于"正气"，王柏定其义云："文章有正义，所以载道而纪事也。古人为学，本以躬行，讲论义理融会贯通，文章从胸中流出，自然典实光明，是之谓正气。"（《发遣三昧亭》）可见其所谓正就是讲"载道"、论"义理"。他以"气"或"理"何者为主次来划分文学发展史。他说："文以气为主，古有是言也；文以理为主，近世儒者尝言之。"（《题碧霞山人王公文集后》）并且斥责古代以气为主是离了"正气"，所谓"自诗之六义不明而后世始伤于太巧，诗益巧而正气益漓，不复有宽厚温柔之教矣"（《跋邵絜矩诗》）。据此，他主张革替"文气"说，而提倡道学家理学家的"道气""理气"说，曰："夫道者，形而上者也，气者，形而下者也，形而上者不可见，必有形而下者为之体焉，故气亦道也。如是之文，始有正气。气虽正也，体各不同。体虽多端，而不害其为正气，足矣。盖气不正，不足以传远。学者要当以知道为先，养气为助。道苟明矣，而气不充，不过失之弱耳。苟道不明，气虽壮，亦邪气而已，虚气而已，否则客气而已，不可谓载道之文也。"（《题碧霞山人王公文集后》）这无非是强调，道为本体，气为用，道为气之本，气为道之体；合道之气为"正气"，乖道之气为"邪气""虚气""客气"。道明而气不充，其文不过失之弱，道不明而气虽壮，则根本不能称之为载道之文。足见气包括在道与理之内，因其能辅助道与理而成立。虽然与道相比，气居于附随辅助的地位，但与语言文辞相比，气又具有一定的支配作用，所以王柏既反对气胜道的倾向，也反对文胜气的倾向。

总而言之，在文道论者看来，道、气、文的关系概括表现为吴子良所谓的"三要"原理，即"为文之大要有三，主之以理，张之以气，束之以法"（《跋陈耆卿筼窗集》）。罗根泽先生解释说："理是周、程、游、谢的义理，法是欧、曾、晁、张的脉络，气是宋人的常谈。"①简言之，在文道观中，气是由道至文的中间环节。基于此"三要"原理，便有了"文虽奇，不可损正气；文虽工，不可掩素质"（《林下偶谈》）这样一条文学审美标准。

三、以正气为文的美学观念的实质

以正气、粹气为文是封建社会正统派文道观论者的文学美学观念，它与主刚气为文或主清气为文的文学美学观念是两不并立、针锋相对的。上引诸家在立论过程中对其他各种文学派别大加排斥，不仅曹、刘、应、杨、沈、谢、徐、庾、苏（轼）、王（安石）未能幸免，抑或是《三百篇》也被怪罪"六义不明"，韩愈的"文以贯道"说也被贬称为"倒学"，唯独肯定杜甫，却仅只取其"忠义""忧世""一饭不忘君"等平和、中庸、怨而不怒的一面，而绝口不提其"性褊燥婞直"而"多忧愁愤厉之气"的一面。凡此种种，都说明正气、粹气为文的反文学性，其实质就是政教功利至上，诚如罗根泽先生指出："文章的正气是载道纪事，诗

---

① 罗根泽：《中国文学批评史》（三），上海古籍出版社 1984 年版，第 187 页。

的正气是吟咏情性之正。载道纪事与吟咏情性之正，都是道学家的共同主张。"①

第四节　厚气

气禀有厚薄。所谓厚薄就是王充在《论衡·气寿》中所说的"禀气渥薄"。《论衡·率性》中说："禀气有厚泊（即薄），故性有善恶也。"根据人所禀之气量厚薄来区分善恶。

一、厚气的内涵

所谓"厚气"，首先是指文学主体蓄气的浓厚、充足、盛大。我国古代文论家特别注重"气充文见"（《上枢密韩太尉书》），主张"文章最要气盛"（刘大櫆《论文偶记》），嫌恶"孱弱无劲气"（管同《与友人论文书》）。首先，只有气充才能在文章中见出主体精神的博大，做到形神兼备。如苏辙之称赞孟轲和司马迁"其气充乎其中，而溢于其貌，动乎其言，而见乎其文""宽厚宏博，充乎天地之间，称其气之小大"（苏辙《上枢密韩太尉书》）。泛指则如章学诚批评皇甫湜之学其师韩愈："真气不足，于学盖无所得。袭于形貌以为瑰奇，不免外强中干。"（《皇甫持正文集书后》）其次，只有气充才能真正发挥独创性以显示主体的文学个性。如吕南公所言："充气然后资之言，以了其心，则其序文之体，自然尽善，而不在准仿。"反之，气不充不厚则"置我心以视效他人，故虽劳犹不能杰然自立"（《与汪秘校论文书》）。再次，只有气充文才能昌而不可遏制。诚如宋濂所谓："道德仁义积，而气因以充，气充欲其文之不昌，不可遏也。"（《文说赠王生黼》）反之，气不充不厚，文学创作必然逊色、渐薄。正如刘大櫆批评"宋人宗秦"只是"得其疏纵，

① 罗根泽：《中国文学批评史》（三），上海古籍出版社1984年版，第187页。

而失其厚茂，气味亦少薄矣。文必虚字备而后神态出，何可节损？然枝蔓软弱，少古人厚重之气，自是后人文渐薄处"（《论文偶记》）。又如郑燮批评同朝侯朝宗所作古文"语不遒，气不深，终让百川一席"（《潍县署中与舍弟第五书》）。

更进一层言之，所谓"厚气"，当指文学主体含气的醇厚、精粹、适度。我国古代文论家十分强调"独禀之气，而又必为之专一"（茅坤《唐宋八大家文钞》），认为"非禀粹和之气，乐淳正之道"（智圆《送庶几序》），则不可为文。清代恽敬指出，"能于文者"的要津在于："其气澄而无滓也，积之则无滓而能厚也。其质整而无裂也，驯之则无裂而能变也。"（《与纫之论文书》）这无疑说明，气厚即"气澄而无滓""质整而无裂"，是气之极醇、极精粹的形态。方苞说："古文气体，所最澄清无滓。澄清之极，自然而发其光精。"（《古文约选序》）可见，极醇、极精粹之厚气，也就是真实无伪的自然之气。故而，刘熙载一言以蔽之曰："文得元气便厚。"（《艺概·文概》）体现在文学作品中，就是要求醇正适度。如皎然所谓"要气足而不怒张"（《诗式》），楼钥所谓"心平气和，理正词直，然后为文之正体，可以追配古作"（《答綦君论文书》）。作为"文之正体"的"古作"，其最根本的审美特性就是如汪琬所说的"才雄而气厚"。汪氏云："仆尝遍读诸子百氏大家名流与夫神仙浮屠之书矣，其文或简练而精丽，或疏畅而明白，或汪洋纵恣，逶迤曲折，沛然四出而不可御，盖莫不有才与气者在焉，惟其才雄而气厚，故其力之所注，能让读者动心骇魄，改观易听，忧为之解颐，泣为之破涕，行坐为之忘寝与食，斯已奇矣。"（《答陈霭公论文书一》）

二、厚气的审美形态及其来源

至于厚气在文学作品中的具体审美形态，清代贺贻孙缕分最详。他说："厚之一言，可蔽风雅。《古诗十九首》，人知其澹，不知其厚。所谓厚者，以其神厚也，气厚也，味厚也。即如李太白诗歌，其神气与味皆厚，不独少陵也。他人学少陵者，形状庞然，自谓厚矣，及细测之，其神浮，其气嚣，其味短。画孟贲之目，大而无威，塑项籍之貌，猛而无气，安在其能厚哉！"(《诗筏》)此所谓"神"即精神。《礼记·乐记·乐象》云："气盛而化神。"王充说："人所以生者，阴阳气也，阴气生为骨肉，阳气生为精神。"(《论衡·订鬼》)王廷相说，"神者形气之用""神心藉形气而有者，无形气则神灭矣"(《答何伯斋造化论》)。总之，"出于形气而妙乎形气者"(《答何粹夫》)为神。此所谓"气"即气势，其为气之所出自不待言。此所谓"味"即滋味、韵味，一本之于气味。《左传·昭公元年》说："天有六气(阴、阳、风、雨、晦、明)，降生五味(辛、酸、甘、苦、咸)。"《国语·周语下》说："口内味而耳内声，声味生气。"魏晋时期，张湛认为，"形、声、色、味"皆是"形气转续"的结果(《列子注》)。宋代理学及新学(如王安石)俱认为事物的形状、气质、颜色、声音、味道、性情皆由五行相互作用而产生，而五行即是五气，由"阳变阴合"而成。① 清代后期张裕钊把"神""气"归于阳气类，而把"味"归于阴气类。

　　总而言之，贺贻孙所谓"神厚""气厚""味厚"皆出自主体的厚气。这种厚气，不在表层的浮躁，而在里层的充实；不在形式的嚣张，而在内容的沉重。只有"蕴乎内，著乎外"(谢榛《四溟诗话》)，才算具有浓厚且醇厚的文气，才能达到不是"味短"而是"味长"的艺术效果。但是，厚气之"蕴乎内"与"著乎外"并不是机械对应的，判断文气是否"厚"也并不单纯以表面形式为取舍。因为内容与形式的和谐一致固然可以收到"厚"的效果，而内容和形式的某种逆向反差也可以达到同样的目的，关键在于创作主体能否以内在的"志气(旨意)"去驾驭这种逆向反差朝同一审美价值取向上运动。明代陈子龙就生动地论述了这个文学创作的辩证法。他说："若乃荡轶而不失其真，颓怨而不失其厚，寓意远而比物近，发辞浅而蓄旨深，其在志气之间乎。"(《佩月堂诗稿序》)荡轶与

---

　　①　参见张立文：《中国哲学范畴史》(天道篇)，中国人民大学出版社 1988 年版，第 107 页。

贞、颓怨与厚、寓意远与比物近、发词浅与蓄旨深，都表现为内容和形式的逆向反差，其所以能在不协调的形式中取得实质的和谐一致，根本原因就在于都不出主体的"志气之间"。

综合贺贻孙和陈子龙两说可知，文之厚气，既可由内外一致获得，亦可由内外反向获得，终极因素还在文学主体自身须深含厚气。

文学主体的厚气从何而来呢？古代文论家对这个问题有两种回答：一种是认为"气有厚薄，天为之也"（李兆洛《骈体文钞序》），一种则认为"须厚养气师得，非浅薄者所能侥幸"（贺贻孙《诗筏》）。不过，大多数理论家主张重视后天所养。既然如此，本书下一章就论述养气的问题。

第六章　体气的蓄积与涵养

从上文可知，体气既包括了生理的血气、息气和声气，同时也包括了心理的神气、志气和勇气。主体的生理之气来自人的先天禀赋，而心理之气则更强调后天的蓄积与涵养。

早在先秦时期，孟子提出的"吾善养吾浩然之气"，其终极目的是加强主体的伦理道德修养。但从养气的功能表现来看，则与"知言"有关，即欲"知言"必先"养气"，这是最初涉及的气与言、身心修养与文学语言的关系。而狭义的文学观念上的"养气"说，则发端于王充的"养气自守"说。历经后世两千多年的发展，"养气"说终于成为内涵极为全面丰富的文艺美学观。

第一节　体气蓄积与涵养的必要性

气论文学观不光重视主体先天所禀赋的气，更强调后天养气之功。他们认为"气"只有通过养，才能宁心息虑，从而保养真气，才能以静制动，以柔调刚、以虚涵实，从而进行符合自然法则的审美创造。

明初宋濂指出："气得其养，无所不周，无所不极也；揽而为文，无所不参，无所不包也。"（《文原》）一语道破了养气与做人、作文的全面整体的关系。

综合归纳古代文论家有关论述，这种关系具体表现在以下几个方面。

一、"气正斯有我"

养气是加强创作主体道德修养、提升人格人品的重要途径。古代文学家、文论家们向来以"三不朽"为座右铭，无不强调文学活动的道德性。他们认为，欲求文正，先须人正；正人首务，当在正气。诚如陆游所指出："诗岂易言哉，才得之天，而气者我之所自养。有才矣，气不足以御之，淫于富贵，移于贫贱，得不偿失，荣不盖愧，诗由此出，而欲追古人之逸驾，讵可得哉？亦自少闻莆阳有士曰方德亨，名丰之，才甚高，而养气不挠。吕舍人居仁，何著作㧑之皆屈行辈与之游，德亨晚愈不遭，而气愈全，观其诗，可知其所养也。"（《方德亨诗集序》）可见仅有才华而无正气、无是非、无德行，是不能真正从事文学创作的。

关于正气，文天祥曾讴歌云："天地有正气，杂然赋流形。下则为河岳，上则为日星。于人曰浩然，沛乎塞苍冥。"（《正气歌》）文天祥被囚禁于阴暗潮湿的土牢，被七种恶秽之气所包围，"彼气有七，吾气有一，以一敌七，吾何患焉"？（《正气歌序》）足见此一正气，有何等的伟力！战胜凶恶的敌人和险恶的环境需要正气，从事有益于社会的文学创作活动同样需要此正气。而欲养正气就必须除掉历代正直文人所同声斥责的"鄙陋之气"，正如谢榛借用许彦周的话所说："鄙陋之气不除，无以作诗。"（《四溟诗话》卷二）所谓鄙陋之气，如叶燮所指出，盖源于"功名之士"和"轻浮之子"这两类人，"其人既陋，其气必茶，安能振其辞乎"（《原诗·外篇上》）。吴乔在分析明代文士为何以暮气为诗时指出："明代功名富贵在时文，全段精神，俱在时文用尽，诗其暮气为之耳。此间有两种人：一则得意者不免应酬……一则失意者不免代笔……"（《答万季野诗问》）①得意于官场而囿于应酬者即叶燮所谓"功名之士"，失意于官场而穷于代笔者即叶燮所谓"轻浮之子"，这两种人

---

① 王夫之：《清诗话》，上海古籍出版社 1982 年版，第 34 页。

均无正气而只有陋气，故不能振其词而仅以暮气为之。对前一种人，欧阳修指其为"虚名已得而真气耗尽"（《学真草书》），王夫之则更细剖之曰："科场文字之蹇劣，无足深责者。名利热中，神不清，气不冒，莫能引心气以入理而快出之，固也。"（《姜斋诗话》卷二）对后一种人，郑燮则有辛辣的嘲讽，称其善"趋风气，扬州人学京师穿衣戴帽，终赶得上，他又变了"（《与江宾谷江禹九书》）。总之，养气就是要去邪归正，去鄙陋之气而立正气，如陆游所谓："夫心之所养，发而为言；言之所发，比而成文。人之邪正，至观其文则尽矣、决矣，不可复隐矣。"（《上辛给事书》）清代大文人郑燮在《与江宾谷江禹九书》一文中曾说过："且夫读书作文者，岂仅文之云尔哉？将以开心明理，内有养而外有济也。得志则加之于民，不得志则独善其身，亦可化乡党而教训子弟。"①清郑珍《论诗示诸生时代者将至》诗："我诚不能诗，而颇知诗意。言必是我言，字是古人字。固宜多读书，尤贵养其气。气正斯有我，学赡乃相济。"养气之旨是为了气正，惟气正才有真我。归根结底，养气的终极目的在于保持住文学主体的真我本性及其自我人格人品的独立性。同时还表达了一种人格价值的平等观念，如宋濂说："圣贤与我无异也，圣贤之文若彼，而我之文若是，岂我心之不若夫？气之不若乎？否也，特心与气失其养耳。"（《文原》）这无非是说，圣贤与常人的差别不在于先验固有的心和气，而在于后天实践中是否养其心与气："失其养"，则常人与圣贤有天壤之别；若善养，则人人皆可为圣贤，人人之文皆可如圣贤之文，何愁"文不昌"！

二、"气衰文亦衰"

生理血气是主体从事文学创作活动的物质基础。早在先秦时期，人们就认识到这一点。《礼记·乐记》曰："夫民有血气心知之性，而无哀

---

① 郭绍虞：《中国历代文论选》第三册，上海古籍出版社1981年版，第417页。

乐喜怒之常，应感起物而动，然后心术形焉。"王充说："人之所以生者，精气也。死而精气灭。能为精气者，血脉也。人死血脉竭，竭而精气灭。"总之是"精神本以血气为主，血气常附形体"。(《论衡·论死》)清代程廷祚说："夫天地之大，犹人之一身。一气之周流也，或滞而不行，则为痛为疣。"(《论诗十三·再论刺诗》)这既是一种比喻，更是一个生理常识，气周流则健旺，气阻滞则生疾，人皆莫不如此。操劳过度，损伤了生理血气，精神创造活动就必然衰萎，即如刘勰所说："钻砺过分，则神疲而气衰，此性情之数也。"以至于"曹公惧为文之伤命，陆云叹用思之困神"。因此，他指出"若销铄精胆，蹙迫和气，秉牍以驱龄，洒翰以伐性，岂圣贤之素心，会文之直理哉！"这就是说，消耗精血胆力，损伤和顺的体气，在简牍中消耗时间，在写作中消磨心性，难道是圣贤平素的心愿，作文的正确理论吗？并且，刘勰还认为人的生理血气的盛衰与年龄的少长有着密切关系，"凡童少鉴浅而志盛，长艾识坚而气衰，志盛者思锐以胜劳，气衰者虑密以伤神，斯实中人之常资，岁时之大较也"(《文心雕龙·养气》)。

此后，文学家、批评家无不把生理血气看作主体从事文学创作活动的物质基础。刘冕指出："噫！文之无穷，而人之才有限。苟力不足者，疆而为文则蹶，疆而为气则竭，疆而为智则拙。"(《答郑使君论文书》)楼钥也说："人之少而壮，壮而老，如朝气之锐，昼堕而暮则归。"(《答綦君更生论文书十》)朱熹评论欧阳修、苏东坡说："人老气衰文亦衰。欧阳公作古文，力变旧习，老来照管不到，为某诗序，又四六对偶，依旧是五代文习。东坡晚年文虽健不衰，然亦疏鲁，如南安军学记，海外归作，而有'弟子扬觯序点者三'之语，'序点'是人姓名，其疏如此。"又说："人晚年作文章如秃笔写字，全无锋锐可观。"(《朱子语类》)钱谦益评王世贞曰："及其晚年，气渐平，志渐实，旧学销亡，霜降水落，自悔其少壮之误，而悼其不能改作也。"(《列朝诗集小传·李少师东阳》)暮年将至，"于是精气内销，有似尾闾之波，神志外伤，同乎牛山之木"，如果要消除这种如同水流到尽头、树木被砍光一般的悲伤恐惧之感，就必须"玄神宜宝，素气资养"，即平时涵养自己玄妙的精神，保养自己的身体，使其如"水停"永远清澈照人，"火静"永远旺盛明亮。正像吴泳评魏了翁所云："异时选人逐客，踬于忧患，伤于感慨，耗于血气，既衰困而无精采，而侍郎(魏了翁)养熟道凝，动全志壹，作为文章，天力自到。"(《与魏鹤山书》)

三、"气盛而化神"

艺术想象力的丰富与否关键在于创作主体蓄气的厚薄。《礼记·乐记》早有"情深而文明，气盛而化神"的论断。而怎样才能"情深"，怎样才能"气盛"，古代文论家大多将之归于"养气"。如宋濂说："人能养气，则情深而文明，气盛而化神，当与天地同功也。"他认为，如果作家善于养气，其创作出的文章便感情深沉、气势充沛，达到出神入化、巧夺天工的境界。因此，他特别解释养气与化神的关系说："为文必在养气，气与天地同，苟能充之，则可配序三灵，管摄万汇。"(《文原》)"三灵"即天地人或日月星。"万汇"即宇宙间一切类聚事物。养气之功可组合天地人或日月星辰，可总揽包摄宇宙万类事物，可见其神力之大，实则是说艺术想象力之恢宏。一如郑燮所谓："养气足，恢恢游刃有余地矣。"(《与江宾谷江禹九书》)吕本中则反证道："欲波澜之阔去，须于规摹令大，涵养吾气而后可。"(《与曾吉甫论诗第二帖》)世有"江郎才尽"一说，谓南朝江淹少有文名，晚年诗文却无佳句，其因在才思减退。按气论者的解释，所谓才尽，其实质则在气尽，如刘克庄指出："世谓鲍照江淹晚节才尽，予独以气为有惰，而才无尽。"(《刘忻父诗序》)

台湾学者徐复观在《中国艺术精神》中曾说："其实切就人身而言气，则自孟子《养气章》的气字开始，指的只是一个人的生理的综合作用，或可称之为'生理的生命力'。若就文学艺术而言气，则指的只是一个人的生理的综合作用所及于作品上的影响。……一个人的观念、感情、想象力，必须通过他的气而始能表现于其作品之上。同样的观念，因创作者的气的不同，则由表现所形成的作品的形象亦因之而异。"①人体生命之"气"是人的生理的综合作用。就审美创作而言，则是创作主体的生理力。换言之，则生命之"气"主要是指创作主体的审美心理结构的构成，创作主体的观念、情感、想象力等各种心理要素属于生命之"气"这个总载体，并通过此以推动审美创作活动的开展和创作出优秀的艺术作品。

气既是美的生命之本，也是审美创作的成败之本。气决定着审美活动中主体审美心理结构和审美智能的构成，是审美创作活动的前提和基础，并决定着审美作品的优劣。

养气是一种培育创作主体道德品质和审美情趣的重要途径。气不仅是创作主体的生命本源，与人的生命现象相关，而且气还是美的生命之本，决定着审美创作主体的气质、品格、才性、情趣，并通过此以规定审美创作的成败得失和文艺作品的高低优劣。

第二节　体气蓄积与涵养的途径和方法

既然气是诗文本体和生命，养气成为对创作主体的根本要求，那么具体来说需要养什么样的气，应当如何养气呢？对此，中国传统诗学主要是从以下四个方面回答这个问题的。

一、行之乎仁义之途以养浩然正气

如前所述，以华夏民族传统文化心理看来，元气(天地之气)不但赋予人以自然生命，而且使人具有了精神活动的能力。因此，体气(人体之气)在中国传统文化心理中常常具有物质的和精神的双重属性。人的生命存在不同于客体生命存在之处，就在于人具有心性精神。人不是被动地去适应自然，而是以主体的身份能动地积极地改造自然与社会。

---

① 　徐复观：《中国艺术精神》，广西师范大学出版社 2007 年版，第 121 页。

传统文论之所以强调文如其人，诗品出于人品，是因为文学作为人的生命体验的产物，其意义与价值是由主体生命之气的精神特征所决定的。然而，主体生命之气的物质属性绝大部分源自先天禀赋，而其精神属性则主要依靠后天的培养。因此，体气的蓄积与涵养对创作主体的现实生成具有决定性的作用。

创作主体精神之气培养的要求是什么呢？对此，历代文论家一贯强调创作主体应具有一种刚健劲朗、正直向上的人格精神。他们认为，创作主体只有颐养了这种心性之根，才能使自己无论处于何种生存境况下，都能以积极进取的态度、满腔的热情投入到现实生活中去，以获取丰富的情感体验和艺术技巧，从而创作出超凡脱俗的高境界的作品。最早倡导这种养气要求的是具有大丈夫气概的孟子。当公孙丑问他："敢问夫子恶乎长？"答曰："我知言，我善养吾浩然之气。"公孙丑进而请教何为"浩然之气"。孟子谓之："难言也。其为气也，至大至刚，以直养而无害，则塞于天地之间。其为气也，配义与道，无是，馁也。"（《孟子·公孙丑》）显然，这里要求培养"浩然之气"，其实就是通过"集义"与"配义与道"以确立思想、完善道德、陶冶情操、磨砺意志，从而使自己的内心世界获得充实与完美，以达到一种高尚的精神境界。因此，孟子所谓养气是指人的一种道德修养功夫。他的这种"浩然之气"正表现出了华夏民族不屈服于任何艰难险阻的生生不息之旺盛生命力，其内容虽不出儒家"杀身成仁""舍生取义"的道德范畴，但其精神本原却来自对这种生命力的体验与感悟。在此基础上，他把"养气"与"知言"联系起来，认为知言的能力根植于养气，即只有加强道德修养、思想认识，才能加强对言辞的辨识能力。后世的文论家正是从这个角度来理解气与言、身心修养与文学的关系的，并由孟子的知言联系到立言，这样就为讨论人格修养与文学创作的关系问题找到了理论根据。

唐代著名的文论家韩愈在继承和发展孟子"养气"说的基础上提出了"气盛言宜"之说。韩愈所说的"气"是指儒家的仁义道德修养达到很高水平后在精神气质上的一种体现。他认为"行之乎仁义之途"是立言的根本，即一个作家只有不断地加强自身的思想道德修养，深信真理掌握在自己手中，说话才能理直气壮，文章才能有气势。故此刘熙载认为"昌黎接孟子知言养气之传"（《艺概·文概》）。

经过后世论者的不断阐发，对主体人格精神的充分关注成为传统文论的一个鲜明特征。北宋李纲在《道卿邹公文集序》中说："士之养气刚大，塞乎天壤，忘利害而外生死，胸中超然，则发为文章，自其胸襟流出……唐韩愈文章号为第一，虽务去陈言，不蹈袭以为工，要之操履坚正，以养气为本……进谏陈谋，屡挫不屈，皇皇仁义，至志不衰。"明代王文禄在《文脉》中也说："或曰：后世无《孟子》七篇，何也？曰：孰养浩然之气也。故曰：'文以气为主。'有塞天地之气，而后有垂世之文。"

在传统文论家看来，在审美创造活动中，创作主体只有通过对"道"与"义"的深刻解悟，从中得到思想的升华与情感的陶冶，才能提高认识能力和道德理解能力，成为具备了至大至刚、自强不息之广阔襟怀和坚毅品格的人，从而才能在审美构思活动中领悟生活的真谛和宇宙的奥秘，创作"与天地同功"的不朽杰作。

总之，中国传统文论一以贯之地强调文如其人、诗品出于人品，以人品作为品评作者、作品优劣的一个重要标准，其根源就在于孟子所倡导的这种养气意识。

二、游之乎诗书之源以养书卷文气

人的精神之气的后天涵养除了人格人品的自我培育之外，还包括学识修养的自我蓄积。中国传统文论认为"读万卷书"与"行万里路"是进行文学创作的前提条件。"读万卷书"是指通过对书本知识的学习直接借鉴写作经验，但更重要还在于积养主体心性灵智之气，并待其汇入主体生命之气从而创作出高品位、高境界的作品。

在中国传统文论中，学识修养与文学创作的关系是历代文论家普遍重视的话题，学识修养与人格修养一样，被视为创作的心性之根。"读书破万卷，下笔如有神"（杜甫）可以看作这种思想的经典概括。中唐时期的韩愈进一步将主体学识修养与养气联系起来。他说："气，水也，言，浮物也，水大而物之浮者大小毕浮。气之与言犹是也，气盛则言之短长与声之高下者皆宜。"怎样才能具有这种盛大之气呢？韩愈提出的养气途径有两条："行之乎仁义之途，游之乎诗书之源，无迷其途，无绝其源，终吾身而已矣。"（《答李翊书》）这种"终吾身"以"游之乎诗书之源"，以求达到"气盛则言之短长与声之高下者皆宜"的创作自由境界的思想，与杜甫"读书破万卷，下笔如有神"有异曲同工之妙。中国传统文论中对主体学识修养的重视是一以贯之的，即使像严羽这样一味讲究"妙悟"的人，也要特别指出诗歌创作"非多读书，多穷理，则不能极其至"（《沧浪诗话·诗辨》）。总之，文学创作中"与天地同功"最高境界的实现，是必要以深厚的学识修养为其心性灵智之根的。

在韩愈看来，凡学写文章必须从读古人书中养成自己的文气。但如何"读书养气"？韩愈提出了他的看法："抑不知生之志也，蕲胜于人而取于人耶？将蕲至于古之立言者耶？蕲胜于人而取于人，则固胜于人而可取于人矣。将蕲至于古之立言者，则无望其速成，无诱于势利，养其根而俟其实，加其膏而希其光。根之茂者其实遂，膏之沃者其光晔，仁义之人，其言蔼如也。"（《答李翊书》）首先，读书养气应有"无望其速成，无诱于势利"的态度。读书养气的目的是"立言"，为"立言"而读书养气在态度上应当"无望其速成，无诱于势利"，须抛开个人利害得失。早在《庄子》中就对解衣般礴的"真画者"所具有的态度作过形象的描写。他认为那些"望于速成，诱于势利"的人正是庄子所嘲讽的"众史"，而"无望其速成，无诱于势利"者才是解衣般礴的"真画者"。他把文章写作从速成论和功利论的枷锁中解放出来，尤其具有重大意义。其次，在读书养气的内容方面，则要持之以恒，要"养其根而俟其实，加其膏而希其光"，因为"根之茂者其实遂，膏之沃者其光晔，仁义之人，其言蔼如也"。读书养气要在根本上下功夫，这个根本就是"仁义"。他认为作文先做人，只有通过"养其根""加其膏"，才能达到内有仁义而外呈文章。最后，读书养气"要"辨理""明理"，要能识得古书之真伪黑白，从而养成"至于道"的人格和文学修养。

韩愈之后，倡导读书养气的有章学诚。他在《章氏遗书·跋香泉读书记》中云，古之能文者，必先养气，养气之功，在于集义。读书服古，时有会心，方臆测而未及为文，即札记所见以存于录，日有积焉，月有汇焉，久而久之，充满流动，然后发为文辞，浩乎沛然，将有不自识其所以者矣。此则文章家之所谓集义而养气也。章学诚认为自古以来真正能写文章的人，首先就要有读书养气的功夫，而读书养气的功夫在于"集义"。可见，章学诚的看法比韩愈更具有可操作性。

学识作为一种精神修养，是涵养作者充沛的生命之气的一种根本因素。学识积累的一个特点在于，当主体学识修养十分丰厚，对学识的融会贯通灵活运用达于"随心所欲而不逾矩"的自由境界时，学识的作用反倒不为主体所自觉了，因为它已汇入作者的生命之气，直接成为了主体生命存在及体验生命能力之本体。正因为如此，人们才常常会产生一种误解，以为创作与学识是有隔膜的，作品艺术境界的产生得之于主体的顿悟、直寻，"诗有别材，非关书也；诗有别趣，非关理也"（严羽《沧浪诗话·诗辨》），却忽视了主体所以能够顿悟得出，直寻得到作品艺术境界的心性灵智之根所在。正如清代李重华《贞一斋诗说》所说："诗至淳古境地，必自读破万卷后含蕴出来，若袭取之，终成浅薄家数。多读书非为搬弄家私，震川谓善读书者，养气即在其内。故胸多卷轴，蕴成真气，偶有所作，自然臭味不同。"

中国古代与文论相通的画论，亦同样强调作者学识修养的积累，将书卷气的培养视为使作品达于超凡脱俗境界的根本途径。例如王槩在《学画浅说·去俗》中说："笔墨间宁有稚气，毋有滞气，宁有霸气，毋有市气。滞则不生，市则多俗，俗尤不可侵染。去俗无他法，多读书则书卷之气上升，市俗之气下降矣。学者其慎旃哉！"蒋骥在《读画纪闻》中也说："笔底深秀，自然有气韵，此关系人之学问品诣。人品高，学问深，下笔自然有书卷气。有书卷气即有气韵。"谢赫"绘画六法"首标气韵生动，这是对绘画艺术的最高要求。作品之气韵来自作者的生气灌注，蒋骥所谓"有书卷气即有气韵"，足以见作者的学识修养在主体生命之气的后天培养中所具有的意义了。

总而言之，古人强调"游之乎诗书之源"的养气功夫，并非要以学问本身用于创作，而是将其化为一种洞察古今、奴役万物的超然心境。能如此则观物而识力尖锐，下笔而才气纵横。章学诚在谈才、学、识之关系时说过："夫识生于心也，才出于气也。学也者，凝心以养气，炼识而成其才者也。"（《文史通义·文德》）"游之乎诗书之源"而能达到这样的程度，其作品便能于自然之中显示一种蕴含丰富的文化品位。然而，古代文学批评中时常可见对某些诗人以学问入诗、掉书袋、滥用学问的批评，这些做法本身是不错的，但是如果将其错误的根源归咎于多读书，并进而得出学问有碍创作的结论那就大错而特错了。

如上所述，学养之气的培养，是创作臻于化境的根本因素，其作用在于提高作者的整体素质。如同何绍基指出的那样："作诗文必须胸有积轴，气味始能深厚，然亦须读书。看书时从性情上体会，从古今事理上打量。于书理有贯通处，则气味在胸，握笔时方能流露。"至于那种为炫耀学问而读书，而写作"如恒订零星，以强记为工，而不思贯串，则性灵滞塞，事理迂隔。虽填砌满纸，更何以有气与味来"（《题冯鲁川小像册论诗》）的现象，其原因并不在学问本身，恰恰相反，正是由于学养之气尚未养成之故。

三、览之乎自然之象以养造化真气

中国传统诗学对创作准备的要求谈得最多的，除了"读万卷书"，还有"行万里路"。这是强调要以造化为师，涵养天地生命本原之真气。因为在游览名山大川的过程中，不仅可以饱览大自然的奇观美景，而且可以与那些有着不同人生经历和生活背景的人打交道，可以广交贤俊，可以从不同的角度观察大自然，体验丰富多彩的生活，从而丰富自身的人生阅历，加深对社会生活的体悟。

人类很早就意识到文学创作起因于自然万物对人的感化作用。相传"古者包牺氏之王天下也，仰则观象于天，俯则观法于地，观鸟兽之文与地之宜，近取诸身，远取诸物，于是始作八卦，以通神明之德，以类万物之情"（《易传·系辞下》），由此开创了华夏人文活动以天地为法的传统。

魏晋六朝时期，刘勰从文学本源的角度自觉讨论文气问题，他在前人"物感"说的基础上，加进了"气"的内容，提出了"物—气—文"的文气论模式和"江山之助"的理论。他在《物色》中指出："春秋代序，阴阳惨舒，物色之动，心亦摇焉……若乃山林皋壤，实文思之奥府，略语则阙，详说则繁。屈平所以能洞监风骚之情者，抑亦江山之助乎！"可见，刘勰不仅认识到人心随四时物色之气的变化而变化，而且江山最有助于激发艺术家的文气。刘勰的江山之助论实开了后来文论家重社会阅历养气法的先河。

宋代苏辙十分重视养气，认为"文不可以学而能，气可以养而致"。对于养气，他认为仅靠读书求知、涵养学问还不够，"百代之书，虽无所不读，然皆古人之陈迹，不足以激发其志气"。那么如何才能为创作做好充分准备，并获得旺盛的写作动力呢？他从"太史公行天下，周览四海名山大川，与燕、赵间豪俊交游，故其文疏荡，颇有奇气"中受到启发，遂决意出游，"求天下奇闻壮观，以知天地之广大"（《上枢密韩太尉书》）。这种学养之外更求游历的养气要求，体现了将"读万卷书"与"行万里路"结合起来的思想。诚如清代吴雷发所说："子由推司马子长之文有奇气，而归功于游览，是亦气之一助也。"（《说诗管蒯》）可见苏辙之提倡游历，目的在于激其志而益其气，为创作出好作品准备条件。那么，为什么通过游历可以写出好作品呢？这有两方面的原因：一是游历可以积累丰富的写作材料，如同马存所言："凡天地之间，万物之变，可惊可愕，可以娱心，使人忧，使人悲者，子长尽取而为文章，是以变化出没，如万象供四时而无穷。"（凌维隆《史记评林》卷首）二是游历可以使作者直接从自然与社会万象中体验感悟天地生命之气的流动不息，以涵养造化真气，使之"充乎其中，而溢乎其貌，动乎其言，而见乎其文，而不自知也"（苏辙《上枢密韩太尉书》）。因此，苏辙的社会阅历养气法可谓是集前人之大成。

在中国传统文化观念看来，天地乃是一本大书，生命的一切意蕴俱隐含于其中，有待人去体验、感悟，故此，人当以造化为师。所谓造化者，在中国传统文化观念中，就是作为万物生命本原的天地之气。清代叶燮言："曰理、曰事、曰情，三语大而乾坤以之定位，日月以之运行，以至一草一木一飞一走，三者缺一则不成物。文章者，所以表天地万物之情状也。然具是三者，又有总而持之，条而贯之者曰气。事、理、情之所为用，气为之用也。譬之一木一草，其能发生者，理也；其既发生，则事也；既发生之后，夭乔滋植，情状万千，咸有自得之趣，则情也。苟无气以行之，能若是乎？又如合抱之木，百尺干霄，纤叶微柯以万计，同时而发，无有丝毫异同，是气之为也。苟断其根，则气尽而立萎，此时理、事、情俱无从施矣。吾故曰：三者藉气而行者也。得是三者，而气鼓行于其间，氤氲磅礴，随其自然，所至即为法，此天地万象之至文也。岂先有法以驭是气者哉！"（《原诗·内篇》）作为一切人文范本的"天地万象之至文"，乃是因"气鼓行于其间"而有生机；若失其气，则"理事情俱无从施矣"。

谢赫"绘画六法"首标气韵生动，道理正在于此。"画山水贵乎气韵，气韵者非云烟雾霭也，是天地间之真气。"（唐岱《绘事发微·气韵》）这种真气乃是天地万象中普遍存在的一种生命意蕴。所谓造化，即此真气。以造化为诗，就是要不为纷纭物象所惑，而要能够体验、感悟、把握住纷纭物象中共有的这种生命意蕴。对此，清代沈宗骞在《芥舟学画编卷一·取势》中的一段论述说得极好："天下之物，本气之所积而成。即如山水自重岗复岭以至一木一石，无不有生气贯乎其间，是以繁而不乱，少而不枯，合之则统相联属，分之又各自成形。万物不一状，万变不一相，总之统乎气以呈其活动之趣者，是即所谓势也。论六法者首曰气韵生动，盖即指此……气以成势，势以御气，势可见而气不可见，故欲得势必先培养其气。气能流畅则势自合拍，气与势原是一孔所出，洒然出之，有自在流行之致，回旋往复之宜。不屑屑以求工，能落落而自合。气耶，势耶，并而发之。片时妙意，可垂后世而无忝，质诸古人而无悖，此中妙绪难为添凑而成者道也。"在沈宗骞看来，要使作品气韵生动，即"欲得势"，那么作者"必先培养其气"，即通过"万物不一状，万变不一相"的活动之"趣"，去体验、感悟和把握世间万物所共有的，因而也是相通的生命本原意蕴。如此，不论表现的具体对象是什么，都能将其与生生不息的天地之道有机联系起来，使作品呈现出一种整体的蓬勃生机。以造化为师的目的和意义即在于此。这正如郑板桥自述其创作经验时所说的那样："古之善画者，大都以造物为师。天之所生，即吾之所画，总需一块元气团结而成。此幅虽属小景，要是山脚下洞穴旁之兰，不是盆中磊石凑栽之兰，谓其气整故尔。"（《郑板桥集补遗》）

总之，以造化为师，一方面可以获取丰富、生动的写作材料，一方面通过把握那不随物象之消歇而具有永恒价值的生命意蕴，可以获得一种"感荡心灵"的生气注入，当这种生命本体之气"养之全，充之盛，至于彪炳闳肆而不可遏"之时，创作主体便有"非陈诗何以展其义""非长歌何以骋其情"的创作激情，至此，创作主体便由写作准备阶段转入写作构思阶段。

四、听之乎心源之语以养虚空静气

文学创作是创作主体的一种审美创造，它既要以造化为师，又必须经过作者个性化的心灵构创才能产生。中国古代美学将审美创造的这种主客体统一关系概括为"外师造化，中得心源"。如果说写作准备阶段（外师造化）主体养气的特点在于以外游为主，强调即势悟气、由动入静，从"万物不一状，万变不一相"的气之客形中体悟太虚无形本体之气，那么写作构思阶段（中得心源）主体养气的特点则变为以内游为主，强调涵虚养静、以静制动，使主体在精神上复归于太虚无形之宇宙原初形态，从而为艺术想象开辟一个清净世界，使主体平生之生活积累从生命本原中涌现，并经过主体想象的调度、加工和重组，构创一个虽不同于自然形态，但却同样充满生命意蕴的艺术境界。

最早提出以静制动辩证思想的是老子和庄子。老子认为主体对生命意蕴的体验可以通过"致虚极，守静笃，万物并作，吾以观复"（《老子》）的途径实现。在老子看来，当主体在心理世界中致虚、守静而能达到极点时，他便在精神上回到"寂兮寥兮"的混沌无形的生命本原状态，从而可以真切感受"万物并作"的生命生成过程，并从中体悟万物生成的规律。那么，主体如何才能致虚守静呢？庄子就此而提出了"听之以气"的"心斋"之法。那就是"无听之以耳而听之以心，无听之以心而听之以气。气也者，虚而待物也。唯道集虚。虚者，心斋也"（《庄子·人间世》）。可见，所谓"心斋"，便是摒弃一切杂念，要摒弃一切杂念，就要既不受感官刺激的影响，也不受心理意识的干扰，而是"听之以气"。"听之以气"，就是让心理世界复归"虚而待物"的生命原初状态，由此实现老子所要求的"万物并作，吾以观复"的生命体验。总而言之，惟有精神上的"虚而待物"之静，才有心理世界中的"万物并作"之动。而"万物并作"之动的目的，仍是回归"吾以观复"之静，即体悟隐含于气之客形中的气之本体。这种由静生动、从动悟静的思想，体现了老庄美学根本在静的特色。

老庄这种通过"心斋"使心理世界处于"虚而待物"状态，然后伴随"万物并作"而"乘物以游心"，让主体超越现实种种束缚之后实现精神的自由创造的思想，为后世诗学探讨和论述艺术思维特征问题时所普遍依循。例如，陆机在《文赋》中谈到艺术构思时，就首先强调要闭目塞听，让心理世界归入沉静之中，如此才能为主体精神的自由翱翔创造条件，使其能尽情尽兴地展开想象的翅膀，在对心理经验的回忆中去体悟生命永恒奥秘之所在："其始也，皆收视反听，耽思旁讯，精骛八极，心游万仞。其致也，情瞳昽而弥鲜，物昭晰而互进……观古今于须臾，抚四海于一瞬。"到刘勰，则更明确地用"神与物游"这一命题来概括艺术想象的这种让主体在虚静之中进行精神的自由遨游的特性："文之思也，其神远矣。故寂然疑虑，思接千载，悄焉动容，视通万里。吟咏之间，吐纳珠玉之声，眉睫之前，卷舒风云之色。其思理之致乎！故思理之妙，神与物游。"(《文心雕龙·神思》)

第一个将"听之以气""虚而待物"的心斋之法与养气联系起来的是刘勰。刘勰在《文心雕龙》中专辟《养气》一章，提出作家必须养气保神，才能达到虚静状态，从而触发"感兴""神思"，实现"神与物游"。刘勰认为文艺创作与做学问不同，"学业在勤，功庸弗怠，故有锥股自厉，和熊以苦之人"，文艺创作却不能这样钻砺过分，而应当养气保神，顺乎自然，以求得心平气和，神思自来："志于文也，则有申写郁滞，故宜从容率情，优柔适会。若销铄精胆，蹙迫和气，秉牍以驱龄，洒翰以伐性，岂圣贤之素心，会文之直理哉！且夫思有利钝，时有通塞，沐则心覆，且或反常，神之方昏，再三愈黩。是以吐纳文艺，务在节宣，清和其心，调畅其气，烦而即舍，勿使壅滞。意得则舒怀以命笔，理伏则投笔以卷怀，逍遥以针劳，谈笑以药倦，常弄闲于才锋，贾馀于文勇。使刃发如新，凑理无滞，虽非胎息之迈术，斯亦卫气之一方也。"(《文心雕龙·养气》)刘勰所强调的这种养气方法，重在顺乎自然，不加任何意念的干扰，让文思在一种平和的心境中自然涌现。在结束《养气》一章时，刘勰特意指出："玄神宜宝，素气资养。水停以鉴，火静而朗。无扰文虑，郁此精爽。"这种颐养静气以助文思的论述在中国传统诗学中十分普遍。其中有代表性的，除了刘勰之外，还有元代郝经的"内游"之说。

郝经是针对苏辙"外游"之说的不足而提出"内游"之说的。他认为，"能尽天下之大观，以助其气，然后吐而为辞，笔而为书"，写出生气磅礴的作品来，这是值得肯定的。但若认为"欲学迁之文，先学其游可也"，那便不对了。因为游历所得使主体在拥有丰富的写作材料的同时，又能"勤于足迹之余，会于观览之末，激其志而益其气"，通过感悟天地之气的浩然充沛，以激发强烈的写作欲望。可是优秀的作品并非仅凭高昂的创作激情便可成就，它需要主体能在化动为静、以静制动的审美静观心态中从容构思，使精神超越外游所固有的时空局限，上升到"观古今于须臾，抚四海于一瞬"的神游境界。郝经将主体于虚静之中展开的精神游历称之为"内游"。他将内游的过程分为两个阶段：其一是不带任何取舍的自由想象，这时主体"持心御气，明正精一，游于内而不滞于内，应于外而不逐于外"，让一切生活积累都在心幕中展现，"如明镜，众形不能逃"。在经过这样一番精神游历之后，可以将其"退藏于密"，主体进入内游第二阶段，即根据写作需要，对所有生活积累进行挑选、改造和组合，"视当其可者，时时而出之。可以动则动，可以止则止，可以久则久，可以速则速"，这时主体处于一种对构思对象调度自如的精神状态，这是构思趋于成熟的标志。（见《郝文忠公陵川文集·内游》）王国维在《人间词话》中曾指出："诗人必有轻视外物之意，故能以奴仆命风月。又必有重视外物之意，故能与花鸟同忧乐。"所谓"重视外物之意"，主要表现在诗人外游之际，沉浸于"与花鸟同忧乐"之中以感悟隐含于万物之中的生命意蕴。所谓"轻视外物之意"，主要表现在诗人内游之际，在一片全无时空限制的虚静心理世界中，通过对自身心理经验的自由调度与重构，创造能够表现主体对生命意蕴独特感悟的艺术作品。总之，郝经"内游"之说与苏辙"外游"之说是相辅相成的，二者使得传统诗学创作理论更加完善。

总之，中国的养气理论内容宏富深邃，在绝大多数中国古代文艺思想家看来，身心之气的涵养不但是文艺创作的先决条件，而且涵养的程度决定了文艺作品价值和品位的高低。总体而言，儒家的养气侧重于道义、伦理、人格意义方面，而道家的养气与中医学的养气则侧重生命、生理、体能意义方面。因此，我们应综合各家的观点，不断加强体气的蓄积与涵养，进一步提升自身的思想道德修养和文学艺术素养，力争为读者创造出更多更优秀的作品。

下编　文气：文学作品之气

　　气既是构成天地万物的基本元素，也是文学的本源、本体和生命。气是作家的生命力，决定了作家的创作个性，并且成为决定文学作品不同风格特征的根本因素。文气是作者的性情才学透过作品所反映出来的生命形相。文艺作品所具有的气势、气韵、气味以及由此而形成的风格特点都源于天地万物之元气和艺术家所禀赋的生命之体气。文气是物质与精神的统一，是个性与共性的统一。气是人的生命本根，也是文学的生命本根。天地之气和人身之气存在着同一性，天人异质同构，同类相感。元气(天地自然之气)注入人身而为体气，人为文时把体气运入辞章而成文气。客体之气与主体之气合而为作品之气，这种主客合一(心手合一)的过程既是对客体对象生命力的肯定，也是对主体生命力和创造力的肯定和张扬。因此，宇宙、人生、文学艺术是一个灵气循环的过程，天地之气、人之气与文之气三者可以互相转化而成为一个全息同构的整体。这充分体现了"天地一气""天人合一"的中国大宇宙生命精神和中国文化圆融和合的民族特色。

第七章　文气论的产生及其发展

　　文气是中国古代文论中一个内涵十分丰富的关键词。在长期历史发展过程中，其涵义不断深化发展，逐渐形成一个独特的话语系统。对这样一个具有东方神秘主义色彩的关键词，历代虽有众多学者试图挖掘其蕴含，却未能达成共识，他们的努力不仅为后来的研究者提供了许多宝贵的思想资源，同时也留下巨大的阐释空间。笔者认为只有将文气置于中国哲学和传统文化的大背景下，运用历史与逻辑相统一的方法才能充分揭示其丰富而深刻的意蕴。

第一节　文气界说

　　关于文气的界说，历代学者众说纷纭，莫衷一是。概括起来，主要有以下四种主要观点：

一、"作家才性"说

　　持此观点的代表人物有陈钟凡、朱东润、方孝岳等。陈钟凡先生认为"气有清浊，虽父兄子弟，不能相移，此实指'才性'言之，为后世阳刚阴柔之所本，与唐宋人之以'语势'为文气者不同"①。朱东润在谈及曹丕《典论·论文》中的"文气"时说："此为自古以来论文气之始，然子桓之所谓气，指才性而言，与韩愈之所谓文气者殊异。又《典论》称'徐

① 陈钟凡：《中国文学批评史》，上海中华书局1927年版，第24页。

干时有齐气'‘孔融体气高妙’，《与吴质书》言‘公干有逸气’，其所指者，皆不外才性也。"①方孝岳认为"魏文所说，可以说是才气之说。……‘徐干时有齐气’‘应场和而不壮，刘桢壮而不密，孔融体气高妙’，都是就才气上说"②。詹福瑞也指出，"‘文气’论内容之核心，是文学主体论。曹丕认为，文章的生命力全在于它的‘气’。而文章之气，受之于作家的气。作家的禀气，决定了创作主体的稳定的生理和心理特征，如气质个性，等等"③。以上这些学者均把"文气"看成作家才性的表征。

二、"作品气势"说

此观点以郭绍虞、第环宁等人为代表，他们把文气理解为作品气势。郭绍虞先生解释说："气本象形字，其本训为云气。云气嘘吸出入，虽无定形，但论其本义，并非绝对抽象的名词。其后一再引伸，以指天地之元气，以指吐纳之气息，以形容流动之气象，于是渐由具体而进入抽象。由是再辗转引伸，以指个人之气禀，以指修养之气质，以指环境之习习，于是复由述自然现象者一变而论及人事，成为伦理上的术语了。此后再进一步以指行文之气势，于是始为文学批评上的术语。所以严格地讲，文气之说，不过指行文之气势言耳。"④第环宁也说："气势（古文论中多称‘气’‘文气’），在中国文学理论历史上已有千年。历年古人论文，都是非常重视气势——‘文以气为主’‘文章最要气盛’‘诗文以浩荡奇伟有气势为上’……"⑤他们从作品出发来谈文气，把文气看作作品气势。这种观点虽有其合理、深刻的一面，但他们没有意识到

---

①　朱东润：《中国文学批评史大纲》，上海古籍出版社 2001 年版，第 26 页。

②　方孝岳：《中国文学批评》，生活·读书·新知三联书店 1986 年版，第 55 页。

③　詹福瑞：《中古文学理论范畴》，河北大学出版社 1997 年版，第 173 页。

④　郭绍虞：《文气的辨析》，载《照隅室古典文学论集》（上编），上海古籍出版社 1983 年版，第 115 页。

⑤　第环宁：《气势论》，民族出版社 2002 年版，第 1 页。

曹丕所言之"气"在不同的语境下含义是不同的，因而表现出一定的局限性。

三、"作品声律"说

此说以罗根泽、唐弢等人为代表。罗根泽在《中国文学批评史》中谈到，"而气用文，文须重气，则大概由于译读佛经"；"文气是最自然的音律，音律是最自然的文气，所以曹丕论文气，而偏于'气之清浊'"。① 唐弢释"文气"为："一句话的构成，或长或短，或张或弛，彼此是并不一律的，因此读起来的时候，我们从这些句子所得到的感觉，以及读出来的声音，也就有高低，有强弱，有缓急，抑扬顿挫，这就是所谓文气了。"②他们将"文气"解释为作品声律，与文章学对作品声律的解释混为一谈。其观点的局限性也是不言自明的。

四、"才气风格"说

此观点以王运熙、顾易生、刘大杰、朱荣智等人为代表，他们认为谈论文气应将作家和作品两个方面统一起来。王运熙、顾易生在《中国文学批评史新编》中讲道："所谓'气'，指作家、作品给人的一种总体印象、感受，也就是指作家、作品的总体风貌，类似于今日所谓风格。气是指作品的风貌，也兼指作家的气质。在曹丕看来，作品之气与作者之气是一致的，而各位作者具有其独特的风格"③。刘大杰在《中国文学批评史》中说："曹丕在讨论作家和作品的关系时，非常强调气的作用。……所谓气，在作者方面，是指他的气质才性，形诸作品，便成为

---

① 罗根泽：《中国文学批评史》，上海古籍出版社 1984 年版，第 165-166 页。
② 唐弢：《文章修养》，生活·读书·新知三联书店 1999 年版，第 159 页。
③ 王运熙、顾易生：《中国文学批评史新编(上)》，复旦大学出版社 2002 年版，第 71 页。

作品的风格。"①台湾学者朱荣智在《文气论研究》中也指出："文气的含义，不能只指行文的气势，气势一词，不足代表文气。'文气'应该包括作品的辞气和作者的才气，作品的辞气，指作品的气势和情韵；作者的才气，包括作者的性情和才学。因为'文气'，一方面是指作者的性情，透过文字的表达，所显现出来的艺术形貌，一方面也是指作品所能反映出来的作者生命形相。"②王烟生在《论气》中说："就作者自身而言，'气'指的是作家的气质个性，相当于现代心理学所说的个性特质。作家的'气'表现在作品中，就成为作品的气势风格或风力了。"③刘荣凯也表达了类似的观点，"曹丕风格论中的'气'有两种含义：第一种含义指作家的气质个性……第二种含义指作品的风格。"④从作家与作品两个方面来理解"文气"的内涵，才可以克服单从作家或作品某一方面的褊狭视域出发造成的片面解释。

英国著名汉学家大卫·波拉德（David Pollard）曾对文气问题进行过系统的研究，并对历史上探讨文气的主要学者以及他们的观点进行了比照研究，最后他慨叹还没有对'气'的性质和作用达成共识，他自己也不确定是否对"气"有了正确的理解。对文气内涵的界定与研究之所以如此困难，一方面是因为它本身具有无所不包的总体性——几乎涵括了所有艺术创作领域和创作过程，另一方面则是因为它在历史发展中的流动性——不同历史发展阶段其内涵与外延一直处于嬗变过程中。

综上所述，文气的含义，不能只指行文的气势和作品的声律，也不能只指作家的才性与生命力。也就是说，我们在界定"文气"这一概念的独特内涵的时候，不能只从某一特定方面去界定，而应该从作者与作

---

① 刘大杰：《中国文学批评史》（上册），上海古籍出版社 1979 年版，第 237 页。

② 朱荣智：《文气论研究》，台湾学生书局 1986 年版，第 77 页。

③ 王烟生：《论气》，《徐州师范学院学报》1989 年第 1 期，第 64 页。

④ 刘荣凯：《"气"作为美学范畴的形成》，《昭乌达蒙族师专学报》1987 年第 1 期，第 58 页。

品两方面进行综合概括。正如刘勰在《文心雕龙·体性》中所说："吐纳英华，莫非情性。"又说："夫情动而言形，理发而文见，盖沿隐以至显，因内而符外者也。"所以文气的含义，就作者而言，则是作者个人的情性、才质的活动现象，是作者生命力的表征；就作品而言，是作者的情意与文辞的活动现象，是文学生命力的表征。

第二节　文气论产生的背景

任何一个灿然思想都不会突兀冒出，而必有孕育化生其的土壤。文气论为什么会出现在汉魏之际呢？对于文气论产生的背景问题，历代研究者各有其说。有的认为源于孟子，有的认为源于汉代的元气论，有的认为源于王充的禀气论，还有的认为源于《乐记》，以上观点虽然都从特定的角度切入文气论产生的背景，但都存在一定的片面性，未能综合全面地对这一理论学说的产生进行诠释。笔者认为只有结合特定的时代背景，并与当时的社会现实政治、哲学文化思潮、审美发展和审美关注以及文学艺术创作与文学艺术自身的内在发展程度和逻辑制约等因素相结合，才能真正对其进行"文化还原"。

一、文气论产生的哲学基础

文气论作为古代文学领域重要的文学论断，是基于古人对自然之气的认识和理解而产生的。

如前所述，"气"在中国古代哲学领域是一个极其重要的概念。它本指自然之气，为自然事物，是一种自然现象。我国古代哲学依据自然发展规律而将其上升到宇宙万物赖以生存之元气的高度。在我国古代哲学家的眼中，气是一切物体的生命基础，他们用气来说明万物的产生、发展和变化。由哲学领域推及而至艺术领域，气便不仅仅是创造自然万物的本源力量，也赋予万物灵长的人类以强大的生命力与特殊的精神活动的功能，具体到艺术领域便派生出文之气了。体现在文学作品中的气，便使得作品具有了极强的艺术生命力。作为万物之本源的"气"是文气论产生的思想基础。

早在先秦时期，老子和庄子就曾以"气"来解释宇宙万物的生成及其规律。老子曰："道生一，一生二，二生三，三生万物，万物负阴而抱阳，冲气以为和。"这就是老子提出的宇宙万物的生成模式：道—气—万物。庄子云："杂乎芒芴之间，变而有气，气变而有形，形变而有生。"又曰："人之生，气之聚也。聚则为生，散则为死"。皆言"气"为宇宙万物的本源。由此可见，道家思想为文气论的形成和发展奠定了哲学基础。正如李岚在《中国审美主体理论的发轫与道家哲学：曹丕"文气"说探源之一》中明确指出："曹丕的'文气'说是中国审美主体理论的发轫，但是对'文气'说的理论渊源过去多从先秦两汉特别是王充一派的气论溯源，未从道家哲学中寻溯，这是不够全面的。道家哲学是中国哲学重视主体问题之发端，它对中国审美主体理论的形成和发展均产生过深刻影响。"①

汉代，哲学界进一步以"气分阴阳"的思想来说明气的运动变化，揭示天地万物发展变化的内在动因。他们把气作为沟通天与人的中介，提出了"自然感应"说的基本理论。这其中最值得注意的是《黄帝内经》作为中医经典对人体之气的解说，《吕氏春秋》《淮南子》中的"清气浊气"说和人性讨论，董仲舒将阴阳二气与人的不同性情、个性情感结合之说，王充的元气论从人的禀气的不同探讨人之个性气质的差异。这些对汉魏之际人物品鉴之风的形成产生了直接的影响，从而也对文气论批评的形成产生了直接的影响。正如李泽厚、刘纲纪先生指出的，曹丕美学思想的哲学基础是"元气"说和阴阳五行学说，《典论》中的"夫阴阳之交，万物成"即王充等人以阴阳二气说明万事万物的创生观的体现，"体五材""禀金德"等是以阴阳五行思想论人之才性。"曹丕的哲学思想

---

① 李岚：《中国审美主体理论的发轫与道家哲学：曹丕"文气说"探源之一》，《艺术研究》1988 年第 2 期，第 100 页。

不可能脱离东汉以来的思想影响。但其中最为重要的是他第一次以东汉流行的'元气'说来说明文学的本质，提出了在中国美学史上产生了重大影响的'文以气为主'这个崭新的命题。"①

《黄帝内经》是我国古代一部较早解说人体生命之气的医学经典。它基本上是一部以"气"论养生、论病和以"气"辨证施治的书。全书对于人体之气的多样、运动、变化的认识，对人体之气的营卫与调节，对气与形神关系的认识以及由人之体气到人性差异的认识，不仅表明对于人之生理体气的客观把握，而且蕴涵着人们对种种生命现象活动形态的理解，尤其对人的体气与个性、感觉体验等相关方面的认识无疑加深了人们对于人的理解。

汉初《淮南子》继承并发展了先秦道家思想，它吸收了医学、天文、律历学等方面的理论，兼容儒、法等其他学派的思想于理论体系中。它把"道"看做"一气"或"元气"，提出了以元气为基础的生成论。《淮南子》对于宇宙、生命、人性均有界说，其中最重要者是在对宇宙生命的生成、运动及形态的解释中提出了清浊之分的观念："道始于虚霩，虚霩生宇宙，宇宙生气，气有涯垠，清阳者薄靡而为天，重浊者凝滞而为地。清妙之合专易，重浊之凝竭难，故天先成而地后定。天地之袭精为阴阳，阴阳之专精为四时，四时之散精为万物。"(《天文训》)这段话把世界创生的过程概括为：道→虚霩→宇宙→元气→天地→万物，并且在这一运动生成过程中就有了清与浊之分。宇宙元气是如此，作为元气生成的人体生命也是如此，这是汉代较早出现的清浊区分。这种观点对曹丕以清浊论作家个性、气质差异以及作品风格之别有着密切关系。

元气论者认为元气是宇宙的本原，天地万物都是元气派生的。元气是一种混沌之气，它由各种不同的气混合而成，有精粗、厚薄、正邪、轻重、清浊之别。可见，汉代元气论对于现象界的万事万物及人的生命

---

① 李泽厚、刘纲纪：《中国美学史》(第二卷)，中国社会科学出版社1984年版，第27页。

情性的认识达到了较为深入的程度。气论本体论发展到《易传》形成了一个高峰。到了汉代，由于社会生活发生了新的变化，现象界宇宙万物尤其是人之生命成了思想家关注的焦点，特别是董仲舒和王充大大丰富和发展了元气论哲学。

董仲舒认为自然界的变化由气推动，而气是通过阴阳、四时、五行等具体方式表现出来的，所谓："天地之气，合而为一，分为阴阳，判为四时，列为五行。"(《春秋繁露·五行相生》)"故天地之化，春气生而百物皆出，夏气养而百物皆长，秋气杀而百物皆死，冬气收而百物皆藏。是故惟天地之气而精，出入无形，而物莫不应，实之至也。"(《循天之道》)同样，气与人也有密切的关系，对人的生理、心理及其情感具有决定性的作用。在此基础上，董仲舒提出了著名的人之性格禀气论。

东汉时期，王充认为元气是宇宙万物的本体和生命现象的根源，而其自身运动与变化的规律便是天道，"夫天道自然，自然无为"(《寒温》)。由于"受性"有别，"人"与"物"禀赋的元气的多寡也就不同，所以有成为人和成为禽兽的差异。纵然都是人，也就有了贫富、贵贱的分别。概言之，元气是宇宙万物的本根，禀赋元气的多寡不同，不仅决定了万物质的差异，而且决定了万物的存在形式及优劣成败的差别。此外，王充在《论衡·谈天》中也有气之清浊不同的说法："清者为天，浊者为地。"用清浊加以解说天地阴阳之气的运动。阳气体现元气的清轻、阳刚特性，阴气体现元气的重浊、阴柔特性。元气之所以能产生万物和人类，就是由于其内部的阴阳和合运动。"阴阳之气，天地之气也"(《讲瑞》)，"天地合气，万物自生"(《自然》)，"因其而生，种类相产"(《物势》)，万物千差万别，皆因禀气不同。

比起董仲舒只是简单地将元气规定为本始之气，王充的"元气"则扩展到自然、人的生命精神及社会方面，并给予了深入探讨和内涵界定。由此可见，只有到了王充这里，元气论才真正在一种唯物、科学的观点下得到更充分的阐扬，从而真正建构起了一种完整的元气论哲学思想体系。即如于民所说："在两汉的天人关系认识的发展中，如果汉初道家的入世在一定程度上消除了气化理论中的'秘'，那么，汉末王充等则从不同角度清洗掉气化中的'神'。气化认识中神与秘的消失，为魏晋玄学那种抽象的本体追究提供了前提，使后来审美创作中的天与人、心与物、情与景以一种清新纯洁的关系出现，为气化认识的从宇宙生成，从人的审美向艺术创作思维的移植发展，创造了便捷的途径。"①所以王充的气论思想对曹丕文气论批评的滋生孕育作用是不言自明的。李泽厚、刘纲纪认为"元气"说和"阴阳五行"说是曹丕美学思想的哲学基础，《典论》中的"夫阴阳之交，万物成"实际上是继承和发展了王充以阴阳二气交感来说明宇宙万物创生的观念。因此，他们指出："曹丕的哲学思想不可能脱离东汉以来的思想影响。最重要的是他第一次以东汉流行的'元气'说来说明文学的本质，提出了在中国美学史上产生了重大影响的'文以气为主'的命题。"②正因为王充自然观的元气论、人性论影响，曹丕的文气论批评并不带有对清浊之气的褒贬，只是将其作为禀气不同的区分，而且认为其不可力强而致，这明显是受元气论思想的影响。

二、文气论产生的社会历史背景

文气论的提出也有着深厚的社会土壤，与当时的社会历史环境密切相关。宗白华曾指出："汉末魏晋六朝是中国政治上最混乱，社会上最苦痛的时代，然而却是精神上极自由、极解放，最富于智慧、最浓于热情的一个时代，因此也就是最有艺术精神的一个时代。"③东汉末年的政治动乱和农民起义，终于摧垮了摇摇欲坠的东汉政权，在天崩地坼的巨

①　于民：《气化谐和——中国古典审美意识的独特发展》，东北师范大学出版社 1990 年版，第 214 页。
②　李泽厚、刘纲纪：《中国美学史》(第二卷)，中国社会科学出版社 1984 年版，第 26 页。
③　宗白华：《美学散步》，上海人民出版社 1981 年版，第 208 页。

变中，传统儒学急剧衰落，整个社会面临着一个重新选择人生价值观念的严峻问题。曹魏政权顺应历史潮流，在一定程度上突破儒家的道德标准，提倡"唯才是举"。为了解决当时的人才选拔标准问题，他们提出了以《人物志》为代表的全新的伦理观念，并影响到道德美学范畴。这种新的伦理观念和美学观念的产生，直接催生了曹丕《典论·论文》中的美学思想。

汉魏之际，以"气"品评人的品格、气质、才性的说法已很普遍，"气"概念的审美化运用基本实现了其向审美的转化，这无疑对文气论的呼之欲出产生了直接影响。因此可以说，文气论批评是时代思潮的催生，是从以"气"论人到以"气"论文的逻辑延伸。

随着整个哲学认识走向宇宙生成以及对人的诸种活动的深入探求，人的审美认识也同宇宙生成、政治上的察举选士授官以及人的才性识鉴等联系在一起。汉之人物识鉴审美中重骨法、究五物、由形而神等的认识，便密切地同宇宙的生成、阴阳五行和政治察举联系在一起。汉之选士重在识鉴，由外而内，由形而性，从形容声色等形质的不同，观察道德才性之差别，进而"量能授官"。因此，整个汉代表现出审美从道德向才性的过渡。

汉初道家思想的空前被重视及其广泛影响主要体现在《淮南子》对于美的本质和人之美的认识上。首先是对美的客观性、相对性以及多样性的认识。例如《说山训》中有"美之所在，虽侮辱，世不能贱。恶之所在，虽高隆，世不能贵"，"桀有得事，尧有遗道，嫫母有所美，西施有所丑"。美和丑都是客观存在，其性质并不因社会上的爱憎和主观上的好恶有所改变。同时，美与丑是相对的，没有纯粹的美和丑，不管是桀与尧、嫫母与西施，他们都各有其"得"与"遗"、"美"与"丑"。由此可见，以道为主的《淮南子》已非老庄时代的形而上之"玄远"，而是部分地吸收了儒家思想，对于美丑问题作了人世的现实解释。值得注意的是，《淮南子》的这种认识尽管仍然围绕着人的审美展开，但已显示出从内在精神向外在风貌的延伸，而且不涉道德功利评价。也就是说，汉代从《淮南子》已开始对人进行审美品评且不以道德论美，已影响到人物品藻和文气论批评的自然气质审美。

战末汉初，人们开始用阴阳五行思想对古代医学、生理学的经验进行概括，认为组成人的筋、脉、皮毛、骨、肉同金、木、水、火、土有着相应的必然联系，随后进一步同心、肝、脾、肺、肾五脏交合在一起。这种结合连接既有着形式上的比类附会，也与当时养生中的某种体验相关。以后，气之五行则又同仁、义、礼、智、信等道德观念结合在一起，禀气的不同造成性格道德等特点的不同。在东汉后期，这种认识几乎成了各学派的普遍看法。因才性之不同而表现于外，故识鉴品藻亦由外而内。到汉末逐渐形成了"八观""九徵"的鉴识方法。

随着东汉末年名教的毁灭，被罢黜的诸子百家又复活了，各种思想非常活跃，进而玄风大畅，论辩之气盛行。同时，曹魏政权确立"九品中正"制以革除汉代人物察举制度的弊端，致使这一时期的人物品藻无论在内容上还是在形式上都发生了根本的变化。先秦时人的审美认识主要体现在与道德观的联系上，汉代则由道德转向才性风韵的审美，代表作则为刘劭的《人物志》。该书是一部总结汉代政治上察举的理论著作，其中所包含的对人物的审美认识，是其后文学艺术审美发展的一个重要中介。刘劭的《人物志》之所以饮誉千古，是因为它树立了"汉魏之际伦理学和美学思想嬗变的界碑""对魏晋的人物品鉴及其文艺批评，产生了巨大的影响"。可以说，"没有对人物才性的深刻分析和对两汉神学的坚决否弃，也就没有魏晋时期人的觉醒，在审美领域中也就不可能把人作为独立的审美对象来加以表现"①。他指出人"莫不含元一以为质，禀阴阳以立性，体五行以著形"。人的性形，依据阴阳二气与五行的配搭而分为五种德行，而通过声色容貌、情感趣味表现出来的个体气质亦各自有别。人的才能也因而长短不齐，各归其类。在他看来，能兼容众气、"总达众材"者为圣人，兼取数气、达于"兼德"者为英雄，而一般

---

① 袁济喜:《六朝美学》，北京大学出版社1989年版，第40页。

人都只是禀受"一气"、各有所长亦必各有其短的"偏材"。用人的关键，就在于对这众多的"偏材"之士要知人善任，"观其所短以知所长"，做到才尽其用。因此，"气"的观念成为《人物志》的一个核心，并被赋予了具体、实在的观念意义。日本学者蜂屋邦夫指出，刘劭的《人物志》"把气作为天地自然的实体，是形成万物、流于体内的生命源泉和活力的内容"①。这明显将"气"的聚散流动之物理属性转向了抽象的精神性情。虽然刘劭用"气"与自然征象拟配仍保留有比附自然、夸大德性原质的一面，"但由自然进化到人生本蕴的实质性变化正悄然发生，其据气而立论，精神质性无不以气为基始，反映了一种新的以一统多和偏重现实人格审美的趋向"②。刘劭品论人物，由汉代的论道德、形容、骨法转而为论情性、气质，崇尚神气，从瞻外形进而察内，由虚妄的论测转为现实的鉴赏，正如宗白华先生所言，魏晋人"对外发现了自然，对内发现了自己的深情"③。人物品藻的这种深入拓展无疑对认识文学艺术的创造主体有极大推动。

总之，正是在上述诸因素环节的运演下，人物品藻之风形成于汉而盛于魏晋。而两个时期的政治、文化、哲学风尚不同，又带来两个时期人物品藻的不同。从汉代到汉魏之际，由于自然元气论的主导地位，人们重视的是"气"的自然属性一面，主要从形、神、气上论人物。而魏晋时，随着个性的解放和玄学的兴起，人物品藻中的"气"就被赋予了新的内容，充分发掘了"气"的精神性一面。换言之，"气"以前主要作为人们精神活动的物质基础，魏晋时随着重"神"理论的发展，许多被发现的神情韵致、仪态姿容被用来丰富了"气"的内涵。这些神情韵致同人的气质、个性紧密相连，"气"很自然地成为这些新现象的审美词

---

① 小野泽精一等编著：《气的思想——中国自然观和人的观念的发展》，李庆泽，上海人民出版社 1990 年版，第 254 页。

② 赵建军：《论魏晋"气"范畴的美学蕴涵》，《常熟理工学院学报》2005 年第 1 期，第 78 页。

③ 宗白华：《美学散步》，上海人民出版社 1981 年版，第 183 页。

汇，并演化为一系列以"气"为中心的审美新范畴，以此评论人格美与精神美。

与此紧密相连的是当时的所谓"言意之辨"。汤用彤先生说："言意之辨，不惟与玄理有关，而于名士之立身行事亦有影响。按玄者玄远。宅心玄远，则重神理而遗形骸。"①由得意忘言到重神略形，使汉代到魏晋的人物品藻发生了根本的变化。重神略形的审美观直接反映了人们对人的气质个性及风神仪态的高度重视，但是这对范畴还不足以概括当时人们丰富的审美趣味，不包含对自然美及其他审美对象的认识。而"气"则既能用于人物风神、仪态的审美，又能够解释自然和社会的多种审美对象。因此，"气"成为了能够适应多种审美需要，适应时代发展需要的审美关键词。

毫无疑问，人物品鉴的审美思想同样渗入到文学批评中来，将"气"作为生命创化本原。重"气"之旨的风气成为文学批评的一个重要标准，直接促使以曹丕为代表的汉末曹魏文人集团对审美认识的转变。

三、乐气论对文气论产生的影响

考察文气论的产生，一个不可忽略的因素还在于音乐理论对文气论产生的重要影响。从曹丕《典论·论文》"譬诸音乐"一语，我们可以看出其理论的提出受到了周代以来的气论、乐论的潜在或直接的启发。

自先秦以来，在中国社会"礼乐"文化体系的形成与确立过程中，音乐得到了空前的发展和重视，而伴随着音乐的最先发展和人们对其功能价值的认识，以气论乐的思想就早已存在了。《乐记》提出了"乐气"的概念。《乐象》道："德者，性之端也；乐者，德之华也。金石丝竹，

---

① 汤用彤：《魏晋玄学论稿·言意之辨》，上海古籍出版社 2005 年版，第 30 页。

乐之器也。诗，言其志也；歌，咏其声也；舞，动其容也。三者本于心，然后乐气从之。是故情深而文明，气盛而化神，和顺积中，而英华发外，唯乐不可以为伪。"所谓"然后乐气从之"指通过诗、歌、舞等手段所传达出来的音乐情绪，"乐气"就是体现在音乐中的情感内容。乐是德的外在表现，音乐只有"情深""气盛"，才能出神入化，才会具有感染人、打动人的力量。虽然《乐记》没有明言，但"乐以气为主"这一思想却已现端倪。有学者指出，这是后来"文气"说的重要渊源。

人们很早就用"气"的观点解释音乐的起源和目的性，认为音乐的起源与疏导宇宙间万物之生的风、气相关。《吕氏春秋·古乐》的一则记载云："昔古朱襄氏之治天下也，多风而阳气蓄积，万物散解，果实不成。故士达作为五弦瑟，以来阴气，以定群生。"风和气一样都是万物生命之源，而当风太盛、气又蓄积太多时，万物之生就受到威胁，所以朱襄氏时一个名叫士达的人要使用五弦瑟来驱散这积蓄太多的风、气。当然，士达那时还不可能有阴气阳气中和的观念，但它仍然表明原始音乐的起源和疏导宇宙天地间的风、气有关。从《国语·周语》的记载到《乐说》乃至更晚些时候的音乐理论（如《乐律全书》等），实际上都贯穿着音乐是宣导天地间生命之气的中心思想。

另外是把气视为音乐的本原。《吕氏春秋》中明确说音乐之本原是太一之气，其《大乐》曰："音乐之所由来者远矣，生于度量，本于太一。太一出两仪，两仪出阴阳，阴阳变化，　上　下，合而成章……万物所出，造于太一，化于阴阳。"《淮南子·天文训》所说"合气而为音"，《后汉书·律历志》中的"五音生于阴阳"，均指音乐源于阴阳之气。

春秋时期将"气"和"阴阳"、"清浊"说运用于解释音乐。在素朴的气本观、气化观哲学看来，宇宙生命是由气构成的，那么绘画和音乐自然也是由气产生的，所谓"天有六气，降生五味，发为五色，征为五声"（《左传·昭公元年》），"民有好恶喜怒哀乐，生于六气"（《左传·

昭公二十五年》)。何谓"六气"？"曰：阴、阳、风、雨、晦、明"(《左传·昭公元年》)，由"六气"观和阴阳相摩的思想而来，十二律是由阴阳构成的，阳为律，阴为吕，六律和六吕合为十二平均律。这样就将天地人等一切置于六气之下、气化之中，不仅人类吃的、听的、看的为气所生所降，人们的视听感觉能力和情感也赖气以生。气成了宇宙生命之所在，人的生命之所在，也成了审美艺术生命之所在，气与音乐的密切关系也就从此奠定了。

《左传·昭公二十年》记载了晏婴的"一气"说："先王之济五味、和五声也，以平其心，成其政也。声亦如味，一气、二体、三类、四物、五声、六律、七音、八风、九歌，以相成也……若琴瑟之专壹，谁能听之？同之不可也如是。"晏婴"一气"的提出，不仅表现了气化思想由一般的哲学深入到艺术创作领域，而且突出地显示了气在其中的重要位置，标志着艺术审美以气为主的思想的萌生。气不仅为宇宙天地的基因、人的生命所在，也成了艺术创作和表现形式的生命之本。应该说，晏婴的"一气"说标示着中国审美认识的主气趋向形成，在某种意义上可以说是"文以气为主"的思想先导。

张节末先生看到了这一点，他说："曹丕文气论以歌曲演唱作比，这说明文论初崛起是要向乐论靠拢的。"①张伯伟先生也说："在中国文艺史上，文学与音乐的结缘最早。从上古的讴歌吟咏到文字记录的《诗经》时代，诗与音乐乃至舞蹈的三位一体是早期艺术的一个主要特征。……由于早期诗、乐、舞的三位一体，诗歌理论与音乐理论不仅是混杂在一起的，甚至可以毫不夸张地说，中国文学理论就是源起于音乐理论。"②曹丕不仅有着较好的音乐素质和修养，而且有着自己对音乐的理解，他认为以"气"论乐与以"气"论文其实是相通的。因此，他将论乐之气转而用于论文，开拓了气论观在文论领域的新天地。

---

①　张节末：《从气到风骨——魏晋六朝艺术理论中审美范畴的演进》，《学术月刊》1991年第1期，第48页。

②　张伯伟：《中国诗学研究》，辽海出版社2000年版，第217-218页。

四、文气论产生的文学基础

有关文气论产生的文学思想基础，沈约在《宋史·谢灵运传》中有过表述："自汉至魏四百余年，辞人才子，文体三变。相如巧为形似之言，两班长于情理之说，子建、仲宣以气质为体。并标能擅美，独映当时。"①曹丕之"文以气为主"正是接受了"文体三变"的文学思想的影响而产生的。"相如巧为形似之言"是指司马相如在写赋过程中努力让自身的情感与外在生活和环境世界融为一体，从而惟妙惟肖地刻画事物的具体状况，表现事物的卓诡奇幻。"两班长于情理之说"则是肯定了班彪、班固父子以汉儒"发乎情、止乎礼义"的信条来抒情说理、来写赋的，而曹丕的"文气"说所强调的精神之气或是作家个性气质，显然是受二者的影响，是对二者的继承和发展。因而，我们在讨论"文气"说时，只有将其置于汉代"辽阔的现实图景，悠久的历史传统，邈远的神话幻想的结合，在一个琳琅满目五色斑斓的形象系列中，强有力地表现了人对物质世界和自然对象的征服主题"②的文学背景里，才能历史地把握其所产生的具体缘由。

如前所述，汉末建安时期是中国历史上一个空前动乱的时代。在那种时代背景下，一方面，感伤时代的凄凉情绪笼罩在人们的心头，"出门无所见，白骨蔽平原"（王粲《七哀诗》），"白骨露于野，千里无鸡鸣"（曹操《蒿里行》）；另一方面，以曹操为首的建安文学作家群体，同时又是志向远大极有抱负的政治家，他们有着建功立业，解百姓于倒悬的壮志雄心，加之处于统治地位的曹氏父子都非常重视文学，他们不仅喜欢写作，而且都是出色的文学家。他们非常重视文士并引之为友，他们之间"行则连舆，止则接席"，在自由宽松的诗文交流、品评的氛围下，歌咏出慷慨悲凉的人生曲调，因而造成了一代彬彬之盛的建安文

---

① 沈约：《宋史·谢灵运传》（卷六十七），中华书局1975年版，第43页。

② 李泽厚：《美的历程》，中国社会科学出版社1981年版，第89-90页。

学。由于文学创作的繁荣，致使文学批评将更专注于对文学特点、文体风格、社会作用等问题的探讨，因而体现这一作家群体的个性特征与时代特色的"文气"说也就应运而生了。

建安时期文学创作的繁荣发展，迫切需要从理论上给以总结和指导。《诗经》《楚辞》发展到汉赋和乐府民歌，文学日益成为一支独立发展的力量。东汉末年战乱频繁，黄巾起义和连年混战，不但从根本上动摇了东汉王朝的统治基础，而且从客观上促使了当时社会思想的活跃。特别是刑名之学和黄老之学流行，完全打破了汉武帝以来"罢黜百家，独尊儒术"的局面。由于儒家思想的削弱，过去作为儒学附庸的文学，便从这时开始取得了独立发展的地位。这时期的文学不像汉赋那样歌功颂德，而是面向现实和人生，摒弃模拟因袭，自创新体，倾向于作家情性的自我抒发，在形式和风格方面多有探索，文学体裁更丰富，语言技巧更讲究了。王充不仅在以气论自然、以气论人物方面取得了可喜的成果，而且已开始由论人而涉及文艺现象，例如他在《论衡·自纪》中说道："饰貌以强类者失形，调辞以务似者失情。百夫之子，不同父母。殊类而生，不必相似，各以所禀，自为佳好。……文士之务，各有所从，或调辞以巧文，或辩伪以实事。"这些论述主要是反对模拟因袭，主张作品要有创造性，但也论及社会对作品风格多样化的要求以及作品风格与作者个性的关系。这些对曹丕是有启发作用的。曹丕也把"常人贵远贱近，向声背实"的现象提出来加以批判，认为当代一些作家的作品"占人无以远过"，并强调作家个人气质对创作的影响，极为推崇作家的独创才能。

从主观条件方面讲，曹丕具有创作经验和批评眼光。《文心雕龙·时序》说："文帝以副君之重，妙善辞赋。"又《才略》篇说："魏文之才，洋洋清绮。……子桓虑详而力缓，故不竞于先鸣。而乐府清越，《典论》辨要，迭用短长，亦无懵焉。"依刘勰所评，曹丕既有文学创作的丰富经验，又具有深邃的批评眼光，加之所处的政治地位的显要，这就使得他有能力担负起文学理论研究的重任。

如果说春秋战国时代文学是历史、哲学的附庸，没有任何独立地位，汉代文学仍是经学、政治的附庸，甚至变成宫廷的消遣玩物，人们对文学也"见视如倡"，而到了曹魏时期，文学已经发展到一个空前自觉、独立的历史阶段。由于时代思想的活跃和最高统治者的提倡，天下有志文人皆荟萃邺下，士人文学群体的形成，诗文创作活动的繁荣，个体才性风格的彰显，营造了一种不再附庸受束而是生气勃勃的文学局面。

曹丕才性意识的自觉，既是时代使然，也是个人敏感和理论反思的结果。汉代察举征辟的实行开启了对人的品行的考量。到汉魏之际，由于儒家礼教统治的崩溃，战乱中人才选用要求的突出，促使对人的考量从道德向才性的转变。而东汉宇宙生命生成中的阴阳五行学说则为才性之论构成了哲学基础，成为才之高下全偏的认识依据。所以到汉魏之际，才性已经成为普遍流行的概念。如李泽厚指出的，人们"不再停留在东汉时代的道德、操守、儒学、气节的品评，于是人的才情、气质、格调、风貌、性分、能力便成了重点所在"①。但毕竟以上的才性论不是政治家的才性，就是人物品藻的才性，都不属于文学上的。而汉末魏初思想的自由拓展、文学的丰富成熟和雅好文学的语境，才是促使曹丕从作家本原上寻求作品不同、评价不同的成因。一句话，是进一步开放的思想自由和进一步发展了的文学繁荣，才使才性论由人的审美过渡到对创作才能、创作主体的认识，最终将才性与文学创作者联系了起来，产生了"文气"说的思想。

总之，文气论的提出使文学审美不再依附于人的审美，而把文学自身作为独立研究的对象并获得本体存在的价值意义，完成了从以"气"论人到以"气"论文的转化，并使"气"成为中国古代文论一个元关键词用以研究文学活动现象和具体的作家作品。

---

① 李泽厚：《美的历程》，中国社会科学出版社 1981 年版，第 92 页。

第三节　文气论的美学嬗变

文气论贯穿于各个时代的文学批评实践中，从而形成了一个源远流长而又脉络清楚的话语谱系，然而不同时代社会思潮、文化语境、审美心理等方面的不同，致使文气论话语构成和批评形态发生嬗变。

对文气论发展的历史分期，不同的学者由于着眼点不同而得出不同的结论。纵观历代学者的观点，其中最具代表性的有两种。第一种是郭绍虞先生提出的"五期"说：第一期是发生期和文学批评史上的气说渊源所自，以孟子的论"气"为代表；第二期是应用于文学批评，以曹丕的论"气"为代表；第三期是诗人文人开始广为采用，以杜甫和韩愈说"气"为代表；第四期是由诗与文性质之不同上企图找出切实的标准，以苏辙论"气"为代表；第五期是进一步求切实以"声气"所推究，以姚鼐和曾国藩论"气"为代表。[①] 第二种是台湾学者朱荣智先生提出的"四期"说。朱先生历时性地梳理了文气论在六朝、唐宋、元明、清代四个时期的发展，主要就每一时期具有代表性的论家的文气内涵进行了分析。[②]

另外，有学者将文气论分为滥觞、建立、发展、成熟四个时期，认为孟子为滥觞期，曹丕、韩愈为建立期，刘大櫆、夏丏尊为发展期，当代的唐弢、刘锡庆为成熟期。[③] 这样的分期及观点在一定程度上为后来的文气研究者提供了启迪与借鉴。

然而令人遗憾的是，他们都只是着眼于文气论的一般发展、"主气"说线索的变迁情形，而未能关注文气论的形而上之本体层面、大的

① 郭绍虞：《中国文学批评史上之"神""气"说》，《照隅室古典文学论文集》，上海古籍出版社1983年版，第46-47页。

② 朱荣智：《文气论研究》，台湾学生书局1986年版，第123-232页。

③ 张有恒：《"文气"说分期论》，《沈阳师范学院学报》1996年第1期，第92-94页。

历史转型或不同时期相关元素间的理论批评构型。因此，本书试图从大宇宙生命美学出发，主要着眼于对待"气"的不同观念，着眼于形而上层面文气论批评意识的变化和大的历史转型对文气论批评实践的历史加以审视，则大致可分为四个历史阶段或四种历史形态：魏晋南北朝时期——"文以气为主"的批评形态；唐代特别是中晚唐时期——"文以意为主，以气为辅"的批评形态；宋元时期——"文以理为主，以气为辅"的批评形态；明清时期——"文以神为主，以气为辅"的批评形态。

一、"文以气为主"

从汉末古诗十九首的抒情倾向到建安时期的抒情小赋、五七言诗的发展，是沿着重抒情、重文学的艺术特质展开的，表现出一反汉代正统文学而抒一己情怀的趋势，开辟了一个文学的灿烂时代和大风格类型，这就是"非功利、主缘情、重个性、求华美"①的审美趋向。就如罗宗强所说："随着经学束缚的解除，正统观念的淡化，思想出现了活跃的局面，僵化了的内心世界让位于一个感情丰富细腻的世界。重个性、重欲望、重感情，强烈的生命意识成了建安士人内心生活的中心。"②总之，就建安文学而言，战乱的环境，一方面给建立功业提供了可能，激发起士人建立功业的强烈愿望；另一方面又是人命危浅，朝不虑夕，使士人发出了岁月不居、人生无常的深沉叹息。这样的环境便促使文学上形成慷慨悲凉的情调，社会上形成慷慨任气的风尚，文学批评上的重气之旨，正是此时文学的精神气质和时代气氛的产物。而在其后的整个魏晋南北朝时期，虽然各时代自有发展变化，但在总趋势上都继承了汉末以来文学的非功利、重抒情的理念，由此，重抒情、重感兴、重个体生命气韵的独特抒发，也即重气之旨成为贯穿魏晋南北朝文学审美的思想

---

① 罗宗强：《魏晋南北朝文学思想史》，中华书局 1996 年版，第 15 页。
② 罗宗强：《魏晋南北朝文学思想史》，中华书局 1996 年版，第 6 页。

潮流。

魏晋人的自觉，表现为人对人之为人——人的个体意识、个体感性、个体价值、个体意志等，总之是人的生存与生命质量的苦苦思索与追寻。马克思说："只是由于属人的本质地客观地展开的丰富性，主体的、属人的感性的丰富性，即感受音乐的耳朵、感受形式美的眼睛，简言之，那些能感受人的快乐和确证自己是属人的本质力量感觉，才或者发展起来，或者产生出来。"这即是说，主体的个体感性的展开是审美意识形成的基础与前提。文的自觉就是站在本体论的高度视艺术为艺术之创造主体的本质力量之审美显现。所谓本体论就是探讨存在本身，即一切现实的基本特征的一种学说，是一种导致有关存在的本质力量的必然真理的演绎法。具体到魏晋时代，本体论的具体历史内容就是刘劭所谓的对"人之质量"的思考。

魏晋美学是建立在人本主义基础之上的生命美学。艺术审美活动是主体的生命活动，而主体生命既以气为本体，那么艺术审美活动必为气本体所使然。曹丕首举"文以气为主"之大旗，在这面旗帜的倡导下，魏晋六朝的美学家、文论家如刘勰、钟嵘，或论文之道，或论诗之源，或缕析作家之个性，或品鉴诗文之风格，都无不以"气"为准的。

最早将"气"与"文"联系起来的是先秦时代的曾子。《论语·泰伯》记录有曾子的言论："出辞气，斯远鄙倍矣。"因此清代刘熙载在《艺概》中说"此以气论辞始"，但实际上曾子仅仅触及辞与气的关联。曾子之后将"气"与"文"联系起来的是孟子，但他也只是提出了"知言养气"的设想而并没有实践。直到汉魏之际的曹丕才真正在文论美学的意义上将"气"与"文"联系起来，并以自己的批评实践开创了以气论文的经典范式，提出了"文气"说的理论纲领。

汉代文坛从理论到创作，都忽视了文学还有表现自我的一面，"故其机运转变，必待于东汉。至建安，乃始有彰著之特姿异彩呈现也"。而"文章既有独特之体，斯必有其独特之性，魏文帝专拈一'气'字说之……此义前人所未道"。① 这也就是说，"气"作为代表作家创作个性的美学术语，不可能出现在魏晋以前的时代。钱穆先生这里显然是从文学自身发展逻辑上说的，即"文气"在魏晋之初的出现是文学的逻辑使然。

曹丕的《典论·论文》全文仅七百余字，涵盖了作家论、文体论、创作论、鉴赏论、文学价值论等多方面的丰富内容。他首先批评了时人囿于"自见"，"各以所长，相轻所短"，他认为"文非一体，鲜能备善"，这实际上是确立了他的文学批评标准，并将这一思想直接应用于他对建安七子的评价："斯七子者，于学无所遗，于辞无所假。咸以自骋骥騄于千里，仰齐足而并驰。以此相服，亦良难矣。"其次就"文本同而末异"展开对作家与文体关系的分析，提出"奏议、书论、铭诔、诗赋"四科八体，认为文章评论不能拘泥于"体"，因为"能之者偏也，唯通才能备其体""文以气为主，气之清浊有体，不可力强而致"，要求作家各体皆通是不现实的，也是不可能的。再次，从文章的社会价值与个人价值两方面论证写作的意义，"盖文章，经国之大业，不朽之盛事。年寿有时而尽，荣乐止乎其身，二者必至之常期，未若文章之无穷"。但另一方面，曹丕并未停留于这些现象层面的描述和品评上，而是进入到生命本体论的思考和探寻。

曹丕之所以能够深入到本体层面的思考，既与当时的本体思维模式有关，也与文学的发展成熟相关。汉末魏晋之时，文学开始摆脱政教功利主义的束缚，同时本体论思辨哲学的文化思潮引发了人的自觉思考。他们认为任何事物都是无形的本体与有形的现象的统一体，具有独立品格的艺术当然也不例外。曹丕说："文以气为主，气之清浊有体，不可力强而致。譬诸音乐，曲度虽均，节奏同检，至于引气不齐，巧拙有素，虽在父兄，不能以移子弟。"他把诗文的本体归结为"气"，是因为

---

① 钱穆：《中国学术思想史论丛》（卷二），安徽教育出版社 2004 年版，第 90-92 页。

"气"作为生命本体具有物质性与精神性的统一性、先天性与个体性三个特点。这段话中，"不可力强而致"指出"气"是本源于"天地之气"，具有先天性，非人力所能改变；"气之清浊有体"，其中"清"者为精，"浊"者为形，表明"气"是具有精神性的；而后面的"譬诸音乐，曲度虽均，节奏同检，至于引气不齐，巧拙有素，虽在父兄，不能以移子弟"，这里强调了"气"的个体性，因为"天地之气"或是"元气"只有成为个体之气，具有个体性时才具有精神性。曹丕对"气"的个体性的强调是为了表明这里所说的"气"不是普通之"气"，而是具有"精神性"的"精气"。显然曹丕这时所说的"气"依然是"天地之气""个体之气""精神之气"的统一。可见，《典论·论文》是曹丕从事物表象的叩问到作家生命本体的体察，从作家生命"气化"的创造功能到独特风格的发现。如此，从天地自然之气到人身之气，由人身之气到文章之气，"气"从而成为作家的生命气质和作品风格相联系的终极因素，连接起作者禀气和作家创作特色以及作品风格特色，开启了后世从主客体双向流通中把握作品特色的审美范式。

刘勰的《文心雕龙》涵盖了从创作本原到创作主体、从创作过程到作品形式的全部系统，可表示为：创作本原之气—主体之气—创作过程之气化—作品之气，正是在这样的一气化育的思想维度下，《文心雕龙》呈现出清晰而完整的文气论理论构架。

刘勰在《物色》中清楚地揭示了文学创作的本原、创作冲动的产生、创作过程的具体机制。文学活动的总根源在于"气"之阴阳运动带来的宇宙万物和人的生命波荡与人感，所谓"物色之动，心亦摇焉……微虫犹或入感，四时之动物深矣"。更重要的是他在传统的"气感"说基础上建构起审美的物我感应关系和创作冲动的发生原理，即"物色相召，人谁获安"。物与人共感同情，于是文学创作活动自然而然地产生："情以物迁，辞以情发。"而在整个创作过程中，主体与万象始终处在大宇宙生命同构的体验中，心物相随、辞气相谐，实现着审美的创造。

他在《体性》和《养气》中专门论作者之气。《体性》谈作者气性与文体风格的关系时说："才有庸俊，气有刚柔，学有浅深，习有雅郑，并情性所铄，陶染所凝，是以笔区云谲，文苑波诡者矣……若夫八体屡迁，功以学成，才力居中，肇自血气。气以实志，志以定言，吐纳英华，莫非情性。"他明确指出人有刚柔两类血气性格，后天的学识习染会影响人之气性，由于主体气性的不同必然呈现不同的创作面貌。《养气》则就作者之气提出了养气的方法与途径：由于思有利钝、时有通塞，神志昏昏势必影响创作，"是以吐纳文艺，务在节宣，清和其心，调畅其气，烦而即舍，勿使壅滞"。而刘勰的养气，既不同于孟子的"集义养气"说，也不同于韩愈的"读书养气"说，而是继承和发展了道家的"虚静养气"说，明确认为气是可临文蓄养的。作家在临文创作之际应该"玄神宜宝，素气资养""清和其心，调畅其气"，避免"神疲而气衰"，也就是说创作时要注意对自然体气和生理之气的调养，对自身体力和精力的调适。

文学的产生是由主体之气到文之气的气化创作过程，此间主体生命机能中生理的、心理的、技能的多种气因素将协同活动，对创作的成败起着关键的作用。首先，刘勰在《神思》中提出了"志气"的问题："神居胸臆，而志气统其关键。"他继承了孟子"志者，气之帅也""夫志壹则动气，气壹则动志也"的思想，强调"志"与"气"合二为一的作用。在他看来，仅有气还不行，"夫神思方运，万涂竞萌……方其搦翰，气倍辞前，暨乎篇成，半折心始。何则？意翻空而易奇，言征实而难巧也"。因此在提出"志气"对"神思"的统率时也看到"思"和"意"的重要，并发现"志"对二者的决定性作用，故刘勰的"主气"说使他将志气看做"思"和"意"的决定因素，强调主体之气的化育作用。其次，在《风骨》中，刘勰又从本源、质能上对"气化"创作理论作了最为充分的论说："《诗》总六义，风冠其首，斯乃化感之本源，志气之符契也。是以怊怅述情，必始乎风，沈吟铺辞，莫先于骨。故辞之待骨，如体之树骸，情之含风，犹形之包气。结言端直，则文骨成焉，意气骏爽，则文风清焉。若丰藻克赡，风骨不飞，则振采失鲜，负声无力。是以缀虑裁篇，务盈守气，刚健既实，辉光乃新。其为文用，譬征鸟之使翼也。"刘勰认为风骨的根源在于作家之气，即文学作品鲜明爽朗的思想感情、刚健有力的文体风貌与遒劲的文辞都是因作家精神之气的激发所致。总之，刘勰将文气论提升并延伸到了气质、才性、气貌、风骨、养气等方面，极大地丰富和发展了文论批评"气"的内涵，拓展和创新了文气论批评及理论，奠定了后世"以气论文"的基本格局。

钟嵘的批评实践中使用了"骨气""真骨""气调"等语，正像于民指出的："魏晋人物品藻中许多用语来自骨相，并很快影响早期画论，如果说在东晋之时这种审美观念的移植还显得直接生硬，原搬了天骨、奇骨、骨趣等概念，那么进入齐梁就有了进一步变化。《古画品录》中把骨法与用笔结合，形成'六法'之一便是这种变化的显著表现。在《诗品》《文心雕龙》中，人物品藻中的风骨、骨气、气骨，被进一步加工充实以新的内容。"①钟嵘不仅表现出"主气"的批评实践，而且善于将其上升为理论认识，概括其中规律。就在对众多诗人创作的研究梳理中，他还发现了一个基本的共同的创作规律，即诗人的创作冲动来自大宇宙万物气化动荡引起的生命相感，这就是《诗品序》中提出的著名的"气动-物感"说（实质上是"气感"说）："气之动物，物之感人，故摇荡性情，形诸舞咏。照烛三才，晖丽万有，灵祇待之以致飨，幽微藉之以昭告。动天地，感鬼神，莫近于诗。"（《诗品》卷一）这段话的意思是，阴阳之气的运动形成了万物的运动变化，万物与人之间的同气相感则引起人性情的波动、激越，而人的这种内心情感活动最终外现为诗歌咏诵的形式。他看到了自然之气对诗人心灵的触动，从理论上指出了诗歌创作之"气"的本原。其"动天地，感鬼神，莫近于诗"一句，则从天地宇宙万物的范围言说诗的审美效果和价值意义，显现出天地人万物一体的大宇宙生命观、审美意识。正是在此观念下，钟嵘的"滋味"说特别强调

---

①　于民：《气化谐和——中国古典审美意识的独特发展》，东北师范大学出版社 1990 年版，第 235 页。

了"干之以风力，润之以丹彩"的诗美理想，表现出与刘勰一样的魏晋以来元气论哲学美学传统。

可以说，文气论的主要建构在魏晋六朝时期已基本完成，后世的文气论大体上是对此期"文以气为主"说的继承与深化。

二、"文以意为主，以气为辅"

隋唐时期的情况与魏晋南北朝有很大不同。从哲学主潮上说，唐代不像汉魏时以元气自然论哲学为主导，而是形成儒道佛并存的局面，气论思想是与各家其他思想交织在一起借以显现的，因而地位与影响都受到了削弱。从社会审美心理上说，虽然唐代是儒道释多元并立的时代，但实际上道家哲学经玄学极端发展，清谈高潮刚刚过去，动乱的教训使儒家实用学说重新回归为主流思想，同时更有佛学的发展和禅宗新潮。因此，这一时期的文学走向了新的文学意境论取向：既有从陈子昂的"风雅不作，以耿耿也"到杜甫的"别裁伪体亲风雅"，重归正统文学思想重风化、重"兴寄"的取向；又有从王昌龄的"夫作文章，但多立意"到司空图的"韵外之致、味外之旨"的追求。

由"主气"向"主意"的转向，无疑与唐代佛学发展、唐帝国的建立及其意识形态有关。佛学的影响，加之儒道释的多元并存尤其儒家思想在唐帝国开国兴业中重新获得正统地位对文学思想的巨大影响，致使魏晋南北朝时的"文气"说受到了一定冲击。换言之，唐代强调的是气之宇宙生命的博大和风骨之气力，而并不是气质才性。

由"主气"向"主意"的转向也是文学自身发展逻辑的结果。一是李白所说的"自从建安来，绮丽不足珍"，"主气"的批评观产生于汉魏之际对正统文学宏大主旨的冲击，所重视的是个体才情、自我情感的自由抒发，而历经两晋、南北朝日益走向浮艳绮靡的形式弄巧和空洞无物的宫体诗，这不能不说是文学摆脱经学、诗学后已走向了极端、误区。文学的生命在于真情实感、言之有物，因而由重气到重意是反拨齐梁诗风的需要，所以有众多诗人向"风雅"回归。

作为古文运动的旗帜和领袖的韩愈在他的《答李翊书》一文中提出了著名的"养气"说和"气盛言宜"说。他说："……虽然不可以不养也。行之乎仁义之途，游之乎《诗》《书》之源，无迷其途，无绝其源，终吾身而已矣。"又说："气，水也；言，浮物也。水大而物之浮者大小毕浮，气之与言犹是也，气盛则言之短长与声之高下者皆宜。"韩愈的"气盛言宜"说首先是立足于反对骈文的空疏和"明道""传道"的价值指向提出的，而他同时又深谙文章(文学)审美特性，注意到辞的声调和韵律要求，"气"恰恰体现了生命、情感自然起伏的节奏，只要"气盛"，言之有物、有情、有气，自然而然便是最真最好的文章。韩愈将"气"由个体风格上的言说引向了具体创作过程中的精神状态，使"气"变成了一种直接的创作理论，同时也昭示出他对思想内容的"意"的重视，不仅"道"为主，而且"气盛"的内里在于有"道"。这样韩愈就完成了"文气"说的一个转向，即从曹丕、刘勰的才性气质论转向了道德修养论。

其后的杜牧作为文气论批评的重要人物提出了一个著名的理论命题："文以意为主，气为辅。"比之韩愈的"气盛言宜"，这一说法对诗文创作本质的表述更加明晰完整，并建构起了一种不同于曹丕时代"文以气为主"的新的批评论。他在《答庄充书》中说："凡为文以意为主，气为辅，以辞采章句为之兵卫。未有主强盛而辅不飘逸者，兵卫不华赫而庄整者。……苟意不先立，止以文采辞句，绕前捧后，是言愈多而理愈乱，如入阛阓，纷纷然莫知其谁，暮散而已。是以意全胜者，辞愈高而文愈高；意不胜者，辞愈华而文愈鄙。是意能遣辞，辞不能成意，大抵为文之旨如此。"(《樊川文集》卷十三)杜牧所言之气是指一种"风神气势"，而非曹丕所言的"体气之气"。曹丕以"体"论文当以"气"为主，而杜牧旨在强调气势只是诗文的一种依托力量，因而只具有辅助作用。

随着禅宗的兴盛和儒道释的相融，士大夫阶层的思想心态和审美观也日趋老成，不再具有风神气势，而是趋向于宁静淡泊，社会审美从壮美向优美转移，故而强调"意为主，气为辅"代表着整个社会审美心理趋向。正如王运熙、顾易生在《中国文学批评史新编》中指出："到了安史之乱后的中晚唐时期，由于社会环境、审美趣味的变化，文学批评中谈风骨的便相当少见了。"①因此，这一时期"文气"的含义从古文家们的"文以气为主"转变到杜牧的"气为辅"，"文气"成为直指创作的精神状态和行文气势的一个概念。

三、"文以理为主，以气为辅"

宋元时期是一个高扬"理学"而又重"气"的时代。与前代相比，如果说唐代是儒道释三教并行而佛学空前兴盛的时代，传统气论实际上被边缘化了，但宋代可以说是一个围绕"理"与"气"的哲学时代。一方面，以二程和朱熹为代表的理学家在对儒家学说的继承和创新发展中创建了影响巨大而深远的理学；另一方面，以张载为代表的气一元论和以朱熹为代表的"理气"说将气论哲学推向新的高潮。由此可见，理学和气论哲学作为宋学主干在宋代的突出发展和主导地位。随着历史进入到元代和元人对宋学的因循，宋代理学和气论哲学遂深刻地影响和渗透到了元代的思想意识和文化形态之中。

宋代理学和气论哲学的发展直接影响到了文气论批评，并带来唐代之后文气论批评的再一次历史转型，由"文以意为主，气为辅"转向"文以理为主，气为辅"的批评观。这一命题的提出应该说是由宋元诗文论家共同完成的。

金华朱学的代表人物王柏在《题碧霞山人王公文集后》中明确提出了"气亦道也"，并辨析了理气对文的意义。"夫道者，形而上者也；气者，形而下者也。形而上者不可见，必有形而下者为之体焉，故气亦道也。如是之文，始有正气。……盖气不正，不足以传远，学者要当以知

---

① 王运熙、顾易生：《中国文学批评史新编》，复旦大学出版社 2001 年版，第 168 页。

道为先，养气为助。道苟明矣，而气不充，不过失之弱耳；道苟不明，气虽壮，亦邪气而已，虚气而已，否则客气而已；不可谓载道之文也。"又说："'文以气为主'，古有是言也。'文以理为主'，近世儒者尝言之。"①王柏从道学家立场出发，以道(理)为本，认为有气的文章即为有道(理)。

由于理学思想的深厚熏染，北宋时的黄庭坚在文学思想和创作理论上明显表现出向儒家正统思想以及周敦颐和二程理学、道学的靠拢，提出了"文以理为主"的命题。他在《与王观复书》中说："好作奇语自是文章病，但当以理为主。理得而辞顺，文章自然出群拔萃。……文章盖自建安以来，好作奇语，故其气象衰苶，其病至今犹在。"

如果说黄庭坚凸显"主理"而不无偏颇的话，同时代稍后的吴子良则对其"文以理为主"作了补充，于作"文"纲领给予了更加完整的表述。吴子良在《荆溪林下偶谈》中提出："为文大概有三：主之以理，张之以气，束之以法。"②可见，在吴子良的文学批评中，理学与文学的关系由割裂走向了新的融合，追求义理的同时很讲究"文气""文法"，体现出欲纠正绝对理学化的诗学向度。

到了元代的刘将孙，则在宋代诗学批评的基础上进一步综合概括为"文以理为主，以气为辅"说。他在《谭村西诗文序》中明确阐释了为何要提"文以理为主，气为辅"的理论命题："文以气为主，非主于气也，乃其中有所主，则其气浩然，流动充满而无不达，遂若气为之主耳。……予亦于气为主之言，而窃顾有所益也，主者同而所以为主者异，轨欲更之曰：义以理为主，以气为辅。"(《养吾斋集》卷十)在刘将孙看来，"理"才是真正的文之主宰、统帅，以往所说"文以气为主"是只看到表面上"气"对于行文过程的作用，实质上，"气"流动而形成文势是因为其中有所主，即"理"的作用。刘将孙在《赵青山先生墓表》中

①　郭绍虞：《中国历代文论选》(第二册)，上海古籍出版社 2000 年版，第287 页。

②　吴子良：《荆溪林下偶谈》(卷二)，文渊阁四库全书本。

又说："出议论于事外，发理趣于意表。"由此可见，刘将孙强调"主理"说的文学批评观与宋代理学思想是一致的。

"文以理为主"说的提出，从深层次上看，就如王运熙先生指出的，"从'文以气为主'修正为'文以理为主'，标志着魏晋南北朝和唐宋元明清两个不同历史时期在这个问题上的不同认识和要求。'文以气为主'说，认为作品的风貌是作家气质、才性的表现，作家的气质、才性出自天赋，禀气清刚，作品就能写得爽朗刚健。此说的指导思想是当时流行的才性论，重视禀赋，不重视用后天的学习来培养作者的气质、才性，不要求作品应有某种思想倾向。'文以理为主'说，认为作者应在'六经'孔孟之道的指导下，培养起正直刚毅的气概（浩然之气），发为文章，就能文辞畅达。此说与这个时期流行的理学在思想上息息相通，强调儒学的指导作用，强调学习儒家经典，强调养气，把提高作者的思想道德修养放在首要地位。至于要求文章写得气势旺盛，风格刚健，则是两说所共同的。"①

四、"文以神为主，以气为辅"

文气论到了清代则形成较为系统的理论学派，这就是著名的桐城派文气论。从方苞、姚鼐到刘大櫆、曾国藩等都有文气批评实践和创新，特别是姚鼐的"阳刚阴柔"风格论、刘大櫆的"神为主，气辅之"的命题，彰显出"文气"说批评的第三次转型，概括了明清时期文气论批评新的价值观和审美形态。

"神"是中国古典美学理论中与气一脉相承的重要范畴。由哲学延伸，"神"在审美中泛指审美对象的精神、神采、神妙、灵魂，自然美是自然造化的"神"，而艺术美则在于作品"妙万物而能言之"的"神"。可以说，"神"直接关系着作品的艺术魅力和审美价值，因为只有达到"神"的境界，诗文才能获得"妙万物而能言之"的生命力，才能达到与

---

① 王运熙：《古代文论中的"文气"说》，《文史知识》1984 年第 4 期。

宇宙万物妙合神会的境界。神是事物的深层生命内涵，"神"既为万物之本又与"形"相偕并生，所以中国古代文论中"形神兼备""传神写照"的观念成为一以贯之的审美尺度。同时，既然"神"是一种生命内涵的体现，无气则神衰，故"神气"并重的话语在明清前的诗学批评中也已出现。

明代"开国文臣之首"的宋濂在《文原》中谈到"神"与"气"的关系问题。他说："人能养气，则情深而文明，气盛而化神，当与天地之同功也。"《礼记·乐记》曾有诗、乐、舞"三者本于心，然后乐器从之，是故情深而文明，气盛而化神"的说法，宋濂这里将《乐记》中的话引述过来，一方面说明其论文有宗经师古之道，另一方面也表达了他对诗文审美本质的理解。所谓"情深而文明，气盛而化神"，大体是说诗文文辞的明确取决于深刻的情理，而精神的运化或被感化则是由于充沛的元气、充满生命的活力，这里既强调了"情"和"文"是不可分割的，也强调了"气"对"神"的制约作用。可以说，由宋濂开的这个头贯穿了整个明清两代。

清代审美的重"神"取向尤其受王士祯"神韵"说影响，但对于"文气"的发展主要体现在桐城派的重要代表人物刘大櫆建构的"神主气辅"说及神气音节论批评体系中。他在《论文偶记》中说："行文之道，神为主，气辅之。曹子桓、苏子由论文，以气为主，是矣。然气随神转，神浑则气灏，神远则气逸，神伟则气高，神变则气奇，神深则气静，故神为气之主。至专以理为主者，则犹未尽其妙也。"在此，刘大櫆首先明确提出了"神为主"的命题，即对于行文之道来说，"神"是第一位的，是最高的主宰，气为辅，起着协助的作用。他继而陈述了神与气的关系：气随神转，不同的"神"就会有不同的"气"，既然"气"为"神"所主宰和决定，那么，文当然也就为"神"所主宰和决定了。值得注意的是，他对"神"的强调不像以往普泛地说"文以××为主"，而是悄然地变成了"行文之道"，这样"神"就由一种本体论、鉴赏论的观念变为了一种创作论或写作意义上的观念，显示了要落实于具体的可操作的"法"。

他所说的"神"既是作者之神思、灵思冥会，化育为作品，又是作品之有神、传神、神韵，是创作过程到艺术效果的统一。他在《论文偶记》中写道："神气者，文之最精处也；音节者，文之稍粗处也；字句者，文之最粗处也。然论文而至于字句，则文之能事尽矣。盖音节者，神气之迹也；字句者，音节之矩也。神气不可见，于音节见之，音节无可准，以字句准之。音节高则神气必高，音节下则神气必下，故音节为神气之迹。……积字成句，积句成章，积章成篇，合而读之，音节见矣，歌而咏之，神气出矣。"这里刘大櫆将对文章"神气"的追求具体化为对音节的追求，也即作文者可以藉音节气势实现以神会神、气韵生动的文学表达。刘大櫆从文章的外围字句、音节，由粗入精、由表及里地深入文章内部体会文章高妙之处，这确比单纯从开阖照应、间架结构上论文灵活和科学多了。其"神气音节"说示人以作文之法和学文之法，并试图使"文气"说真正让人掌握并自觉运用于创作实践。这无疑是"文气"说理论成熟而系统化的体现，将曹丕、刘勰、韩愈的理论又推进了一步。刘大櫆将宋元时期的"理为主"修正为"神为主"是新的历史语境、审美认识和价值取向的发展使然，标志着明清时期的文气论批评走向了一种更为深入、细致、切实、多元融合的境界。

文气论嬗变的美学意义有如下几个方面。

首先，文气论的嬗变是文气发展的时代印记。正如清代大学者王国维先生在《宋元戏曲史序》中所说："凡一代有一代之文学：楚之骚，汉之赋，六代之骈语，唐之诗，宋之词，元之曲，皆所谓一代之文学，而后世莫能继焉者也。"①一时代有一时代之文气。曹丕首举"文以气为主"之大旗，魏晋南北朝的美学家、文论家评诗论文都无不以"气"为准的，形成了一个重"文之气"的时代。唐代尤其是中晚唐时期在佛学的影响下，加之儒道释的多元并存尤其儒家思想在唐帝国开国兴业中重新获得正统地位对文学思想的巨大影响，杜牧提出"文以意为主，气为

---

① 王国维：《宋元戏曲史》，上海古籍出版社 2008 年版，序言第 1 页。

辅"开创了一个重"意之气"的时代。宋元时期在理学思潮的熏染下，形成了一个高扬"理学"而又重"理之气"的时代。明清时期在心理思想的影响下，形成了一个"神为主，气辅之"的"神之气"的时代。由此可见，四个不同的历史时期，文气论呈现为"文以气为主""文以意为主""文以理为主""文以神为主"的形态特征，这样"文以××为主"，其中的"气""意""理""神"则成为了四个不同历史时期的时代印记和历史坐标。

其次，"以气为辅"的言说方式中的"气"看似淡出，实则深入，化为理论的灵魂。自唐代以来至明清时期，理论家们提出"文以意为主，以气为辅""文以理为主，以气为辅""文以神为主，以气为辅"，虽然这三个不同的历史时段分别以"意""理""神"为主，但都强调"以气为辅"，都把"气"作为"意""理""神"的内在支撑，这种"以气为辅"的话语表达让"气"看似淡出，实际上却是以一种内隐的、潜在的方式化入理论之中，成为理论的核心和灵魂。

总之，不管是从历史发展的维度来看，还是从文气论自身的逻辑发展层面来看，文气是文学艺术生命力的源泉，贯穿着中国文学批评发展的始终。正如严羽《沧浪诗话》所说："诗有词、理、意兴。南朝人尚词而病于理，本朝人尚理而病于意兴，唐人尚意兴而理在其中，汉魏之诗，词理意兴无迹可求。"自魏晋以来曹丕开创文气论之后，历代以气论诗论文者不绝如缕，文气论始终贯穿于历代文学批评实践中，形成了一个源流脉络清楚、前后连续不断的话语谱系或理论批评体系，不同时代又因社会思潮、文化语境、审美心理、艺术重心的不同，形成了文气论话语构成和批评形态的变化。将文气论放在一个特定的历史或文化脉络中，特别关注其演变发展中的几个重要的历史纽结：魏晋南北朝元气论哲学语境下的"元气"文气批评、唐代尤其是中晚唐佛学语境下的"意—气"文气论、宋元理学思潮语境下的"理—气"文气论、明清心学语境下的"神—气"文气论。分析文气论在每一具体历史时空中的生成、形态、特征，可延伸到伦理道德、心性情志以及音韵声调语势等维度。

只有这样，我们才能将文气论的建构发展过程和多样理论类型放在历史文化的脉络中进行观照，从而深入发掘文气论的理论内涵、文化要义和思想精髓，展现"气"作为中国文化关键词所具有的鲜活的生命力和强大的影响力。

第八章　文气的孕育与赋形

"气"是天地万物之源，是人体生命的原动力，也是文学艺术发生、发展的本原和动力。"气"始终贯穿、运行于文学创作和欣赏评论的整个过程。文学作品中的文气，就像人体中的血气行于脉络之中而遍身存在，无一处不到而又无一刻不息，是作家内在之气的外在表现。曹丕在《典论·论文》中第一次最为明确地肯定了"气"与文学创作的关系，他说："文以气为主，气之清浊有体，不可力强而至。"明末清初爱国诗人黄宗羲说："夫文章，天之元气也。"(《南雷文约》卷四)。清代文论家刘熙载在《艺概·文概》中也说："文要与元气相合。"他们都从本体论上说明了文学的本原就是"元气"，阐述了文章的内在结构与外部存在之间的关系，把握了文学的真实本原。曹丕在《典论·论文》中提出的"文以气为主"这一创造性的理论命题，突出强调了作者在文学创作中的主体性地位。由此可见，古代文论家们很早就看到了"气"对文艺创作的巨大影响。

所谓文学创作，从思维性角度来说，就是运用一定的语言符号系统，经由思维方式这一中介，实现文学主体的某种精神意识的对象化。中国传统哲学的思维方式就是把个人、自然和社会作为一个整体来考虑的气论思维方式。李志林在《气论与传统思维方式》中认为这种思维方式的特点在于"坚持了普遍联系、整体考察；反映在自然观上，就是物我不分，天人合一，试图寻找一种包容一切的有机联系的、整体的、功能性的复杂物质"。① 如果我们把这句话的"物质"换成"图景""意象"

---

① 李志林：《气论与传统思维方式》，学林出版社1990年版，第315页。

或"意境",则这句话正好说明了中国古代文学审美创造的核心内容,因而也恰好是中国古代气论文学创造的核心内容。

日本学者三石善吉指出:"孟轲——曹丕——刘勰这一系统得以明确的诗文论中的'气'说,就是认为首先要把'气'作为构成天地万物的原理,而'气之精'宿于人,如其充溢的话,'思''知'这种人的精神活动(也包括诗文)就变得更为活跃。换句话说,把个人资质('气质',即才能)的高下,或者动'神'的气(由杰出的构思和直感支撑着的作家的创作冲动)在'语气'(语势)中的表达,是那种诗文论的根本所在。"①这段话十分精当地概括了气论的文学创作论。

第一节 "气感": 文机发动

前面谈体气的蓄积与涵养实际上就已涉及了养气与文学创作的关系问题,体气涵养的盈亏滞畅与蓄积的厚薄多寡关系到文机涵育的成败得失。纪昀先生很早就认识到养气与文机的关系。他认为《文心雕龙》的《养气》篇的核心就是提倡涵养文机。他说:"此非惟养气,实亦涵养文机,《神思》篇虚静之说,可以参观。"②从文机涵养,到兴感触发,继而文机发动,是艺术发生的必由路径。谢榛曾在《四溟诗话》中说:"诗有天机,待时而发,触物而成,虽幽寻苦索,不易得也。"可见,文机的发动,是"待时而发",即取决于主体养气所成就的基础,是"触物而成",则强调待主客交感而文机气机方通。因此,如果说"养气"说是针对主体创作之前审美心理涵养而言的话,那么气感则是涵养达到一定势能对文机的直接发动。

---

① [日]三石善吉:《桐城派中的气——以诗文论为中心》,李庆译,上海人民出版社1990年版,第472页。

② 纪晓岚:《纪晓岚评注文心雕龙》,江苏广陵古籍刻印社1997年版,第349页。

一、元气是文艺发生发展的本原和动力

"气"是天地万物之源，也是文学艺术生成的基础。天地万物虽然具有不同的性质特征，但"气"是它们共通的最基本的因素。正因为天人贯穿一"气"，所以天人之间才能以"气"为中介，相互感应，天人合一。

艺术创造是一种以物达心的活动，而按照物感说，在这心与物之间，"感"是一个中介，是它将物与心联结起来，建立起一种动态的有机联系。"物感"说将艺术创造活动描述为创造主体接受外界对象刺激而产生一系列精神感性活动的过程。这里的"感"，包括了从生理层次的感官接受到心理层次的感受、感悟、情感运动等各个方面，故而作为艺术创造思维活动的物感，包括了两个方面的基本内容：一是艺术创造主体心灵与外界对象的有机精神联系；二是以感性为核心的艺术创造主体的心理活动。

艺术创作活动的动机来自客观外物的感召和刺激。这种观点最早见于《礼记·乐记》对音乐的论述。《乐记》云："凡音之起，由人心生也。人心之动，物使之然也。感于物而动，故形于声，声相应，故生变，变成方，谓之音。比音而乐之，及干戚羽旄，谓之乐。乐者，音之所由生也，其本在人心之感于物也。"《乐记·乐本》也说："乐者，音之所由生也，其本在人心之感于物也。是故其哀心感者，其声噍以杀；其乐心感者，其声啴以缓；其喜心感者，其声发以散；其怒心感者，其声粗以厉；其敬心感者，其声直以廉；其爱心感者，其声和以柔。"《乐记》着重论述了音乐活动中的感应现象，提出"感于物而动"的观点，并加以再三强调。分析起来，其中大致包括三种含义：其一，审美创作活动是人的心理需要，"由人心生"，故审美创作动机的形成必须具备主体方面的条件；其二，审美创作动机的形成又需要一定外物的条件——"物使之然"；其三，审美创作动机的形成过程是"人心之感于物"——"感于物而动"。这些观点基本上是符合审美心理学关于审美创作动机形成

的原则的。但是从《乐记》全篇的论述来看，其所言之"物"偏重于社会政治与伦理教化方面的内容，没有注意到自然环境以及人生遭际等外物条件对产生审美创作动机的重要作用。

"感"是人最基本的生理现象，是人产生一切情志欲念的起点。早期的感分为两类：一是源自生理的主体对外在刺激的反应；二是源自古代宇宙观的"气"笼罩下的主客交感。我们讨论的作为文学理论内容的气感以主客交感为主，主要指向精神性的审美活动。气感论在两汉之际通过阴阳五行相关学说的包装逐步成熟，在当时具有打通天人的阔大与神秘。气类感应、天人合一的思想深刻影响了中国文学理论中的文学发生论。

咸：亨，利贞，取女吉。

上六：咸其辅，颊，舌。

九五：咸其悔，无悔。

九四：贞吉悔亡，憧憧往来，朋从尔思。

九三：咸其股，执其随，往吝。

六二：咸其腓，凶，居吉。

初六：咸其拇。

感   咸卦

主客交感属于原始思维或者早期宇宙观的产物，认为宇宙由气所构成，万物同处于气的交通之中而彼此感应、互相关联，这就是天人感应理论。其较早的论述是《易》中的《咸卦》，"象曰：咸，感也。柔上而刚下，二气感应以相与。止而说，男下女，是以亨，利贞，取女吉也，天地感而万物化生，圣人感人心而天下和平。观其所感，而天地万物之情可见矣。"其卦可解为二气相感、男女应和。"咸"以人体感应设喻，这种感通不只发生在两个个体之间，也强调一身之内的感通，取象乃多就一己身体立论，云"初六，咸其拇""六二，咸其腓，凶，居吉""九三，咸其股，执其随，往吝""九五，咸其腮，无悔""上六，咸其辅，颊，舌"。取象由脚拇指而小腿肚而大腿而背脊而至脸上，从人脚上微微有感觉讲到感人以言。意谓自己有感有动，才能感动别人，物与物之感知要由自己身体间的感知来体会。这是较早的阴阳学说，认为阴阳可以交感，交感则生物。天地交感已经化生了万物，圣人也可以根据天下人心的感作出相应的反应，从而实现和平。另在《周易·乾卦》也有："同声相应，同气相求"，论述了以"气"为中介的感应现象。

《吕氏春秋》亦云："类固相召，气同则合，声比则应。"(《吕氏春秋·应同》)董仲舒诠释说："百物去其所与异，而从其所与同，故气同则会，声比则应，其验曒然也。"究其根本原因在于："天有阴阳，人亦有阴阳，天地之阴气起，而人之阴气应之而起。人之阴气起，而天地之阴气亦宜应之而起，其道一也。"总之，"无非己先起之，而物以类应之而动也"(《春秋繁露·同类相动》)。后来，大思想家王夫之则把这种"类应"现象提高到说明气化流行规律的"理"的高度上来解释，说："要以俯仰物理而咏叹之，用见理随物显，唯人所感，皆可类通。"[1]这种因气类应、因理类通的思维方式，不仅在文学创作的发生之时具有重大作用，而且在文学鉴赏与批评之中亦具有重大作用。鉴赏者和批评者用这种因气类应、因理类通的审美思维方式去透视文学作品，往往可以超越常人俗情俗眼所囿而洞察出其深邃的意蕴。

汉代以后，人们对"感"延续了早期的认识，同时也经过了"阴阳五行天人感应"说的容饰，在宿命的色彩之外，使其主体与客体的对应关系更为广泛，也更为密切。以董仲舒为代表的学者，将"感"纳入主体情感变化的动力之源，并将能感、善感视为主体人格的构成，但同时又以天人之间系统而规范的感应将《易》中的交感政治化，将《诗经》之中表现的"感"神秘化了。在《春秋繁露·为人者天》中，董仲舒表达了对这种思想的理解："人生有喜怒哀乐之答，春秋冬夏之类也。喜，春之

---

① 王夫之：《姜斋诗话》(卷下之三七)，《清诗话》(上)，上海古籍出版社1982年版，第18页。

答也；怒，秋之答也；乐，夏之答也；哀，冬之答也。天之副在乎人，人之性情有由天者矣。"这一切用《春秋繁露·同类相动》的理论解释便可迎刃而解："故气同则会，声比则应……阴阳之气因可以类相益损也。"对于这种被纳入天人哲学与气论的感应，饶龙隼将其称为"气感取象"，他认为："气感取象是源自气一元论的一种把握外在物象与世界的手段，它强调气为人与物的连接物。所谓的心物相感，在汉代文人的观念里就是气类相感，它具体延伸表现为由此推及彼、由此推知彼等手段。"①

到魏晋南北朝时期，随着审美创作的发展与审美创作实践经验的丰富，"物感"说的理论也得到进一步的补充和完善。首先把"物感"说推进一步的是晋代的陆机。他在《文赋》说："遵四时以叹逝，瞻万物而思纷；悲落叶于劲秋，喜柔条于芳春。……慨投篇而援笔，聊宣之乎斯文。"这是对文人"感物"过程的描述。随着四季交替，万物不断变化，惯于春感秋悲的文人墨客就会在自然景物的变化面前发生情感的变化，并从而发为诗文创作。刘勰在《文心雕龙·物色》中充分阐述了心与物的这种辩证关系。一方面，因气化流行而导致四时景物变迁，使得"微虫犹或入感"，而"珪璋挺其惠心"的人则更不可能无动于衷："献岁发春，悦豫之情畅，滔滔孟夏，郁陶之心凝，天高气清，阴沉之志远，霰雪无垠，矜肃之虑深"。总而言之，是"物色之动，心亦摇焉"。另一方面，"物有恒姿，而思无定检""物色尽而情有余"，所以审美创造主体并不止于"心亦吐纳"——因有所感而自然倾吐，更要"情往似赠"——用独特的情感与心灵体验去投赠自然。两方面结合就构成了双向互动的艺术思维的辩证法，"既随物以婉"，"亦与心而徘徊"，既因受感于自然而描述自然，也将自然人化而创造自然。钟嵘《诗品序》亦云："气之动物，物之感人，故摇荡性情，形诸舞咏。"意思是说，天地之气的变化导致自然万物的变化，自然万物的变化又触动人们的情感，从而表现

---

① 饶龙隼：《两汉气感取象论》，《文学评论》2006 年第 4 期。

为诗歌与舞蹈。这里，运行于宇宙的气与具体的物之间、物与人之间、人的内在情感与外在舞咏之间，都因"气"这个贯穿一切的中介而相互感应。这个"感应链"提供了一个审美活动中节律感应的基本模式。

直到明末清初，王夫之提出著名的情景论，可谓是集此说之大成。其云："情景虽有在心在物之分，而景生情，情生景，哀乐之触，荣悴之迎，互藏其宅。"又云："'池塘生春草''蝴蝶飞南国''明月照积雪'，皆心中目中与相融浃，一出语时，即得珠圆玉润。要亦各视其所怀来，而与景相迎者也。"①这里强调的是心中之情与眼中之景相结合的过程，即"即景会心""心目相取"的艺术直觉过程。这是"感物"的根本所在。这种"感物"说的主旨在于强调在文学创作过程中主体心灵与客观景物之间相互作用的重要性。

总之，文学创作的起点是"感物"，而"气"是主客互感的中介和桥梁。李梦阳在《梅月先生诗序》中说："情者，动乎遇者也。……故遇者物也，动者情也。"不遇物，则不动情，"故天下无不根之萌，君子无不根之情"。物的第一性是不容否定的。古人所说的"物"是包括自然景物和社会事物的。它不仅仅平时能培育人的情性，而且也能使人临景生情。它不只是文学家生情的一种"条件"，而且也是动心的一种基础。有时它能以其独特的风姿，即时引起文学家直接的、旨在逼真的描摹。因此，在"感物"的阶段，我们不能否认"物之感人"的一面，客观世界毕竟是作家动心、文学发生的基点。

二、体气在文学创作中的作用

我们在强调元气是文学艺术发生发展的本原与动力时，决不能忽视体气在文学艺术创作中的重要作用。主体(人)和客体(物)在以"气"为中介的气化运行的感应过程中，客体并不是单纯的由物使感，主体也并

---

① 王夫之：《姜斋诗话》，见《清诗话》，上海古籍出版社 1982 年版，第 6-9 页。

不只是消极被动地受感，而是主客体之间的双向互动互感。在心与物的关系中，人与物是交相作用的，而人又是处于中心、主动和积极的地位。正如《乐记》所说的："其本在人心之感于物也。"

中国古代的这种感物论，是建立在人具有天赋的心理感受功能的基础之上的。《乐记·乐本》云："人生而静，天之性也，感于物而动，性之欲也。"后朱熹对此作了如下的申述："人生而静，天之性也，感于物而动，性之欲也。夫既有欲矣，则不能无思，既有思矣，则不能无言，既有言矣，则言之所不能尽而发于咨嗟咏叹之余者，必有自然之音响节奏，而不能已焉。此诗所以作也。"（《诗集传·序》）在中国古人看来，人的本性是"生而静"的。这就是说，人的心理在无外物刺激的状态下，是无情无思，无欲无念，波平如镜。一旦遇外物的刺激触发，静态的心理就会自然地产生种种对应的情感思绪。因而，感物而生情是人的天赋的心理本能，并不需要后天特别的培养。正是基于这种心理功能，人才能够"应物斯感""有触则动"，才能"物色相召，人谁获安"，才能物我双会，心物交融。因而，中国古代的感物论是以人的心理本能为基础的。

体气是"主体生命之气"，研究体气在文学创作中的作用，即是从"气"的角度研究创作主体在文学创作中的作用问题。这实际上是一种主体论的文气论，其基本观点是：文本于元气，元气通过人所禀受之气（体气）而形成文。故曰"文以气为主"。

王充自道其"更禀于元（气），故能著文"（《论衡·自纪》）。白居易说："天地间有粹灵之气，万类皆得之，而人居多。就人中文人得之又居多。……盖是气，凝为性，发为志，散为文。"（《故京兆元少尹文集序》）苏辙说："文者，气之所形。"（《上枢密韩太尉书》）陈旅说："元气流行乎宇宙之间，其精华在人有不能不著者，发而为文章焉。"（《国朝文类序》）这些论述都说到文是人所禀之气外化的产物。可简单表示为：元气—人所禀之气—文（或谓文气）。"人之气"是元气演化为文气的中介和桥梁。人在为文的过程中处于主体地位，发挥着主导作用。用这个观点来理解"文以气为主"，自然会将其纳入主体论的文气论。总之，有人之气方有文之气，文气如何取决于人所禀之气如何。但各人所禀之气是有差别的，所谓"气之清浊有体，不可力强而致"。曹丕这里讲的"气"，显然是指人所禀有的元气，其哲学基础是人生于"气"。

古代哲人都把"气"当作人生命的由来和生命力之所在。孟子说"气，体之充也"(《孟子·公孙丑》)。庄子说"人之生，气之聚也。聚则为生，散则为死"(《庄子·知北游》)。管子也讲人"有气则生，无气则死"，"气者，身之充也"，"灵气在心，其细无内，其大无外"(《管子·内业》)。《淮南子》则把气、形、神当作人生命的三要素，谓"形者，生之舍也；气者，生之充也；神者，生之制也"(《淮南子·原道训》)。他还把"气"看作人的活力之源，"今人之所以眭然能视，营然能听，形体能抗，百节可屈伸，察能分白黑、视丑美，而知能别同异、明是非者，何也？气为之充而神为之使也。"(《淮南子·原道训》)在说元气为人时，讲"烦气为虫，精气为人"(《淮南子·精神训》)。王充也讲"人禀气而生，得气而长"(《论衡·命助》)。但"气"又有清浊之分，所谓"清阳者，薄靡而为天；重浊者，凝滞而为地"(《淮南子·天文训》)，于是人禀之气也有清有浊，得清气者人贤物美，得浊气者人愚物恶。所谓"物何故美？清气之所生也。物何故恶？浊气之所施也"(袁准《才性论》)。"但或五行(气之五行)在人为五常。得其清气备者则为圣人，得其浊气简者则为愚人。降圣以下，愚人以上，所禀气或多或少，不可言一，故分为九等。"(孔颖达《中庸正义》)从这些话中，我们就可明白何以王充说人心有清浊，葛洪说"才有清浊"了，盖皆为禀气所致。所以杨修说曹植"非夫体通性达，受以自然，其谁能至于此乎"(《答曹植书》)。陈琳说曹植之才"乃天然异禀，非钻仰者所能致也"(《答东阿王书》)。可见，曹丕讲的"文以气为主，气之清浊有体，不可力强而致"，这种属于主体论的文气论对创作主体的分析，是以气论为基础而以天才论为依归的。

但是，古代思想家并不单把"人之气"理解为受之于天地的元气，还把道德观念、文化心理也作为"人之气"的属性，并用这种观点来解说"气之清浊"，用作家后天积养的特性来观照作品的风貌。如韩愈说："仁义之人，其言蔼如也。"（《答李翊书》）他又在《欧阳生哀辞》中说："读其书，知其慈孝最隆也。"谭元春称曹操"此公诗歌中有霸气而不必其王，有菩萨气而不必其佛"（《古诗归》）。沈德潜称"子桓诗有文士气"（《古诗源》）。王阮亭《香祖笔记》尝言："李绅作《悯农》诗，世称其有宰相气。夏竦以文谒王文肃，文肃谓'子文有馆阁气'。"这样便带来了主体论观念上的重大变化，所谓"气"除了生理之气外，又加进了精神气质的内容。这种变化引出了关于主体修养的"养气"说，于是气"不可力强而致"成了"气可以养而致"。

中国最早的"养气"说是针对养生而发的，所养之气主要是指人的血气。如《左传》的"守气"说，孔子的"三戒"说，孟子的"持其志，无暴其气"说，王充的"养气自守"说，刘勰的"卫气"说都是把保养血气作为养生的重要方法。但是孟子又曾把"知言"与养气联系在一起，并把"配义与道"作为养其浩然之气的方法。荀子一方面讲保养血气，所谓"血气和平，志意广大"（《荀子·君道》）；另一方面又说"凡治气养心之术，莫径由礼，莫要得师，莫神一好，夫是之谓治气养心之术也"（《荀子·修身》），把人格修养纳入养气范围。文气论中的"养气"说，主张既养先天之气又养后天之气，而总的要求是要作者加强主观修养，而愈到后来似乎愈是重视作家后天之气的蓄养。强调作家对性情气质、道德的培养和锻造，强调深化人生感受，提高写作技能，增进才调学识。应该说这种文气论对作家主体建设的要求是比较全面的。宋濂说："为文必在养气。……气得其养，无所不周、无所不极也。揽而为文，无所不参、无所不包也。……呜呼！人能养气，则情深而文明、气盛而化神，当与天地同功也。"（《文原》）沈德潜也说："文以养气为归，诗亦如之。"（《说诗晬语》）古人如此重视作家的养气之功，实则在强调作家作为创作主体对诗文创作所起的决定性作用。

古代文论家以"气"论文，多是以人身之气论文，认为文学作品是人身之气的体现。探索其理论的含义可知，他们所说的作品之气往往是属于精神范畴的。清代方东树《昭昧詹言》说："凡诗、文、书、画，以精神为主。精神者，气之华也。"就是"气"属精神的结论。曹丕把表现在不同作家作品中的气归纳为清浊两类。他在《典论·论文》中说所谓"清"是指俊爽超迈的阳刚之气，所谓"浊"是指凝重沉郁的阴柔之气。清浊两种气就是两种不同的风格类型。"气之清浊有体，不可力强而致"，这种过于强调先天的禀赋而忽视后天社会实践对个性、气质养成的作用的观点是片面的，但曹丕能指明独特艺术风格的形成的部分原因仍有着合理之处。他以音乐的演奏为例指出，即使用一样的曲谱和节奏，音乐家们还是奏出不同特色，就是因为他们运气不同而有巧拙之别。

第二节　气化赋形之意蕴层

文贵有"气"，但何谓文中之"气"，却人各有论，因而如何使文有"气"，便成了一大难题。笔者认为，文中之"气"是作者所禀之气在文中的映现。作者所禀之气既含先天禀受的生命力，又包括后天形成的思想观念、气质、个性。它们依靠人的生理之气的运行，通过语言意象的建构、文字符号的排列映现在文章中。通观各家所论，文气的创造大致要从四方面努力。

一、"生气远出，不着死灰"

中外文艺史上，许多艺术家的创作实践证明，艺术创造的一项重要原则，就是文艺作品要有生气灌注，才有美感力量。

德国古典哲学认为，自然界中有生命的动物或植物，其形体的各个部分因为有生气灌注，周身才活了起来，成为一个有机的整体。这种说法后来常常被借用到艺术理论中来。康德曾在他的美学著作《判断力批判》一书中写道："某些艺术作品，虽然从鉴赏力的角度来看，是无可指责的，然而却没有灵魂。一首诗，可以写得十分漂亮而又优雅，但却

没有灵魂。一篇叙事作品，可以写得精确而又井然有序，但却没有灵
魂。一篇节日的演说，可以内容充实而又极尽雕琢的能事，但却没有灵
魂。一些谈吐可以不乏风趣而又娓娓动听，但却没有灵魂。甚至一个女
人，可以说是长得漂亮、温雅而又优美动人，但却没有灵魂。那么，究
竟什么是我们所说的'灵魂'呢？从美学的意义上来看，所谓'灵魂'
（Geist）是指心灵中起灌注生气作用的那种原则。"①

与康德同时代的伟大诗人歌德，也常常谈到艺术创造中的生气灌
注，他曾说过："一件精神创作，其中部分和整体都是同一个精神熔炉
中熔铸出来的，是由一种生命气息吹嘘过的。"②

黑格尔仅在其《美学》第一卷中，就有六十几处提到了艺术创造要
有生气灌注的这一原则。如："艺术兴趣和艺术创作通常所更需要的却
是一种生气……"③"艺术作品所以真正优于自然界实在事物，并不单
靠它的永久性，而且还要靠心灵所灌注给它的生气。"④黑格尔甚至还认
为"这种最高度的生气就是伟大艺术家的标志"。⑤ 看来，在当时德国
的学术界，文艺作品要有生气灌注是一种相当流行的观念。

艺术作品必须灌注生气才具备精神、灵魂，才能获得艺术生命的观
点，在我国古代文艺美学中也有着悠久的渊源。西汉初年刘安主编的
《淮南子》一书，在评论绘画、音乐艺术时曾指出："画西施之面，美而
不可说，规孟贲之目，大而不可畏，君形者亡焉。"（《淮南子·说山
训》）这就是说文艺作品只有灌注生气才有精神和灵魂。东晋大画家顾
恺之提出了"以形写神""传神写照"的艺术主张。南齐画家谢赫在《古画
品录》中继承了顾恺之的观点，将"气韵生动"冠为"六法"之首。这里说

① 康德：《判断力批判》，转引自伍蠡甫、蒋孔阳编：《西方文论选》（上卷），
上海译文出版社 1979 年版，第 563 页。
② 歌德：《歌德谈话录》，朱光潜译，人民文学出版社 1978 年版，第 247 页。
③ 黑格尔：《美学》（第一卷），朱光潜译，商务印书馆 1979 年版，第 14 页。
④ 黑格尔：《美学》（第一卷），朱光潜译，商务印书馆 1979 年版，第 37 页。
⑤ 黑格尔：《美学》（第一卷），朱光潜译，商务印书馆 1979 年版，第 221
页。

的"神""气韵"，就是鼓荡在作品中流动的生气和盎然的韵味，就是作品的精神和灵魂。这种讲"传神"和"气韵"的艺术主张，一千多年来成了中国传统绘画艺术的主导思想。

这种讲"气韵生动"的美术理论，自然也浸透到后世的文学创作中来。宋代陈善在《扪虱新话》中指出，"文章以气为主，气韵不足，虽有辞藻，要非佳作也"。谢榛在《四溟诗话》中把作诗比作产一婴儿，"形体虽具，不可无啼声也"，"全篇工致而不流动，则神气索然，亦造物不完也"。这里，他显然是把"神气""流动"看作初生婴儿之哭声，看作诗歌艺术生命的象征的。董其昌谓"文要得神气。且试看死人活人，生花剪花，活鸡木鸡，若何形状，若何神气。"（《画禅室随笔·论文》）方东树说："观于人身及万物动植，皆全是气的鼓荡。气才绝，即腐败臭恶不可近，诗文亦然。""又有一种器物，有形无气，虽亦供世用而不可以例诗文。诗文者，生气也，若满纸如剪彩，雕刻无生气，乃应试馆阁体耳！于作家无分。"（《昭昧詹言》）早在南朝时期，袁嘏即自谓"我诗有生气"，唐代韩愈也曾用"字向纸上皆轩昂"，来称美他人之诗字字有生气。生气之于文，犹如生命力之于人。人无生命力就会死，文中生气的有无也关系到文章的死活。故刘师培说："文字有生死之别，不可不知，有活跃之气者为生，无活跃之气者为死。"[1]

如何使文有生气呢？姚鼐说："文字者，犹人之言语也，有气以充之，则观其文也，虽百世而后，如立其人而与言于此，无气则积字焉而已。意与气相御而为辞，然后有声音节奏高下抗坠之度，反复进退之态，彩色之华。"（《答翁学士书》）姚氏的话，一说文贵有生气，二说如同人之言语系意与气相御而为辞而显出人之生气一样，文之生气主要是通过词句语气体现出来，有了语气，其他表现艺术就自然形成了。刘师培则提出劲气"贯串"说，谓"凡文章有劲气，能贯串，有警策而文采杰

---

[1] 刘师培：《中国中古文学史·汉魏六朝专家文研究》，商务印书馆 2010 年版，第 98 页。

出，乃能生动，否则为死。盖文有劲气，犹花有条干，条干既立，则枝叶扶疏，劲气贯中，则风骨自显。如无劲气贯串全篇，则文章散漫，犹如落树之花，纵有佳句，亦不为此篇出色矣"①。他认为文之生气要通过明亮的辞采、浏亮的音节显现出来，谓"一篇自首至尾奄奄无生气，文虽四平八稳，而辞采晦、音节流，毫无活跃之气，即所谓死也"。②此外，刘氏还说到"笔姿天然超脱"或"记事善于传神"是使文章生动、显出生气的方法之一。

二、"鼓气以势壮为美"

文学作品除了要有生气灌注以外，作家在创作过程中还应赋予文学作品以壮美的气势。

"气势"一词最早用于兵家语，如《淮南子·兵略论》云："三军之众，百万之师，志厉青云，气如飘风，声如雷霆，诚积蹹而威加敌人，此谓气势。"这里的"气势"意指两军决战，胜败取决于军威气势。

"气势"在中国文学批评史上是一个历史悠久的理论范畴。古人论诗论文如李德裕、叶燮、刘大櫆、方东树等都非常注重气势。然而，令人遗憾的是，随着社会的发展与科技的进步，人们阅读与写作习惯发生了巨大的改变，气势问题在现代文章写作与文学批评中未受到应有的重视。

唐代中叶以后，"气势"逐步发展成为中国古代文学理论的一个重要范畴。将"气势"用以解释文学现象大约晚至唐代。李德裕在《文章论》中也说："气不可以不贯，不贯则虽有英辞丽藻，如编珠缀玉，不得为全璞之宝矣。鼓气以势壮为美，势不可以不息，不息则流宕而忘返。"(李裕德《文章论》)他认为"贯"是"气"的动态。"贯"必有力，所

---

① 刘师培：《中国中古文学史·汉魏六朝专家文研究》，商务印书馆2010年版，第98页。

② 刘师培：《中国中古文学史·汉魏六朝专家文研究》，商务印书馆2010年版，第98页。

以"贯"又可以形成"势"。气要"贯"，气必足，足需鼓，所以"鼓气"方可成"势"。"势壮"即生命力强劲、勃发，是一种阳刚的美。李裕德十分推崇这种美。这隐约可见出《易传》美学思想的影响。《易传》云："天行健，君子以自强不息。""天行健"，即为"势壮"。刘勰《文心雕龙》专辟《定势》一章，刘氏谈势重在体势，他所说的"势"，其内涵与李裕德说的也是一致的，都是人的生命之力在文章中的体现。刘勰强调的是势之自然，李裕德强调的是气之贯通，似乎李说更能现出气势的本质——生命的运动发展。中唐诗僧皎然从自然出发，也特别提倡诗歌的萦回盘礴千变万态的体势，他在《诗式·体势》中提出了"气势腾飞"的见解。

同时李德裕在《文章论》中还提出了一个重要观点："文之为物，自然灵气。"他认为"文之为物"系"自然灵气"，这"自然"不是指自然界而是指"本然"，其意是：人的"灵气"是人本身所固有的，是人的生命的本能。在此偏指灵感，而创作的灵感是"恍惚而来，不思而至"，揭示出灵感的随机性、直觉性的特点。这里李裕德所着重强调的正是气势的创造精神。

陆游引司空图论诗说："司空表圣论诗有曰：'愚尝见韩吏部诗，其驱驾气势，掀雷决电。'"（《渭南文集》）文学作品中的气势就是指作家的个性气质在作品中所体现出来的一种高亢昂扬的独特体势。司空图在《诗品·劲健》中所说的"行神如空，形气如虹"就是对于文学作品具有磅礴气势特征的生动描述，可以作为"驱驾气势"的一个恰当的注脚。所以文学作品如果有气势，就会带有一种惊雷决电、气势磅礴的精神气质，给人以壮美的艺术感受。

自王夫之而后诸多的文论家则从更多层面上对气势问题进行了探讨。魏禧在《论世堂文集序》中分析了气、才、理、法的关系。叶燮在《原诗》中更为深入地阐明了气对于理、事、情的作用："曰理、事、情三语，大而乾坤以之定位。日月以之运行，以至一草一木一飞一走，三者缺一，则不成物。文章者，所以表天地万物之情状也。然具是三者，又有总而持之，条而贯之者，曰气。事、理、情之所为用，气为之用也。譬之一木一草，其能发生者，理也。其既发生，则事也。既发生之后，夭矫滋植，情状万千，咸有自得之趣，则情也。苟无气以行之，能若是乎？又如合抱之木，百尺干霄，纤叶微柯以万计，同时而发，无有丝毫异同，是气之为也。苟断其根，则气尽而立萎。此时理、事、情俱无从施矣。吾故曰：三者藉气而行者也。得是三者，而气鼓行于其间，氤氲磅礴，随其自然，所至即为法，此天地万象之至文也。"

桐城派研论气势更有其特色。他们是以义法论气势的。桐城派奠基者方苞树起"义法"大旗，以之论文。何谓"义法"？方苞的解释是："义即《易》之所谓'言有物'也，法即《易》之所谓'言有序'也，义以为经而法纬之，然后成体之文。"（方苞《又书货殖传后》）二者合起来说就是言之有物而文有条理。分开来说，"义"指文章内容，"若古文则本经术而依于事物之理，非中有所得不可以为伪"（方苞《答申谦居书》）；"法"指文章的作法，包括形式、技巧诸方面，如布局、章法、文辞等。二者之间，义决定法，而法则体现义。

上承方苞下启姚鼐、桐城派"三祖"之一的刘大櫆对"义法"理论进行了丰富的拓展并继以义法而论气势。刘大櫆对"行文之道"的"神""气""音节"等要素给予了充分重视，突破了"言有序"的范围。他所说的"神""气"是作者精神气质在文中的表现，二者相比，"神"是首要的，居于支配地位，"气"是贯穿文章的气势韵味，"神为主，气辅之"。为了使"神""气"易于掌握而不至于无可捉摸，他又提出了"因声求气"说，由字句以求音节，再由音节以求声气，音节是行文的关键，诵读能体会文章的气势。刘大櫆最大的贡献就在于使以往较为玄虚的气势得以坐实，从此开创了气势理论操作性、实践性的新局面。

主张"道与艺合，天与人一""义理、考据、词章"合一的姚鼐把文章艺术的要素提炼归结为"神、理、气、味"和"格、律、声、色"八个字，前四者是"文之精"，是内在的，处在高层次；后四者是"文之粗"，是外在的，处在低层次。二者的关系是，精寓于粗，相互依存。姚鼐的气势理论更为细密，进一步完善了刘大櫆的"因声求气"说。他最为突出的贡献是他在《复鲁絜非书》中将文章气势分阳刚、阴柔两大类型，并且第一个为桐城派揭橥阳刚阴柔的文论："鼐闻天地之道，阴阳刚柔而已。文者，天地之精英，而阴阳刚柔之发也。惟圣人之言，统二气之会而弗偏，然而《易》《诗》《书》《论语》所载，亦间有可以刚柔分矣。"姚鼐明确指出"惟圣人之言，统二气之会而弗偏""造物糅而气有多寡进绌"，论阳刚阴柔，即论阳刚阴柔之气。作家的个性特征和作品风格，与此有不可分割的关系。他对气势阳刚之美的描述比较有代表性地反映出了中国美学中"壮美"的特色，其在外部形态上显示出阔大、磅礴、雄健的特征，在本质上是主客体统一的产物，以"天人合一"为哲学基础，其审美效果是气势万钧，给人以鼓舞、振奋与力量。

桐城派后学方东树在《昭昧詹言》中更为形象、更为明确地说："气势之说，如所云'笔所未到气先吞''高屋建瓴''悬河泄海'。此苏氏所擅场，但嫌太尽，故当济以顿挫之法。"他认为气既然是贯注于文章中的精神，就不能枝枝节节以求之，"必须一气呵成，神完力足""须一气挥洒，极妙自然"（施补华《岘佣说诗》）。

桐城派和清代诸论家把文气从比较玄妙笼统的解释中拉回现实中来，以文章的实际写作为基点论气，这就具体得多了，也对后人的阅读欣赏活动及写作实践有了更切实的指导意义。

总之，气势就是文章（文学作品）的思想内容与作者的思想感情通过一定的结构方式及语言形式表现出来的一种抑扬顿挫、疾徐有致的气度和气韵。气势实质是对文章从内容到形式两方面的美学要求。

三、"诗文以气脉为上"

文学创作还要使文章气脉贯通。言文有"气脉"也是以人为喻。如《盐铁论·轻重》言人"气脉调和而邪气无所留矣"。《白石道人诗说》谓"大凡诗自有气象、体面、血脉、韵度，血脉欲其贯穿"。李耆卿谓"作文要血脉贯串"（《文章精义》）。方东树认为文章气脉和章法的关系最为显豁。他说："有章法无气，则成死形木偶。有气无章法，则成俗莽夫。大约诗文以气脉为上，气所以行之，脉缩章法而隐焉者也。章法，形骸也。脉，所以细束形骸者也。章法在外可见，脉不可见。气脉之精妙，是为神至矣。"（《昭昧詹言》）

文有气脉，关键在于气脉贯彻全篇。李德裕说："气不可以不贯，不贯则虽有英辞丽藻，如编珠缀玉，不得为全璞之宝矣。"（《文章论》）归庄也说："余尝论诗，气、格、声、华，四者缺一不可。譬之于人，气犹人之气，人所赖以生者也，一肢不贯，则成死肌，全体不贯，形神离矣。"（《玉山诗集序》）曾国藩把气脉的贯通称为行气，谓"行气为文章第一义，卿云之跌宕、昌黎之倔强，尤为行气不易之法"（《同治八年八月初四日家训》）。有时他把行气之法说得很玄，如谓"古人之不可及，全在行气，如列子之御风，不在义理字句间也"（《日记》）。其实离开义理字句是很难明白行气之术的。古人行气之术大体如下：

一是"气"附神而行。刘大櫆说："行文之道，神为之，气辅之。曹子桓、苏子由论文以气为主，是矣。然气随神转，神浑则气灏，神远则气逸，神伟则气高，神变则气奇，神深则气静，故神为气之主。""神者，文家之宝。文章最要气盛，然无神以主气，则气无所附，荡乎不知其所归也。""神者，气之主，气者，神之用，神只是气之精处。"（《论文偶记》）

二是"气"载志、载意、载理而行。孟子说"志至焉，气次焉"（《孟子·孙丑》），已讲到气随志而行。《左传·昭公九年》已说到"气以实志，志以定言"。杜牧讲"凡为文以意为主，以气为辅，以辞采字句为之兵卫。未有主强盛而辅不飘逸者，兵卫不华赫而庄整者"（《答庄充书》）。刘将孙讲"文以理为主，以气为辅"（《谭村西诗文序》）。刘基也讲"文以理为主，而气以滤之，理不明为虚文，气不足则理无所驾"（《苏平仲文集序》）。恽敬甚至讲"作文之道，不过理实气充"（《答来即书》）。载志、载意、载理以行，都是从文章内容表述的角度谈"气"的运行，论者谓气禀于志，文以意为主，文以理为主，无一不在强调"气"的运行需服从内容的表述。它们之间的关系或如方孝孺所言："盖文之法有体裁、有章程，本乎理，行乎意而导乎气。气以贯之，意以命之，理以主之，章程以核之，体裁以正之……气欲其昌，不昌则破碎断裂而不成章。"(《答王仲给书》)

作诗作文最贵一气贯通。方东树说："章法则须一气呵成，开合动荡，首尾一线贯注。"(《昭昧詹言》)梅曾亮说："夫古文与他体异者，以首尾气不可断耳。有二首尾焉，则断矣。……其能成章者，一气者也。"(《与孙芝房书》)而一气贯注能做到"常行于所当行，常止于不可不止"(苏轼《文说》)，当为行气之最高境界。

如果说"气势"是一种偏于阳刚的、外现的美，那么"气脉"则是一种偏重阴柔、内态的美。它具体表现为审美主体对事物内在脉动与节奏运行的把握与体验。故有时称情脉、意脉。明李日华云："画有三次第，一曰身之所容，凡置身处非邃密，即旷朗，水边林下，多景所凑处是也；二曰目之所瞩，或奇胜，或渺迷，泉落云生，帆移鸟去是也；三曰意之所游，目力虽穷而情脉不断处是也。然又有所忽处，如写一树一石，必有草草点染取态处，写长景，必有意到笔不到，为神气所吞处，是非有必忽，盖不得不忽也。"(李日华《紫桃轩杂缀》)对这种"目力虽穷而情脉不断"与"笔墨未到气已吞"之处的超以象外的审美，虽属虚实相生之审美，但究其实则与气脉审美中的隐态部分有关。气脉有时可以由形感知，可以目视或直觉，有时则必须全由神遇或心觉方可得到。这便进一步触及中国艺术创造中的连断、空白诸问题。方东树云："然徒讲义法，而不解精神气脉，则于古人之妙，终未有领会悟入处，是识上事。""大约诗文以气脉为上，气所以行也，脉缩章法而隐焉者也。章法，形骸也，脉，所以细束形骸者也。章法在外可见，脉不可见。气脉之精妙，是为神至矣。"(方东树《昭昧詹言》)便进一步说明了气脉审美具有的内在性、深层性乃至超象性特征。

中国诗文书画的意境创造与鉴赏均特别重视气脉审美。要求做到血脉流畅、气势一贯，技法上则讲究有连有断，虚实相生，不离开对事物生命深层内涵尤其是生命运动规律与节奏的体悟。赵执信云："神龙者，屈伸变化，固无定体，恍惚望见者，第指其一鳞一爪，而龙之首尾完好，故宛然在也。"（赵执信《谈龙录》）大而言之，中国诗文书画的审美虽属想象之审美，即虚实相生的审美，但也包含着对事物生命发展脉络的体验。张彦远论张芝草书书体云："一笔而成，气脉通连，隔行不断……世上谓之一笔书。其后陆探微亦作一笔画，连绵不断，故知书画同笔同法。"（张彦远《历代名画记·叙论》）当代画家吕凤子也论及过中国画用笔之连断："所谓连，要无笔不连，要笔断气连，迹断势连，要形断意连（指此形彼形虽不相接而意实连）。"惟其如此，方能达"一气呵成之妙"。① 阐发颇为精到，但这还是侧重于技法。"气脉"之审美，根本上则为宇宙万物生命发生与运动节奏之审美。因此，中国绘画理论要求把握生命内在脉动以合于自然之理。

气脉审美在中国的园林、戏曲、小说理论中亦占有重要地位。当代园林艺术专家陈从周云："中国园林是由建筑、山水、花木等组合而成的一个综合艺术品，富有诗情画意。叠山理水要造成'虽由人作，宛自天开'的境界。……山贵有脉、水贵有源，脉源贯通，全园生动。"（陈从周《园林谈丛·说园》）戏曲论著中无论结构还是填词理论均很重视照应、埋伏、生动机趣之审美。李渔提出"结构第一"和填词应"重机趣"，均包含气脉审美的要义。结构剧本时，他主张"每编一折，必须前顾数折，后顾数折"，使剧本成为有机生命。填词亦应"勿使有断续痕"。"所谓无断续痕者，非止一鲐接一鲐，一人顶一人，使之承上接下，血脉相连，即于情事截然绝不相关之处，亦有连环细笋，伏于其中，看到后来，方知其妙，如藕于未切之时，先长暗丝以待，丝于络成之后，才知作茧之精，此言机之不可少也。"（李渔《闲情偶寄》）传统小说理论中，金圣叹点评《水浒》、毛宗岗点评《三国演义》均从小说结构的有机性上作过精妙分析与论述。即如欣欣子的《金瓶梅词话序》也指出该小说之结构颇有安排，"知盛衰消长之机"，"如脉络贯通，如万系迎风而

---

① 吕凤子：《中国画法研究》，上海人民美术出版社 1961 年版，第 5 页。

不乱"。

四、"气象浑沌，难以句摘"

"气象"的本义是指大自然的景观和现象，它与四时不同气候和山川风貌相关，是对自然物象进行概括的一个词汇。如高适的"四郊增气象，万里绝风烟"（《信安王幕府》）、范仲淹的"朝晖夕阴，气象万千"（《岳阳楼记》）等。在古代，"气象"作为一个概念，运用的范围还扩大到人物、社会、地域、时代的特质和风格方面，比如帝王气象、盛唐气象之类。在文学艺术理论中，"气象"常指作品情态、景况的总体风貌以及艺术形象显示出来的气概和征兆。

唐诗重"气象"，因此，"气象"概念进入文学批评始于唐代。如皎然《诗式》提出"诗有四深"，列为第一条的就是"气象氤氲，由深于体势"。体势是作品总的格局和态势，只有透彻了解体势并对其纯熟营构，才能达到气象氤氲的艺术效果。由此可见，皎然所谓"气象"是从大处着眼，是针对作品全局而言的，以氤氲来形容上乘的"气象"，透露出古人对"气象"的把握常常是一种整体的模糊把握。

"气象"有时是某种时代精神的反映，比如韩愈《荐士》诗云："逶迤晋宋间，气象日凋耗。"谓晋宋间之际日益缺少建安时代博大的胸怀和昂扬意气。宋代文论家总结唐代文学创作的经验，以"气象"论诗不仅在诗评中出现频繁，而且理论阐述也更为精致和充分。如周紫芝《竹坡诗话》引苏轼论文云："东坡大凡为文，当使气象峥嵘，五色绚烂，渐老渐熟，乃造平淡。"姜夔《白石道人诗说》论诗："大凡诗，自有气象、体面、血脉、韵度，气象欲其浑厚，其失也俗……"（《诗人玉屑》卷一）他将诗歌比为人的体貌风采，并将"气象"列为第一，视为诗篇总体的精神状貌。严羽也把"气象"作为诗歌整体审美价值的一个重要结构因素来考察，他将"气象"视为诗歌艺术创造的五个基本方面之一："诗之法有五：曰体制，曰格力，曰气象，曰兴趣，曰音节。"（《诗辨》）严沧浪首先强调"气象"有鲜明的时代特征，指出："汉魏古诗，气象混沌，难以句摘。晋以还方有佳句，如渊明'采菊东篱下，悠然见南山'，谢灵运'池塘生春草'之类。""建安诗作，全在气象，不可寻枝摘叶。灵运之诗，已是彻首尾成对句矣，是以不及建安也。"充分肯定汉魏诗章的整体性，以为这个时代的诗作全篇"气象"浑融深厚不容割裂，是后来那些有句无篇之作难以企及的。《沧浪诗话》不以宋诗为然，认为"唐朝人与本朝人诗，未论工拙，直是气象不同。"当然，"气象"上不仅体现着时代精神风貌的差别，诗人之间也有所不同，时代和个人的诗歌的"气象"都是不可模拟的。严羽在《考证》中说："虽谢康乐拟邺中诸子之诗，亦气象不类。"严羽又在《答出继叔临安吴景仙书》中说："坡、谷诸公之诗，如米元章之字，虽笔力劲健，终有子路事夫子时气象。盛唐诸公之诗，如颜鲁公书，既笔力雄壮，又气象浑厚，其不同如此。"依然执着于扬唐抑宋的宗旨，其"气象"仍是指作品总的情态和神采风貌。

元人范德机《木天禁语·气象》引储咏云："诗之气象，犹字画然，长短肥瘦，清浊雅俗，皆在人性中流出。"他认为"气象"是由诗人的品质个性决定的，故诗人个性不同，"气象"也就不同。他举例说："性情褊隘者，其词躁；宽裕者，其词平；端靖者，其词雅；疏旷者，其词逸；雄伟者，其词壮；蕴藉者，其词婉。"①范德机的"气象"，与风格概念近似。

明代以"气象"论诗的代表人物是胡应麟，其《诗薮·内编》中"气象"概念的出现频次尤高。如："五言律体，极盛于唐。……惟工部诸作，气象巍峨，规模宏远，当其神来境诣，错综幻化，不可端倪，千古以还，一人而已。"(见卷四《近体上·五言》)"盛唐气象浑成，神韵轩举，时有太实太繁处。"(见卷五《近体中·七言》)

品评"气象"讲求意蕴深厚、从大处着眼、自然浑成，这也为清人所认同。王夫之《诗绎》说："'采采芣苢'，意在言先，亦在言后，从容

① 何文焕辑：《历代诗话》，中华书局 1981 年版，第 751 页。

涵咏，自然生其气象。"刘熙载《艺概·文概》中说："学《左氏》者，当先意法，而后气象，气象所长在雍容尔雅，然亦有因当时文胜之习而觭重以肖之者，后人必沾沾求似，恐失之啴佁靡矣。"王国维在《人间词话》中也经常使用"气象"这个美学术语，如："太白纯以气象胜。'西风残照，汉家陵阙。'寥寥八字遂关千古登临之口。后世唯范文正之《渔家傲》、夏英公之《喜迁莺》差足继武，然气象已不逮矣。"

如何理解严羽和其他诗论家所提出的"气象"这个概念呢？叶嘉莹教授在评论王国维《人间词话》时指出："气象是作者之精神透过作品中的意象和规模所呈现出来的一个整体的精神风貌。每个作者的才情禀赋不一样，因此，作品中所显示的气象也不同。"①叶先生的见解非常精辟，在这段论述当中有三个关键词："意象""规模"和"整体风貌"。首先，"意象"是一个主客兼容、物我合一的范畴，而"气象"是一个比"意象"层次更高一级的范畴，它作为一个文艺美学的重要范畴，既关乎创作主体的身份地位与天分性情等主观条件，又关乎时代、体裁、题材的规定性等客观因素。而"规模"是"气象"的一个重要特征，它与艺术所创造的艺术空间有关。"气象"的书写以雄浑宏阔为旨归。正因为如此，历代有关"气象"的论述才格外关注其阔大或者雄浑的特质。同时，"气象"是一个概括性很强的概念，它可以兼容各种审美品格，涵括整体精神风貌。

总之，"气象"是文学艺术作品呈现的整体风貌，它是通过文学作品意象所传递的情态，并由此展开联想悬拟所获得的审美空间。文学创作要达到"气象混沌，难以句摘"的境界，就必须讲究作品的整体艺术风貌，不以字、词、事典等的过分雕琢为美，讲究作品的整体意境，不过于追求佳句、秀句、律句，讲究诗歌深厚雄浑而不发露于外，而且要体现一定的"规模"。

---

① 叶嘉莹：《王国维及其文学批评》，北京大学出版社 2008 年版，第 236 页。

第三节 气化赋形之言语层面

文学是语言艺术，文学作品离不开文辞。中国古代文论家向来十分重视语言在表现客体的形质和传达创作主体的旨趣以构成鲜明生动的文学形象中的重要作用。在气论文学观看来，气化赋形过程的言语问题是直接与气有关并且是由气决定的。因此，古代文论有"气根于辞""气盛言宜""气畅辞达""气行于言"等说法。从气化赋形之言语层面来看，主要指声气和辞气。

一、声气，辞气

声气的本义是指说话时的声音和语气。一提及声气，今人往往只想到清代桐城派"因声求气"的古文理论，而其实声气在古代文论史上首先更是诗学中的一个极其重要的理论范畴。

"声气"一词出现较早，如《左传》"金鼓以'声气'之""声盛致志"（《左传·隐公二十二年》）这是说外在的金鼓之"声"可以激发、鼓动起内在的士"气"或斗"志"——这虽非论诗，但在基本原则上与诗论相通，诗之"声气"的作用也是指外在的语言之声激发、触动人的内在之气。又云："（君子）'声气'可乐，动作有文，言语有章，以临其下，谓之有威仪。"（《左传·襄公二十一年》）此"声气"描写的是人的言语，"有章"是指说话在意义上要有条理，"声气可乐"是指说话在声音（语气）上要抑扬顿挫、和顺婉畅——这与诗更近了。

在诗文评中，《文心雕龙》用了"声气"一词，《序志》篇云"方声气乎风雷"，此虽非论文，却涉及人之声和天地自然之声的关系，而《附会》篇所谓以"宫商为声气"则是直接论诗文了。直接以"声气"论诗文者，如宋人田锡云："犹微风动水，了无定文，太虚浮云，莫有常态，则文章之有声气也，不亦宜哉。"（《贻宋小著书》，《咸平集》卷2）赵宋诗学的一大特点是诗学家很少论声韵，如大量诗话中声韵论相对极少，而道学家却大谈声韵，且多有胜解——当然往往主要是存在于对《诗经》的阐释中。

至于明代，诗论中用"声气"开始多起来了。王世贞说："诗必协情实，调声气。"(《邹黄州鸊鹈集序》)李梦阳说："夫诗发之情乎？'声气'其区乎？夫诗言志，志有通塞则悲欢以之，二者小大之其由也。至其为声也，则刚柔异而抑扬殊，何也？气使之也。是故秦魏不贯调，齐卫各擅节，其区异也……声时则易，情时则迁。"(《张生诗序》)

作为诗学范畴的声气论则成熟于明人许学夷，其《诗源辩体》中用"声气"处有：

> 风人之诗既出乎性情之正，而复得于声气之和，故其言委婉而敦厚，优柔而不迫，为万古诗人之经。
>
> 朱子说《关雎》云："独其声气之和，有不可得而闻者。"盖指乐而言。予谓乐之声气本乎诗，诗之声气得矣，于乐不可闻可也。
>
> ……

初步统计一下，在《诗源辩体》中"声气"一词的出现竟高达四十多次，使用频率不可谓不高。由此可见，"声气"当是一个值得高度重视的诗学范畴。

与"声气"内涵相近的范畴是"辞气"。较早将"气"与"辞"连成一词的似是《论语·泰伯》，其中曾子有云："出辞气，斯远鄙倍矣。"

《文心雕龙》用以论文的是"辞气"：

> 斯则得百氏之华采，而辞气文之大略也。(《文心雕龙·诸子》)
>
> 秦皇铭岱，文自李斯，法家辞气，体乏弘润。(《文心雕龙·封禅》)
>
> 及后汉鲁丕，辞气质素，以儒雅中策，独入高第。(《文心雕龙·议对》)

汉来笔札，辞气纷纭。(《文心雕龙·书记》)

若乃改韵从调，所以节文辞气。(《文心雕龙·章句》)

数逢其极，机入其巧，则义味腾跃而生，辞气丛杂而至，视之则锦绘，听之则丝簧。(《文心雕龙·总术》)

后世以"辞气"论文者还不少。《文镜秘府论》"天卷"《四声论》有云："今读范侯赞论，谢公赋表，辞气流靡，罕有挂碍，斯盖独悟于一时，为知声之创首也。"皎然《诗式》："刘桢辞气，偏正得其中，不拘对属，偶或有之，语与兴驱，势逐情起，不由作意，气格自高。"严羽《沧浪诗话》之《诗法》："诗难处在结尾，譬如番刀须用北人结尾，若南人便非本色，须参活句，勿参死句，词气可颉颃，不可乖戾。"

后来，韩愈论述"气"与"言"的关系说："气，水也。言，浮物也。水大而言之浮者，大小毕浮。气之与言犹是也，气盛则言之短长与声之高下者皆宜。"(《答李翊书》)韩愈讲"气盛言宜"固然是讲作者的主观修养与写作的关系，但已隐约涉及"气"驱"辞"而行的命题。这些观点对桐城派的影响很大，特别是刘大櫆为"气"驱"辞"而行提供了理论和方法。他在《论文偶记》中说："盖音节者，神气之迹也，字句者，音节之矩也。神气不可见，于音节见之，音节无可准，以字句准之。""音节高则神气必高，音节下则神气必下，故音节为神气之迹。……积字成句，积句成章，积章成篇，合而读之，音节见矣，歌而咏之，神气出矣。"他认为"气"是通过字句、音节驱"辞"而行的。缘于此，朱自清说："文中所行之气就是自然的语气，也就是自然的音节。"(《经典常谈》)罗根泽也说："文气是最自然的音律，音律是最具体的文气。"(《中国文学批评史》)强调气的运行与字句长短、音节、音律以及音调高下变化密不可分。

二、气为文辞之本

气论文学观对气与文辞关系的总体性描述，可分为三个层次：

(一)辞源于天地自然之气

早在春秋时期，人们就遵从气本观，认为天地自然之气是声乐音律之源。如《左传》曰："声亦如味，一气，二体，三类，四物，五声，六律，七音，八风，九歌，以相成也。清浊、大小、短长、疾徐、哀乐、刚柔、迟速、高下、出入、周疏以相济也。"这就是说，气为声之"一"（本），然后才有体、类、物、声、律、音、风、歌逐而"以相成"。同样因为本此之"一"，然后才生出以下十组对应关系"以相济"，相成相济而后才有乐声。后来《淮南子》也论述到声与阴阳之气的关系问题。《泰族训》曰："以阴阳之气相动也，故寒暑燥湿。以类相从，声响徐疾，以音相应也。"《天文训》则详述"以十二律应二十四时"的规律，指出，"合气而为音，合阴而为阳，合阳而为律，故曰五章六律"。

到了魏晋南北朝，则有了完整的自然声律理论体系。嵇康说："律吕分四时之气耳，时至而气动，律应而灰移。皆自然相待，不假人以为用也。"（《声无哀乐论》）嵇康认为声乐音律是不以人的意志为转移的，随着天地自然之气的变化而变化。沈约也说："五色相宜，八音协畅，玄黄律吕，各适物宜。"（《宋书·谢灵运传论》）总之，以四时自然之气为文辞声律之源，乃是魏晋南北朝声律学家的共识。

(二)辞本于人的生理血性之气

在秦汉自然声律论高扬的同时，有人则以生理血性之气去探求文辞之本。《淮南子》既认为天地自然之气是文辞声律之源，同时也认定"体气"为文辞声律之本。其《氾论训》曰："愤于志，积于内，盈而发音，则莫不比于律而和于人心，何则？中有本主以定清浊，不受于外而自为仪表也。"王充对这个"本主"讲得更透彻。他认为使气成言有两条重要原则。从物质上来看，"人之所以能言语者，以有气力也。气力之盛，以能饮食也。饮食损减则气力衰，衰则声音嘶困，不能食，则口不能复言。夫死困之甚，何能复言？"（《论衡·论死》）从精神上来看，"夫人所以生者，阴阳气也。阴气主为骨肉，阳气主为精神。人之生也，阴阳气具，故骨肉坚、精气盛。精气为知，骨肉为强，故精神言谈，形体固

守。"(《论衡·订鬼》)

魏晋南北朝时期，刘勰《文心雕龙·声律》中明确指出声律之本在于人的生理血性之气："夫音律之始，本于人声也。声含宫商，肇自血气。"南宋魏了翁也说："辞虽末技，然根于性，命于气，发于情，止于道，非无本者能之。"他认为在这四者之中，"性""气""情"三者本质上都是"气"，只是角度和侧重点不同而已。清代贺贻孙把文辞之本的人的生理血气称为"体气"，他认为内在的体气神韵与外在的声调形貌，犹如美锦与花样、佳丽与梳掠，一个是质，一个是形，质高则形即可"以意"为之，而无可无不可。

（三）辞根于人的精神气质之气

关于精神气质之气与文辞的论述，最早始于孟子。孟子讲养气是和"知言"联系在一起的。他认为人有"浩然之气"便可知言："诐辞知其所蔽，淫辞知其所陷，邪辞知其所离，遁辞知其所穷。"

后世文论家把孟子的"知言养气"说直接扩展到养气运言方面，用以直接说明主体的精神气质与文学语言运用的关系。这方面最具代表性的观点就是"文字有气骨"论。刘勰曾说："气以实志，志以定言。吐纳英华，莫非性情。"(《文心雕龙·体性》) 又说："是以怊怅述情，必始乎风，沉吟铺辞，莫先于骨。故辞之待骨，如体之树骸，情之含风，犹形之包气。结言端直，则文骨成焉，意气骏爽，则文风清焉。若丰藻克赡，风骨不飞，则振采失鲜，负声无力。是以缀虑裁篇，务盈守气，刚健既实，辉光乃新。其为文用，譬征鸟之使翼也。"(《文心雕龙·风骨》) 可知，文骨实源于创作主体的情志，亦即其精神情感之气。

此后，陆时雍、叶燮、方东树、刘熙载等理论家继承和发展了刘勰的观点，他们认为辞载气而行和气主乎辞，"气"不仅仅是天地自然之气，也不单单是人的生理血性之气，而且必须具有人的精神气质之气。他们认为人之气骨不同必然带来言之骨气的差异，即把人之气骨与言之文骨等量齐观。

三、运气驭辞，铸辞凝气

如上所述，气为文辞之本，但是"气不能自显"（黄侃《文心雕龙札记·风骨》），即如王充所谓"形须气而成，气须形而知"，而文辞声律即为文气之形。刘勰指出："膏润于笔，气形于言。"殷璠则说："气因律而生，节假律而明，才得律而清焉。宁预于词场，不可不知音律焉。"罗根泽释"文气"说云："文气是最自然的音律，音律是最具体的文气。"①凡此种种，都说明了：气虽为文辞音律之本，然须藉文辞音律才得以显；文辞音律即为气之形，无文辞音律则气无以显。

清代著名的文论家姚鼐曾说："意与气相御而为辞，然后有声音节奏高下抗坠之度，反复进退之态，彩色之华。故声色之美，因乎意与气而时变者也。"他认为文辞之声音节奏所具有的"度""态""色"等种种形态，都是因"意与气相御"而成。反之，正是藉文辞之声音节奏的种种形式，意与气才得以具体化、物态化，从而显现为一定"度""态""色"。文辞的声色之美"因乎意与气而时变"，而文辞声色之美的变化也正是意与气变化的表征。

桐城派大家刘大櫆论散文语言曾在《论文偶记》中提出"神气""音节""字句"说。他认为"神气"是语言的最高层次，是通过文字、音节而体现出来的带有作家个性气质、精神力量的行文气势，具有生命感召力。"神气"显示着生命的力量和生命的存在。字句、音节以神气为根，神气是字句、音节的生命力所在。字句、音节有神气，也就有生命力，也就有感人的艺术魅力。显示着"神气"的字句、音节，也应是"活"的字句、"响"的音节。

"气"借字法、句法、章法而行。

先说字法，一是炼字以行"气"，即找到最能使"气"流转自如而富

---

① 罗根泽：《中国文学批评史》（卷一），上海古籍出版社 1984 年版，第 167 页。

有神韵的字，这类字常被称为文眼。二是用叠字使得"气"足。三是用虚字使得"气"长而有韵味。

再说句法。句式要有变化。如奇句多则"气"易散漫难收，偶句多则易生板实之弊、文气不畅。合理的做法是奇偶并用，整散结合，所谓"文字一篇之中，须有数行齐整处，须有数行不齐整处。或缓或急、或显或晦。缓急、显晦相间，使人不知其为缓急、显晦。常使经纬相通，有一脉过接乎其间，然后可。"（吕祖谦《古文关键》）语句佶屈聱牙而犯声病会使得气脉不畅，姚鼐说陈硕士文"皆有可观，文韵致好，但说到中间，忽有滞钝处"，这"滞钝处"就是气脉不畅的表现。校正的办法就是通过讽读发现问题，通过对字句声调的调整使气脉顺畅。就像钟嵘说的"谓文制，本须讽读，不可蹇碍，但令清浊通流，口吻调利，斯为足矣"（《诗品序》）。此外，语句多歧义不利于气脉顺畅，句中多警策语可使文气不缓。

最后说章法。一是谋篇抱定主意，确定好行气的途径。开篇为行气之入口处，最为重要。二是段落要清。曾国藩说："为文全在气盛，欲气盛全在段落清。每段分束之际，似断不断，似咽不咽，似吞不吞，似吐不吐，古文无限妙境，难于领取。每段张起之际，似承非承，似提非提，似突非突，似纤非纤，古人无限妙用，亦难领取。"（《辛亥七月日记》）段落设置最忌自为首尾，要过渡自然，各段都是全文有机部分，不可撇开主意另作他论，这样才不会使气脉隔绝。

第九章　文气的鉴赏与批评

作家创作文学作品的目的是通过艺术形象把自己的思想、情感、理想、愿望传达给读者，影响他们的思想和行动，从而产生一定的社会作用。但是文学作品本身只具有发挥某种社会功能的可能性，要把这种潜在的可能性变为现实，必须依赖于读者的鉴赏与批评。也就是说，文学作品只是给接受者提供了一个鉴赏与批评的对象，只是为文学的社会功能提供了一个物质依据。文学作品只有经过文学鉴赏与批评，才能成为读者的接受对象，而且只有真正被读者所接受，文艺的审美艺术价值才能充分发挥出来。"气"既是文学艺术创作的本源与动力，同时也是文学艺术接受者审视作品、衡量作品艺术价值的重要尺度。

第一节　"因气感人"的鉴赏

对于文学鉴赏而言，根本的一个问题就是：文学为什么能够感动人、感染人？答案与文学发生的动力源泉一致：因为气感。

我国古代最早的文学鉴赏品评活动的主要倾向不是外指的而是内省的，即主要是通过对文学作品（诗）的品评，提高并完善接受主体的人格（道德修养）、人品（仪容才干）。诚如管子所谓："凡人之生也，必以平正。所以失之，必以喜怒忧患。是故止怒莫若，去忧莫若乐，节乐莫若礼，守礼莫若敬，守敬莫若静。内静外敬，能反其性，性将大定。"这就是借文学艺术以修身养性的一种内省精神，如同孟子"知言养气"所强调的一样，都是以"气"为中心，通过对主体之气的蓄积和涵养以达到某种精神境界。这表明自我国古代自觉进行文学品赏评鉴活动之始，"气"便在其中占有了重要地位。

文学艺术的品赏评鉴活动皆根于气，发于气，亦终归于气。《国语·周语》指出，"乐不过以听耳，美不过以观目""耳内和声，而口出美言""口内味而耳内声，声味生气。气在口为言，在目为明""若视听不和，而有震眩，则味入不精，不精则气佚，气佚则不和"。这说明，耳之听乐，目之观美，口之出言，都是气所使然，最终也都影响到品赏主体之气性的顺逆。

一、"气感"：文学鉴赏的源泉动力

在这里首先需要对"气感"作一说明。笔者在第八章谈"气感"——文机发动时，其中的"气感"主要是指作为创作主体的作者面对外在客观世界或对象时，作者之"气"与宇宙万物之"气"相通而"感"。而本章的"气感"则是侧重从读者批评鉴赏的角度来谈的，指读者之"气"与作品之"气"相通而"感"。因为文学批评鉴赏本身也是气之运动的表现，鉴赏的源泉动力与创作的源泉动力一样，都是来自于"气感"。气在完成了对文学创作与作品审美本质的建构后，又从创作主体、文本转移到读者，从创作论、文本论引入到具体的批评鉴赏论。

首先，"气"是批评者审视作品的重要尺度与审美感受表达的主体资源。从元气到体气，从直接的气的描述到隐性的气的观照，从面貌到审美境界，从具体范畴到泛化的运用，从积极意义的总结到反面形态的剖析，"气"在文学批评实践中可以说无处不在。从鉴赏维度考察，"气"对文学艺术为什么能够感染人、感动人、使人实现跨越时空的心息相通起到了根本性的作用。可以说，在中国文学鉴赏语境中，"气"才是读者获得陶冶与感动的直接动力源泉。因此，"气感"既属于创作发生机制，同时也是审美鉴赏的发生机制。

"感"作为一种生命现象，在《周易》中就有了很全面的阐释。《易》的整体义理结构实则就是因感应而建构的，《易》的卦象皆阴阳二爻交错而成，也是取异类相感而和合之意。《周易·咸卦》下艮上兑，即象征交感——从男女交感一直到天地万物的交感。其《彖传》曰："咸，感也。柔上而刚下，二气感应以相与。……天地感而万物化生，圣人感人心而天下和平。观其所感，而天地万物之情可见矣。"孔颖达疏曰："'观其所感，而天地万物之情可见矣'者，皆叹咸道之广，大则包天地，小则该万物。感物而动，谓之情也。天地万物皆以气类共相感应，故观其所感，而天地万物之情可见矣。"①阴阳交感就是气感，气感为万物生成之本，也是万物和合融通之源。天地万物之间的交感、感通都叫作"情"，反过来说，"情"就是天地万物间的感通。

"感"进入文学理论和批评领域始于汉代。汉人对《诗经》中的风雅颂之"风"——"风人"的阐释，对比兴之"兴"——激发读者清议的研究与推广，无不体现了对文学感人问题的关注以及将文学艺术与政治教化通过"感"建立联系的诉求。后世包世臣论风便称"一气相感谓之风"（包世臣《王海楼诗序》）。

文学能感人，是一个常识，也是艺术创作与鉴赏都会有的感受。欧阳修《书梅圣俞稿后》曾描绘这种神奇："然至乎动荡血脉，流通精神，使人可以喜，可以悲，或歌或泣，不知手足鼓舞之所然。"而这个不知所以然者的关键在于包世臣所说的"一气相感"，即从气感而言，作者因气感而发文，读者因感气而心动。从"一气"而言，无论作为主体创作本原的气还是读者感通的气，都是同一气，两者最终实现的是气的交流共振。甚至可以说，读者的感动，最终源自其气与创作主体寄寓在作品中之气的接通。这是一种具有中华民族特色的文学精神，正如龚鹏程所说："中国文学基本上是由'感'而形成的：作者感悟而动，应物斯感，故有吟咏，作品希望亦能感人。这与西方文学重视'模仿'的传统，在'文'始发端之际，可以说已分道扬镳了。"②

① 孔颖达：《周易正义》，见《十三经注疏》，中华书局 1979 年影印阮元校刻本，第 34 页。
② 龚鹏程：《中国文学批评史论》，北京大学出版社 2008 年版，第 8 页。

关于文学艺术与受众因"感"而相通的理念，先秦两汉时期的一些理论家在阐释艺术的相关原理时就有所研究。如《吕氏春秋·季夏纪》很早就论述到因感而生音的问题，云："凡音者生乎人心者也，感于心则荡乎音，音成于外而化乎内。"《礼记·乐记》从作品诞生的路径分析："乐者，音之所由生也，其本在人心之感于物也。""凡音之起，由人心生也。人心之动，物使之然也。感于物而动，故形于声。""人生而静，天之性也。感于物而动，性之欲也。"论述了音乐产生于感物而心动。心动实际上是情生，这种感动不是外物把这样的力量强加给主体的，而是主体本然之中就有这样的欲求，其中的物只是一个触媒而已。

至《毛诗序》所云："情动于中而形于言，言之不足故嗟叹之，嗟叹之不足故咏歌之，咏歌之不足，不知手之舞之，足之蹈之也。"正是在这种因物而感的物我关系中，创作主体由于受到外物的感发而产生了不同的内在情感反应，在对情的表达形式的选择过程中，文学作品（诗）就诞生了。因此，"物—心（情）—文"，这一双向互动的动态过程，就是对中国诗歌理论最基本的规律总结。

章学诚《文史通义·史德》也说："凡文不足以动人，所以动人者，气也。凡文不足以入人，所以入人者，情也。"对作品之中是非得失的考量，对其中沉浮抑扬、盛衰消息的同情，以及唏嘘流连与凭吊等情绪的产生，其根本的原因正是"气"的作用。

二、两气相感的特点与方式

"气"是审美客体与审美主体之间进行沟通的桥梁与中介。关于气感的这一特点，司马迁从心性血气上对其的解释则更为浅显透彻。他说："故音乐者，所以动荡血脉，通流精神而和正心也。故宫动脾而和正圣，商动肺而和正义，角动肝而和正仁，征动心而和正礼，羽动肾而和正智。故乐所以内辅正心而外异贵贱也。上以事宗庙，下以变化黎庶也。"（《史记·乐书》）从理论上对以气为本的审美特性说得最概括完整的要数《淮南子》："今人之所以眭然能视，营然能听，形体能抗，而百节可屈伸，察能分白黑、视丑美，而知能另同异、明是非者，何也？气为之充而神为使也。"(《淮南子·原道训》)可见，人的审美能力及审美活动皆有赖于人的神气。

"气"之所以能使人产生审美活动，是因为"气"有相互感应的特点。这就决定了文学艺术品赏评鉴活动乃是因为气化感应而发生的气感性质。荀子说："若夫目好色，耳好听，口好味，心好利，骨体肤理好愉佚，是皆生于人之情性者也。感而自然，不待事而后生之者也。夫感而不能然，必且待事而后然者，谓之生于伪。"(《荀子·性恶》)感官的审美感觉都是自然感应的结果，离开了自然感应，审美感觉就不真实、不客观了。

审美活动中的气感方式主要是同类相感。如荀子所描述的："凡奸声感人而逆气应之，逆气成象而乱生焉。正声感人而顺气应之，顺气成象而治生焉。"(《荀子·乐论》)《乐记》则把荀子的描述上升为气感理论观念，称："凡奸声感人而逆气应之，逆气成象，而淫乐兴焉。正声感人而顺气应之，顺气成象，而和乐兴焉。倡和有应，回邪曲直，各归其分，而万物之理，各以类相动也。"(《礼记·乐论》)《荀子》和《乐记》的这一"各归其分""以类相动"的观点，奠定了中国古代气论文学艺术品评发生学的理论基础。

《吕氏春秋》云："类固相召，气同则合，声比则应。鼓宫而宫动，鼓角而角动。"(《吕氏春秋·有始览·应同》)董仲舒云："百物去其所与异，而从其所与同。故气同则会，声比则应，其验皦然也。……物固以类相召也。"(《春秋繁露·同类相动》)这就是一段很明确的审美感应的理论阐述。他认为之所以音乐能产生共鸣，美丑亦能有相应的感受，关键是"物固以类相召"，"物以类相召"便"以类相动"，互相产生感应，原因是有"使之然者"，这其实就是有其内在的规律。其次，他用"气"来说明同类相动。

司马迁则将其称为"势"，云："《雅》《颂》之音理而民正，嘄噭之声兴而士奋，郑卫之曲动而心淫。及其调和谐合，鸟兽尽感，而况怀五常,含好恶,自然之势也。"(《史记·乐书》)刘向《说苑·修文》云:"雅颂之声动人而正气应之,和成容好之声动人而和气应之,粗厉猛贲之声动人而怒气应之,郑卫之声动人而淫气应之。"

明代袁中道称"同声"相感的实质乃"同气"相感。他说:"有声自东南来,慷慨悲怨,如叹如哭。即而听之,杂以辘轳之响。予乃谓二弟曰:此忧旱之声也。夫人心有感于中,而发于外,喜则其声愉,哀则其声凄。女试听夫酸以楚者,忧禾稼也;沉以下者,劳苦极也;忽而疾者,劝以力也。其词俚,其音乱,然与旱既太甚之诗,不同文而同声,不同声而同气。"(《游荷叶山记》)

直到清代,王夫之强调:"故俗乐之淫,以类相感,犹足以生人靡荡之心。其近雅者,亦足动志士幽人之歌泣。志虽不正,而声律尚有节也。故闻《河满子》而肠断,唱'大江东去'而色飞。下至《九宫之曲》《梁州序》《画眉序》之必欢,《小桃红》《下山虎》之必悲,移宫易用而哀乐无纪。"(《唐诗评选》卷二李白《苏武》诗)

汪琬对文学欣赏中的以类相感有较宽泛的解释,其言"类",既有气,亦包括才,其言"感",则是"震于其才,摄于其气"。其文云:"仆尝遍读诸子百氏大家名流与夫神仙浮屠之书矣,其文或简练而精丽,或流畅而明白,或汪洋纵恣,透迤曲折,沛然四出而不可御,盖莫不有才与气者在焉。惟其才雄而气厚,故其力之所注,能让读者动心骇魄,改观易听,忧为之解颐,泣为之破涕,行坐为之忘寝与食,斯已奇矣。……然后知读者之惊骇易改,类皆震于其才,摄于其气而然也,非为其于道有得也。吾不识足下爱其文将遂信其道乎?抑以其不合于道遂排黜其文而不之鲁乎?"(《答陈霭公论文书一》)汪琬所谓的"震于其才,摄于其气",即指文学欣赏中审美主体外震于其才(主要表现为审美客体的形),内摄于其气(主要表现为审美客体的质)这样两个审美层次。此说实渊源于古代关于审美感应有内外之分的观点。《淮南子·修武训》对感应的诠释是:"愤于中则应于外,故在所以感。"感应分内感外应的观点,较之前述单纯讲以类相动的观点,在逻辑重心上似有所不同。"以类相动"偏重讲"应"被动于"感"，审美主体被动于审美客体，即唯客体发其感则主体相适而有应。"内感外应"的观点却偏重讲在审美感应的"感"与"应"双向互动中主体的一定能动性，所感者（审美对象）尽可不同，所应者（审美主体）却归一致。

总之，"气感"是文学作品之所以能风人、化人的动力源泉，是文学作品在作者之外能够被他人欣赏从而使得文学欣赏可以确立的根本。读者通过对作品体貌之美与动力之美的感受，在对气象、气脉、气势、气骨等把握的基础上获得气韵的审美体验。

第二节 "气貌批评"与"文如其人"

所谓"气貌批评"，是中国古代文学批评中以对文学气貌的概括、描述为主要特征的一种批评方式。文学作品是气化的产物，作品的审美品格为以"气"为核心的美学范畴所涵盖，作品对创作主体的个体之气自然存在着承接和转移，由此作品便具有自己作为身份辨析的独特体貌，这种体貌以各种审美品格的综合体态为表征，我们称之为"气貌"。此外，影响深远又具有中华民族特色的"文如其人"审美认知标准，也是以气为中介而建构的。"文如其人"是作者创作的根本原则，也是读者认识作品价值的标准，更是读者通过作品了解作者并通过对作者的了解实现"知人论世"的依据。它是一个被伦理化了的审美尺度，但却是将艺术与人生打通、寻求艺术与人生在真善美层面上互动的一条可行路径。

一、"气貌批评"

文学鉴赏从审美感受落实到具体的鉴赏批评文字，主要表现为对文学作品表现出的气象、气势、气骨、神韵、气味等以"气"为核心范畴的描述（即气貌描摹）为主的文学批评。

这种主要针对"气"进行的文学批评体现为两个方面：其一，强调元气对作品的贯注与影响，这其中有着作品审美风貌对气之本原的呼应和作者对这种呼应的追求；其二，侧重于作品所呈现的风格体貌的描述。如厉志《白华山人诗说》主张的"真气"。所谓"真气"就是浑浑穆穆之气，这种状态表示气的蓄积涵养处于接近元气的状态。施补华的《岘佣说诗》重视以气论诗，而且形成了自己的一套理论。他评诗多以气的形貌展示，如评太白："一种清灵秀逸之气，不可不学。"评柳宗元："怡旷气少，沉至语少。"评韩愈："韩公七古，殊有雄强奇杰之气，微嫌少变化耳。"

气貌就是作品通过文辞体式表现出来的基本风格倾向，它是作品中诸如气骨、气势等审美品质的一个综合形象呈现，它近似于古人所论之"体"。《颜氏家训·文章》中已经开始以"饶贫寒之气"批评何逊之诗，钟嵘《诗品》对诗文风格的概括皆属于气貌范畴。至唐代皎然《诗式》提出"辨体有十九字"，其中的"体"就是气貌的概括："风韵朗畅曰高，体格阔放曰逸，放词正直曰贞，临危不变曰忠，持操不改曰节，立性不放曰志，风情耿介曰气，缘情不尽曰情，气多含蓄曰思，词温而正曰德，检束防闲曰诫，性情疏野曰闲，心迹旷诞曰达，伤甚曰悲，词理凄切曰怨，立言盘泊曰意，体裁劲健曰力，意中之静曰静，意中之远曰远。"他用十九个字概括诗歌的外在审美风貌类型，如：高、逸、贞、忠等，从形式上来看虽然有些凌乱，但却是中国文学批评史上第一次如此全面地从审美感觉入手对审美风格进行划分，因此有着独到的意义。

更多的批评是从功能入手，以"气"直接标示。在古人的常见评介中，常见的有浩气、豪气、逸气、清气、粗俗之气、头巾气、脂粉气、市井气等。这就是古人以气之流行、赋形评价诗文的一个显著代表，作者限量的气，赋予诗文各自不同的面目，体现出与本我一致的精神风貌，所以才以某某气相称。

气貌批评的方式主要有两类：一类是直接用以"气"为核心的审美范畴如真气、气象、气骨、气韵等来品评作家作品。如王慎中云："沉着顿挫，光采自露。且序人奏议，发明直气切谏，而能形容盛朝气象，治世之精华，真大家数手段。如苏长公序田锡奏议，亦有此意，然其文词过于隽爽，而气轻味促。"①此即为以气直接批评。

另一类是运用具有气之特征的隐性词汇如顿挫、回旋、淋漓、生动、郁勃等来品评作家作品。如方东树《昭昧詹言》云杜甫、韩愈之妙云："而其秘妙，尤在于声响不肯驰聚，故用顿挫以回旋之；不肯全使气势，故用截止，以笔力斩截之；不肯平顺说尽，故用离合、横截、逆提、倒扑、插、遥接……"②其中顿挫、回旋、驰聚等都是气的隐约表达。

文学批评中还有一类批评语汇，虽没有直接将气纳入其中，却有着鲜明的气的特征，它属于气貌批评的隐性运用，但又不是一般的状态性的描摹，如"和""畅""走""守"等。如明代王世贞评李白诗云："五言古及七言歌行，太白以气为主，以自然为宗，以俊逸高畅为贵。"施补华在《岘佣说诗》中以气论诗时提出了"能走能守"说。如言东坡："东坡能行气不能炼句，故七律每走而不守。"又评太白"朝辞白帝彩云间，千里江陵一日还"："如此迅捷，则轻舟之过万山自不待言矣。中间却咏'两岸猿声啼不住'一句垫之，无此句，则直而无味，有此句，走处仍留，急语仍缓。可悟用笔之妙。"这里"走"指气的流畅，"守"即以人工实现气的顿挫，防止诗歌过于熟滑，因此，"走""守"亦属于气的范畴。

气貌批评是对历史上已有的批评实践所作出的总结，然而就具体的批评者而言，其批评者身份资格的获得也与气相关，舒岳祥将其总结为具有真识与正气者才能进行文学批评，"非有真识不能以知人，非有正气易至于失己"③，无"真识"，即缺乏基本的审美鉴赏能力，则易失之于眉睫之前；无"正气"，即缺乏那种至大至刚的浩然之气，则易在抑

---

① 茅坤：《唐宋八大家文钞·曾文定公文钞》评《范贯之奏议集序》语引，见王水照《历代文话》，复旦大学出版社 2001 年版，第 1937 页。
② 方东树《昭昧詹言》卷八，人民文学出版社 1961 年版，第 213 页。
③ 舒岳祥：《阆风集》，文渊阁四库全书本。见赵树功《气与中国文学理论体系建构》，人民出版社 2012 年版，第 383 页。

扬失当中失去自我应有的道德操守。

二、风格批评与"文如其人"

中国古代的风格批评起源很早，在先秦诸子和经籍史传中已有大量对于文学艺术的批评材料，而且古代的文学艺术批评从一开始就以风格作为主要的批评对象之一。因为在当时的文艺创作中，艺术的创作个性尚未凸显，虽有极个别的诗人已具有创作个性，但还没有引起批评家对个性的充分发现和重视。当然早期的文学批评也重视创作主体，但重视的主要是人品道德而不是创作个性。

如果说西方风格学起源于修辞学的话，中国古代风格学则是在魏晋时代人物品评的直接影响之下形成的。汉代以察举纳士，选拔人才，人物品评已成为风气。但魏晋人物品评却从原先的政治、道德目的，变为对人物的才性与风神的鉴赏。由于儒教的衰落，人们更能突破传统教化的束缚，人物品评也更为注重考核人物的精神和个性。

"文如其人"是中国传统文化之中道德持守诚信为本观念的体现。在中国古典文学的批评语境下，除了要求作品应具有气韵生动的艺术魅力外，还要求主体之气与作品之气实现统一，即达到文如其人的境界。从文学理论批评而言，曹丕提出的"文以气为主"强调作品要真实地反映出创作主体的个性面目，这就是文如其人的理论依据。

在古人的观念中，风格（气、体）是一种表现形态，而这种表现形态是由作家的人格、修养、学识和个性等因素决定的。"文如其人"这个命题在中国古代包含了两个方面的含义：一是个性决定了艺术风格；一是人品决定了文品。这个命题十分复杂，它不是纯艺术问题，它已交汇了美学、心理学和伦理学的理论，所以古人论"文气"往往综合审美判断和道德判断。可以说，中国古代风格批评特别注重艺术的内在品格，强调作家创作主体包括艺术个性与道德人格，而相对忽略外在的形式。

"文如其人"，西方称为"风格即人"，尽管这个观点经常受到质疑，但可以从气化流行、气之赋形的角度来理解艺术创作以及创作过程中主体在作品中对自我的寄托。因此，"文如其人"不仅是我们民族重要的文学遗产，其间有着道德的崇尚和对善的关怀，而且它也有着自己特定的合理性。刘勰在《文心雕龙·体性》中说："夫情动而言形，理发而文见，盖沿隐以至显，因内而符外者也。"其逻辑起点就是气的运行："气以实志，志以定言，吐纳英华，莫非情性。"各自的体性之气显示为隐而未发的情志，而诗又是言志的，作者根据这些情志依靠自我的才华来选定表达情志的言辞，行之于文章之中，于是最终的文章和起初的情志便是一种隐和显的对应关系。当然这里的气作为个性之气是各有所偏的，所谓"气之清浊有体，不可力强而致"也就是这个意思。刘勰不同于曹丕的是：曹丕不仅仅认同人的作品可以体现出不同的面目，并且承认其产生的合理性，而且有意提倡这种不同，使人之生理状态向审美的品质转化。

　　古人通常认为文如其人，即文品与人品、风格与个性是一致的。一般而言，文艺作品作为一种精神产物，总是要反映出作者的个性特征来。作者的性格、气质、兴趣、才能、习惯等不同的主观因素互相依存、互相影响、互相制约而构成一个有机整体。在长期的创作实践中，作家的个性通过审美中介，形成对于生活独特的感受方式、理解方式和传达方式，从而进一步形成了创作个性，因而对作品的艺术风格起着主观制约作用。从这个角度来看，"文如其人"之说总体上是有道理的。

　　但是，"文如其人"并非处处适用的定律。实际上，有时存在文与人不相符的情况。之所以会出现这种情况，主要有以下几方面原因：

　　首先，生活中的个性与艺术创作个性有密切关系，但毕竟不能简单等同。艺术是掌握世界的特殊思维方式，要使个性心理因素在创作中获得肯定，作家必须在创作实践中不断探索，逐步找到适合自己个性特征的表现方式。而且艺术创作一般都经过一个向前人学习、模拟前人作品的过程，并非每个作者都能通变创新，自成一家。若因袭前人作品而不能超越，其作品的风格自然也是模拟而得，不一定与作者个性一致。

其次，文学风格不仅仅由作者的主观因素所决定，在某些情况下，客观因素如时代风气、文体体制等的影响远远超过主观因素，作者的个性被消融于客观因素而隐蔽不见了，这种情况下文与人就不一定一致了。

尽管如此，在古代文学的语境下，"文如其人"的众多内涵中仍然以人格之真诚为主导，这也是中国古代文论之中较为浓烈的伦理观照的表现之一。但仔细分析会发现，我们民族文学理论中的道德社会等伦理观照并非凭借对个体的挤压排挤而实现，而是以个体生命之气的修养为发端，在正心诚意修身中实现立言以至于天下治平，是个体与社会和谐的一个理想设定。反映到文学理论之中，作品中的社会价值、伦理意义必须依靠一个生机饱满的生命体，通过积理、积气才可以实现其社会伦理价值。"文如其人"，由于其本于生命健康之气，又养孟子所谓载道与义的浩然之气，且与儒家思想中"修辞立其诚""诗言志""有德者必有言，有言者不必有德"等重要诗学思想贯通，因此在中国文学批评史中被视为诗歌的最高境界。

第三节 "气韵"：最高审美标尺

"气韵"指文学艺术作品的气度风韵。它是作者精神风貌超凡脱俗的外化，是文学艺术作品风格超拔的重要原因，在文学艺术价值评判中占据着重要地位。自从南朝谢赫在《古画品录》中提出"气韵生动"范畴以来，"气韵"问题成为各门艺术中的一个美学命题，成为画论、文论共同关心的重点。"可以说，不把握'气韵生动'，就不能把握中国古典美学体系。"①

"气"在文学批评中的深化，使得对文学审美的把握最终落实到这些与"气"相关、充满变动虚灵色彩的一系列范畴中，诸如"气骨""气

---

① 叶朗：《中国美学史大纲》，上海人民出版社1985年版，第213页。

势""气象""气韵"等，它们被广泛地应用于诗、文、书、画艺术的批评。尽管它们各自表达一种彼此有所侧重的内涵，如"气骨"强调内容、"气势"强调力量或者变化、"气象"侧重外形姿态、"气韵"接近意味的延伸，但"气韵"依然是诸多"气"范畴中的最高范畴。尤其在中国古代文论之中，"气韵"成为了文学批评的最高审美标尺。正如张法先生所说："先秦哲学创造了中国文化'气'的宇宙，它必然要扩展到中国美学，而中国美学要达到文化的高度，也一定要上升到哲学。于是，当中国美学的主体——士人美学在魏晋南北朝产生成形之时，'气韵生动'成了中国美学的最高标准。因此，中国美学的成形，意味着中国文化的气论从哲学扩展到美学。"①

一、"气韵"美学观念的孕育和产生

"气韵"作为一个具有中国特色的古典美学范畴，它的产生有着丰厚而深远的理论渊源。它是在中国"气"文化的大背景下产生的，又来自对人的生命形式的直觉体悟与把握。它虽然是由画论中的"传神"论演变而来，然而其较直接的理论渊源是魏晋以来的人物品藻。在哲学美学的意义上，"气韵"既囊括了宇宙元气论、生命之美论和人的精神自由论，又体现着中华民族的通于大道、归于自然的审美理想。

在古代美学理论中，"气韵"这个范畴由"气"和"韵"两个概念历史地组合而成。

"气"的概念在美学中的演变有一个从哲学的宇宙生命本源意义的"气"到艺术生命本体意义的"气"的发展过程。"气"的原始意义是可视可感的烟气、云气、风气、雾气、呼吸之气等。但中国人一开始就把气与生命联系在了一起，使之成为中国哲学的一个元关键词。从自然生命的本体论的角度出发，道家将"气"解释为宇宙万物的本原，解释为"天人合一"(主体与客体、人类与自然)的中介。

---

① 张法：《中国美学史》，上海人民出版社 2000 年版，第 90 页。

　　汉代是重"气"的时代，把"气"视为天地万物产生和变化的根基。就作为自然的一部分的人来说，"气"既被看作人的肉体、自然生命得以存在的根基，同时又和人的精神、智慧、贤愚、善恶密切相关。这在王充的《论衡》中表现得十分清楚。

　　到了魏晋，由于玄学对宇宙万物的生成问题不感兴趣，而将注意力集中于对理想人格本体的探求，因此，除了受汉人影响的魏初曹丕等人之外，魏晋的玄学及美学都很少讲"气"，而特别着重讲"韵"。东晋而后，玄学影响渐弱，汉代元气论得到充分发展，"气"成为美学上的核心范畴。在文艺批评中，最早使用"气"的概念的是曹丕，他在《典论·论文》中倡导"文以气为主"。刘勰的《文心雕龙》全书也贯彻了重气之旨，钟嵘的《诗品》更进一步把"气"作为建立其全部诗论的根本。谢赫《古画品录》的"气韵"说就是在这种历史背景下产生的。谢赫虽没有正面说明他对"气"的看法，但在评论各个画家时多次涉及了"气"，如"风范气候""神韵气力""气力不足""乏于生气"等。他多次把"气"与"力"联系起来，赞美有"气力"、有"生气"的作品，不取"气力"不足的作品。他所说与"力"相联的"气"，正是王充等人所说与人的生命的力量充沛与否相联的"气"。要求绘画的用笔、形象有"气力"、有"生气"，即是要求它表现出生命的力量。同时，谢赫所说的"壮气""神气"，又显然不只与生命的力量有关，而且与人的精神相关。因此，谢赫对"气"的理解既指生命的力量，也指人的精神、气质的表现，两者是密切相联的。

　　由上可知，元气论从宇宙论的高度，以物质性的"元气"将天人关系组合起来，强调天禀元气，人受其精，天与人为气所沟通，物与心因气而交融。正是在这个前提下，形成了"宇宙—人—文"为一气所贯通的认识：宇宙赋气而生人，人赋气而生文（艺），因而有创作本体之"气"和文艺本体之"气"范畴的相继推出。"文气"既来自元气，又是生成气韵的主体，可见三者存在着"元气—文气—气韵"这样一种链式关系。

"韵"的含义比"气"要复杂得多。"韵"在美学中的演变，也有一个从音乐的形式和谐意义的"韵"扩大到一切艺术内在情趣意味的"韵"的发展过程。①

首先，"韵"本来是指音韵、声韵，显然同音乐相关。魏晋以来，音乐艺术有很大发展，文人中懂得和爱好音乐的人很多，"声无哀乐"成为当时玄学论辩的著名问题之一并不是偶然的。而对音乐美的欣赏同对它的韵律的品味分不开。曹植《白鹤赋》便曾说"聆雅琴之清韵"（《全三国文》卷十四）。阮籍《乐论》和嵇康《声无哀乐论》未讲"韵"，但他们反复申说的"和""自然之和"，显然不能脱离"韵"。刘勰在《文心雕龙·声律》中说："异音相从谓之和，同声相应谓之韵。"亦是从声律角度言韵的。

到了魏晋时期，玄学论辩和审美性的人物品藻兴起之后，对声音的重视就明显具有和人物的才情、智慧、风度的品评相联的审美意义了，于是对声音的评论也就与音乐美以及文学语言美的欣赏直接相关，"韵"逐步地被运用于当时的人物品藻中，被用来形容人物的风姿、神貌。《世说新语》中频频出现"韵"的字眼，如"风气韵度""拔俗之韵""天韵标令""风韵道迈""雅正之韵""风韵迈达"等，这里的"韵"指人的形体、姿态、生命中流露出来的才情、智慧和风度的美。

"韵"作为审美范畴由音乐领域进入人物品藻领域，又直接与这一时期的人物品藻中崇尚人物言谈话语的韵律美相关。《世说新语·文学》中，刘孝标注引邓粲《晋记》曰："遐（裴遐）以辩论为业，善叙名理，辞气清畅，泠然若琴瑟，闻其言者，知与不知，无不叹服。"即是明证。可见，"韵"的意义从音响律动向风度仪态的转移，正是基于形式规律的存在，基于审美对象呈现给感官的情感形式或"格式塔"。音韵和谐与生命节奏之同构、沟通，必然有一个共同的基础作为联络中介，这个中介就是那个氤氲浩渺的"气"。因为兼有实体与精神二性，

①　参见张锡坤：《"气韵"范畴考辨》，《中国社会科学》2000 年第 2 期。

"气"使得音韵可以毫不牵强地与生命的形而上境界相类比，使万物皆着生命色彩，使天人之际，一派生机，物我之间，款洽融融。①

到了唐代，以韵论诗文逐步发展，"韵外之致"等说法出现，气韵、神韵等随后在诗论中逐步流行开来。在宋代，"韵"这个范畴在美学中占有非常突出的地位。宋代美学家、文学家、艺术家有关"韵"的论述非常多。北宋范温这样总结"韵"的历史演变："自三代秦汉，非声不言韵，舍声言韵，自晋人始，唐人言韵者，亦不多见，惟论画者颇及之。至近代先达（即苏轼、黄庭坚等人），始推尊之以为极致，凡事既尽其美，必有其韵，韵苟不胜，亦亡其美。"又说："韵者，美之极。"②

后世文学理论论述延续了这种思想，尤其明代一些著述，对此进行了较为全面的研究，《诗薮》中有对兴象神韵的论述，而研究最为细致、系统的当属陆时雍的《诗境》，《诗境》最突出的贡献当属对韵的研究。全书之中以韵批评诗文的范例极为丰富，如《总论》有"元白之韵平以和，张王之韵庫以急""李商隐七言律气韵香甘""五言古非神韵绵绵，定当捉衿露肘"。又云："何逊以本色自佳，后之采真者，欲摹之不及。陶之难摹，难其神也，何之难摹，难之韵也。何逊之后继有阴铿，阴何气韵相邻，而风华自布。"其中涉及韵、神韵、气韵。《古诗镜》卷二十六有"风韵洒落"，《唐诗镜》卷十有"韵气冷甚"，又涉及风韵和韵气。韵、气韵、神韵基本上是同质的。

可见，"韵"最早指声韵，晋代开始超出这个范围开始用于人物品藻，唐代多用其论画，而到了宋代，则将其推广到一切艺术领域，并且成为艺术作品的最高审美标准。

"韵"与"气"密切相关，"韵"是表现于内部的风度、韵味、情调等。它具有音乐性的感觉特征，有一种富于节奏感的律吕，它使得对象本身更具有气质和内涵，更有动人的、迷人的魅力。气充韵满，互为联

---

① 参见王庆卫：《"气韵"与中国古典美学的诗性思维》，《烟台大学学报》（哲学社会科学版）2004 年第 2 期。

② 叶朗：《中国美学史大纲》，上海人民出版社 1985 年版，第 310 页。

结，形成一个独特而又完整的美学范畴。"气"与"韵"联系在一起进入
美学领域，首先是批评绘画的，南朝谢赫《古画品录》提出"气韵生动"，
南齐萧子显《南齐书·文学传论》则正式提出了"放言落纸，气韵天成"。
值得注意的是，中古时期的"韵"与运动之"运"一度相通，正如于民先
生所说："犹如上古现实中的'武'与艺术中的'舞'，二者在文字上的相
通，表现了二者的联系一样；中古时人之审美中气运生动的'运'字，
和文艺审美中气韵生动的'韵'字曾一度相通，也反映了从哲学、养生、
人的审美到文艺审美中气化认识的联系与延伸。"[1]因此，"韵"产生之
初，便显示了其与气之运动变化特性深刻的内在联系。

综上所述，古典美学中的"气韵"概念，孕育于哲学中重视"气"和
音乐中讲究"韵"的汉代，萌生于艺术和审美领域强调"气"和"韵"作用
的魏晋，成熟于各门类艺术推崇生动表现事物"气韵"之美的南北朝
时期。

二、"气韵"的内涵及其特征

"气韵"是中国古典美学中颇具民族特色的范畴，指的是审美对象
的内在生命力显现出来的具有韵律美的形态。

"气韵"是中国绘画美学的核心命题。它由南朝齐代谢赫《古画品
录》首次提出："六法者何？一、气韵生动是也；二、骨法用笔是也；
三、应物象形是也；四、随类赋彩是也；五、经营位置是也；六、传移
模写是也。"谢赫的贡献是第一次确立了"气韵"在绘画审美中的第一位
的地位。谢赫所说的"气韵"，既从客观方面指作品对对象的"气韵"即
人物的精神风貌的表现，也从主观方面指艺术家的审美趣味、艺术上所
达到的境界、艺术的风格特点等。

萧子显《南齐书·文学传论》则以最简洁的范畴概念形式把"气韵"

---

① 于民：《气化和谐——中国古典审美意识的独特发展》，东北师范大学出
版社 1990 年版，第 27 页。

引入文学美学："文章者，盖性情之风标，神明之律吕也。蕴思含毫，游心内运，放言落纸，气韵天成，莫不禀以生灵，迁乎爱嗜，机见殊内，赏悟纷杂。"从这段话中我们可以剖析出以下几方面的含义：第一，文学是人的生命的表现形式。所谓"文章者，盖性情之风标，神明之律吕也"，即认为文学是人的本性的表现，是灵魂的乐章。第二，文学作品本身也是生命形式。"莫不禀以生灵，迁乎爱嗜"，也就是说作品有了生命和个性。第三，文学作品形式上的自然性。作品从形式上看要"宛若天成"，不留丝毫的人工痕迹。

文章是作者性情的表现，是体现作者神明的载体，作者精心构思，最后写成作品，便可让作品显现气韵天然生成的艺术风貌。文章是作者风格的体现，所以文章的风格也多种多样，欣赏者也会得出不同的欣赏效果。"气韵天成"与"气韵生动"一样具有高度的艺术概括力，是描述气韵的最佳词组。

萧子显的这一观点是六朝美学史上极有深度的审美论，这一审美论的最基本特征是主体论和生命哲学论。这是完全从审美主体出发去说明、阐解文学审美生成过程的，同时它又贯穿着对生命哲学的理解。文学是作家主体"性情""神明'的表征，也就是作家的才性，情趣、气质的表征。这种表征包含着生命的自然发动和自然显现，而这种表征又不是一般的，而是富于音乐性的表征，所谓"律吕"是也。既然是生命的自然而然的表征，它就会"气韵天成"。"气韵"既然作为文学的一种内在素质和特征的显示，它在最基本点上是自然而然的，也就是说它是"天成"的。确立了这样的审美前提，作家在审美过程中"蕴思含毫，游心内运"，既进行深长的构思，又充分发挥审美思维的想象力，"游心"万方，一旦物态化——"放言落纸"，就必然是"气韵天成"。"莫不禀以生灵，迁乎爱嗜，机见殊内，赏悟纷杂。"它是生命的表征，就有生命的律吕、节奏。萧子显的气韵论对六朝的这一审美范畴作了最具有本体性的论述，即生命哲学和主体性。"气韵"范畴的基本含义是指作家生命、主体意识的审美表现及其功能。

　　"气韵"的概念归根结底是要求从主体生命的有节奏、合规律的运动中展现出主体精神的美，也就是展现出"神明之律吕"，使主体的个性、气质、才情之美获得一种具有音乐性的美的表现。不过，萧子显在《南齐书·文学传论》中还只是在说明文章的本质时用了"气韵"这个概念，谢赫的《古画品录》则进一步把它确立为绘画理论批评的中心概念，从而使这一概念在中国古代美学中产生了广泛深远的影响。就绘画说，谢赫所说的"气韵"，既是指对象的"神明之律吕"，同时也是指画家自身及其作品的"神明之律吕"。谢赫将"气韵生动"作为绘画艺术的最高标准，是古典哲学"气"范畴与当时人物品评常用概念"韵"结合的产物，是"气"这一哲学范畴转化为美学范畴的具体成果。"气韵生动"中，"气"是核心，即生命；"韵"即"神"，即特指主体生命中的精神部分；"生动"则是对"气韵"的补充说明，强调的是主体生命中更为感性的部分，它由魏晋前动植物装饰画中的对象形貌动作的逼真、飞动效果而来。宗白华先生将"气韵生动"释为"生命的律动""生命的节奏""有节奏的生命"①正是这个意思。

　　"气"与"韵"分不开，但两者又不能等同。在"气"与"韵"分言的情况下，"气"指生命运动的力的表现，比较容易理解和掌握；"韵"却带有更为纯粹精神的，以致哲理的意味，不易理解和掌握，经常要诉之于一种直感的体验。"气"与"韵"有时难于兼备，或有"气"而"韵"不生，或有"韵"而"气"不足。"韵"不能离"气"，但"气"只有在呈现出"韵"之后才具有充分的美学价值。谢赫对此有很深刻的理解。他在评顾骏之时说："神韵气力，不逮前贤；精微谨细，有过往哲。"这就是要求"气"（"气力"）与"韵"（"神韵"）必须兼而有之，并以之为艺术的最高境界，超出于描写技巧上的"精微谨细"。"气"与"力"相关，"韵"与"神"相联，"气"不足固然是一个缺点，但如果能具有某种"韵"，那仍然是可贵的。谢赫评夏瞻说："虽气力不足，而精彩有余，擅名远代，事非虚

---

　　①　宗白华：《美学散步》，上海人民出版社 1981 年版，第 52 页。

美。"由此可见，谢赫把"韵"看得比"气"更宝贵。中国书画常见两种情况：一种是有"气"而无"韵"，因而显得粗野、直露、缺乏深远的韵味；另一种是有"韵"而无"气"，因而显得柔弱无力。但后者如只在"气力"上稍嫌不足，那么它的美的价值常比前者为优。此外，在"气"与"韵"兼具的情况下，强调"气"者偏于阳刚之美，强调"韵"者偏于阴柔之美。

三、"气韵"成为文学批评最高审美标尺的原因

"气韵"最先见用于品评人物，特指人的精神气质和仪表风尚；继之被转用于画论，用以讨论作者的思想个性对作品艺术风格形成的影响和意义。南北朝时期，"气韵"作为一个成型的范畴被运用到美术领域，并成为中国绘画理论的核心范畴，而其被借鉴到文论中使用也只是后来的事。中国绘画的"气韵"说和中国诗学美学的"意境"说具有同等重要的意义。"气韵"构成了中国绘画艺术的传统价值尺度和根本审美要求，同时也是中国文学批评的最高审美标尺。

魏晋南北朝之后，气韵之有无，成为衡量艺术品成功与否的尺度与准绳。例如，在诗歌领域，诸如宋张表臣《珊瑚钩诗话》云："诗以意为主，又须篇中炼字，句中炼字，乃得工尔。以气韵清高深眇者绝，以格力雅健雄豪者胜。"①《诗史》论晚唐诗，称其虽然诗句切对，"然气韵甚卑"②等。宋敖陶孙《臞翁诗评》云："魏武帝如幽燕老将，气韵沉雄；曹子建如三河少年，风流自赏。"明陆时雍《诗镜总论》云："贾岛衲气，终身不除，语虽佳，其气韵自枯寂耳。"清方东树《昭昧詹言》云："读古人诗，须观其气韵。"在文章领域，宋陈善《扪虱新话》云："文章以气韵为主，气韵不足，虽有词藻，要非佳作也。"在绘画领域，陈姚最《续画品》评论谢赫作品云："至于气韵精灵，未穷生动之致。"唐李嗣真《续画品录》评论郑法士作品云："气韵标举，风格遒俊。"宋苏轼《题颜鲁公书

---

① 何文焕：《历代诗话》，中华书局 1981 年版，第 455 页。
② 郭绍虞：《宋诗话辑佚》（卷下），中华书局 1980 年版，第 449 页。

画赞》云："颜鲁公平生写碑唯《东方朔画赞》为清雄，字间栉比而不失清远，其后见逸少本，乃知鲁公字字临此书，虽大小相悬，而气韵良是。"

"气韵"之所以能够成为以"气"为核心的相关审美范畴甚至整个文学审美范畴的最高标准，成为衡量文学艺术价值与审美价值的最高标尺，其原因有四：

其一，因为"气韵"本源自"气运"，是气运从哲学向文艺美学延伸中的变体，它以阴阳谐和为准的。气、韵整合的依据是阴阳气化理论，气为动力，为贯注者、充盈者，贵雄浑有力，主乎刚；韵则为气运行中气的延伸、回响，贵柔、贵细、贵隽永，主乎阴柔。二者的整合则恰可以实现文艺作品中气之运化节奏的和谐，即实现刚柔、阴阳的谐和。"气韵"是一个寻求阴阳二气平衡的审美范畴，而平衡与和谐正是中国文化的根本诉求。

在所有以"气"为核心的范畴中，无论体态描述范畴还是动力归依范畴，在文学批评的实践中基本上都有较为稳定的审美指向，尤其动力归依范畴，多数呈现为对刚健的追求。但"气韵"之美与此不同，它是一个典型的阴阳和合、刚柔相融的产物，其不偏不倚又能兼包豪放与婉约等众体式，符合儒家审美中的"中和"，因此，"气韵"既是艺术创作的最高境界，同时也是文学鉴赏批评的最高审美标尺。

其二，"气韵"是众多艺术描述性范畴、气动力范畴共同作用之后的产物。谢赫在《古画品录》中所列举的绘画六法，宋代郭若虚认为："六法精论，万古不移，然骨法用笔以下五法可学，然其气韵必在生知。"刘海粟先生认为，尽管气韵不可学，但气韵却可以通过其他形式显现，他认为："气韵生动是各要素的复合。"（《中国绘画的六法论》）各要素就是前面五法，即"气韵"是五法综合作用之后所彰显的最后审美特质。

同时，气韵或神韵又兼容着审美诸体。神韵中包刚柔，备众体，即婉约与豪放中都有包蕴神韵或者气韵生动之美。或者说，神韵或气韵无论在婉约之风还是豪放之格中都能得到充分的体现。

其三，"气韵"可以实现作品的审美升华。陆时雍曾举古代一些名句，或者言离别，或者言登临，或者言兴会，或者言物色，情无奇而景也平常，但往往使人释怀，流连不已且常读常新，其原因就在于其诗中运动着气韵，所以他说："凡情无奇而自佳，景不丽而自妙者，韵使之也。"

以性情论诗，一般着眼于诗的情景是否真而不欺，而以韵论诗，则更加侧重于审美感受，并由此检验诗的品位。因此，以韵论诗不仅能弥补情性批评之不足，而且能使文学批评更加贴近艺术尺度。

其四，"气韵"具有的"不尽"的特征使它鲜明地体现了元气归依的特征。顾随先生曾评价以神韵论诗的意义时说："论中国诗，神韵一句终为可取而不可废，盖神者何？不灭是；韵者何？不尽是。"① 如前所述，气和神是一体概念，神韵和气韵在古代文论中是大体吻合的。气韵之韵在顾随先生这里被释为"不尽"，而不尽正是生成韵本身的气，对文学的批评最后回归到了生生不息的生命源头。只要气不尽，则作品就是鲜活的，这种思想体现了气韵范畴对元气的归依。一种审美境界最终实现了与生命的对接，实现了元气的循环，这个批评尺度自然便具有了终极的意义和无上的价值。

由于"气"在古典哲学中的核心地位，生命哲学是全民族最普遍的信仰，因而"气"所代表的生命情调、生命追求就远不限于绘画领域，以"气韵生动"言绘画只是一种代表，一种强调。其实，诚如前所言，"气"是一个被各艺术门类普遍接受的美学概念，当然这不只是一种概念使用，而代表着一个普遍的审美意识。概而言之，"气"在古典美学中主要有以下三个方面的含义：第一，指艺术表现对象的生命性质，即客体生命，如"气韵""气象"等。第二，艺术家精神生命的个性、能力等。第三，艺术作品的有机性。对诗歌、书法、散文等无直观生命形象

---

① 参见赵树功《气与中国文学理论体系建构》，人民出版社 2012 年版，第353 页。

者，"气"实为喻词，主要指使作品内部各要素间发生了有机联系的最重要因素，或这种有机性的具体效果。以生命体之"气"喻非生命体之艺术作品，这实际上仍是主体自身生命的另一种投射，就像它曾投射到自然山水上那样。具体而言，这种情形下常以主体自身生命结构的要件和形态比拟于作品，与"气"相伴者，常有"形""神""骨""肉""血"等。以绘画为核心，"气韵生动"境界因绘画艺术本身的再现优势而使艺术意境中的生命对象化观照成为可能，再现的对象同时包括了主客体，超越了言志缘情的诗歌艺术意境。

总之，"气韵生动"境界就是生命的对象化境界，对"气"的激赏即对生命的对象化观照。这种生命之境大致有几种类型：一曰客体生命之境，其对象或为人物，或为花鸟，或为自然山水；二曰主体生命之境，其对象为艺术家精神生命所表现出的个性、能力或情思；三曰喻体生命之境，其对象为作品本身的结构，实为作品各要素有机联系中所表现出的生命功能境界，即蒲震元先生所说的"由大宇宙生命样态审美走向生命功能审美"①。

---

① 蒲震元：《中国艺术意境论》，北京大学出版社 1999 年版，第 126 页。

结　　语

一、"天—人—文"合气的宇宙大生命精神

蒲震元先生在《中国艺术意境论》中说："要理解中国哲学范畴'气'，就必须同时注意把握中国古代的大宇宙生命意识，而且要注意从天人合一的角度切入，这样方能全面把握'气'范畴的丰富内涵与本质特征。"①同理，要理解中国文化关键词"气"，就必须从天人合一（天人合气）的有机整体观来把握"气"的丰富内涵和宇宙大生命精神。

（一）气论与场论、有机结构观

英国学者李约瑟在其所著的《中国科学技术史》中将中国哲学概括为"有机的自然主义（organic naturalism）"，指出："对中国人来说，自然界并不是某种应该永远被意志和暴力所征服的具有敌意和邪恶的东西，而更像是一切生命体中最伟大的物体。"②尤其值得注意的是美国学者 F. 凯普拉将中国的"气论"与现代量子物理学的"场论"相提并论，在《"空"与"形"》一文中从自然科学的角度谈到，质密、不可分的粒子在虚空中运动，这是经典力学世界观的基础。现代物理学已经从根本上修改了这种图景……经典力学中的质密粒子和周围空间的对立在"量子场论"中被完全消除了。量子场被看作基本的物理实体——一个在空间中无所不在的连续的媒介。……在中国哲学中，"气"的概念却明确地表

①　蒲震元：《中国艺术意境论》，北京大学出版社 1999 年版，第 112 页。
②　[英]李约瑟：《李约瑟文集》，陈养正译，辽宁科学技术出版社 1986 年版，第 338 页。

达了场的思想。……根据量子场论，场，或者说"气"，不仅是构成所有有形物质的基础，而且还以波的形式传递它们之间的相互作用。①

沃尔特·瑟林对现代物理学物质观的描述与李约瑟对中国"气"与"场"的描述相似：现代理论物理学……把我们关于物质实体的认识带入一个新的阶段。它使我们的注意力从可见之物——粒子，转向构成基础的实体——场。物体的存在只是场的基态在那个地方的一种激发，或许人们只能说这个偶然的东西是一个"小赘疣"。所以，不存在描述基本粒子之间的力的简单定律……秩序和对称必须在作为其基础的场中寻找。（沃尔特·瑟林）

在古代和中世纪，中国人认为物质世界是一个连续的整体。"气"凝聚成可感之物，这种认识的重要意义在于个体与世界上一切其他的物体都在作用和反作用着……作为最后的说明，一切都依赖于"阴""阳"两种基本力量以类似波或振动的方式在各个层次有节奏地相互感应。因此，个体有它们的内部节奏，这些个体都在一个宇宙和谐的普遍形式中得到统一。（李约瑟）

其实，李约瑟在《中国科学技术史》中还有一个深刻的比较学结论是："在希腊人和印度人发展机械原子论的时候，中国人则发展了有机宇宙的哲学。"这也是近年来中国学界乃至世界学界对中国气论价值的全新发现，人们越来越认识到："气"是中华民族在独特的生存方式中对宇宙生态的体验和解释，它之所以不同于西方原子论为主导的物质论哲学，在于其不仅是一种总括宇宙、万物万象的哲学，而且贯通天与人将世界理解为一个有机整体，充满了宇宙和谐性、生命有机性的人文精神和终极关怀。

从气论自然观角度而言，把中国传统哲学范畴"气"理解为使物质世界发生普遍联系的场态物质或中介体是并没有错的。这段话可谓深得

---

①　李存山：《中国气论探源与发微》，中国社会科学出版社 1990 年版，第390 页。

中国气化谐和思想的要义。对于人们理解中国传统气论自然观，研究十六世纪以来曾为西方近现代科学包括高能物理领域所进行的种种卓有成效的研究(如宇宙涡旋理论研究、光学波动说研究以及后来的量子力学、耗散结构理论研究)开启过智慧之门的中国气化理论，即阴阳二气的对立转化学说，无疑提供了一把钥匙。然而这只是问题的一个方面。

　　中国哲学范畴"气"从根本上说，还不只是一个广泛适用于物质世界，揭示物质世界有机统一性的概念，而是一个含义更深刻，普遍适用于天人合一的大宇宙生命运化规律的范畴。也就是说，我们不能仅从一个方面论气，而应从整观天人的大宇宙生命创化的角度论气，才能进一步接触中国气论的精髓。

　　在中国古人眼里，世间万有是一个整体，所谓混沌之道、阴阳之气等都是古人对宇宙自然的整体把握。整体思维是中国古人重要的思维方式，这也是一种极富原始意味的思维方式。原始人的"生命观是综合的，不是分析的。生命没有被划分为类和亚类，它被看成一个不中断的连续整体，容不得任何泾渭分明的区别。各不同领域间的界线并不是不可逾越的栅栏，而是流动不定的。在不同的生命领域之间绝没有特别的差异。没有什么东西具有一种限定不变的静止形态：由于一种突如其来的变形，一切事物都可以转化为一切事物"。① 中国古代的文论家正是以这种整体把握的方式去审视文学，建构出一套富有诗性特征的思维方式。中国文论家在观照、把握、思考、评价作品时，也总是将其看作一个血肉丰满的生命整体，并从整体上进行把握。基于这种整体的思维，中国文论常以气论文。

　　"气"是中国古代哲学的重要范畴，是构成万物的基质。宇宙生成以元气为本，元气充塞于天地之间，无处不有，无所不在。元气生人，人气生文，是天人之学的当然理路。"文气"说较生动地体现了中国古

---

　　① 　[德]恩斯特·卡西尔：《人论》，甘阳译，上海译文出版社 1985 年版，第134 页。

代文学艺术整体论思想。气是文学作品生命的内在基质，气象是对作品整体的观照，气韵是作品的整体美学特质。"文气"说体现的是从作家精神世界的整体上去把握和理解作品的思维方式。文气，在创作主体方面，指的是作家的全部生理、心理素质的整体显现。从生理上来看，人的机体是精神的物质基础。身体孱弱之人，自然心神困乏，就"不能清思于文辞，纵使强为之辞亦不工"（欧阳修《与杜沂论郭公墓志书》）。从心理来说，作家应"真体内充""积健为雄"（司空图《二十四诗品·雄浑》），应有博大刚正、充塞于天地之间的"浩然之气"（《孟子·公孙丑上》）。从作品方面来看，文气是作家全部人生经验和艺术积淀的总体呈现，什么样的作家即有什么样的作品，极富个性特征。因此，以"气"论文，将"气"看作文学作品生命力的内在基质，反映了中国古人对文学的认识深刻。文气通人气，文心通人心，人体是一个有机整体，文学作品自然也是有机整体。

（二）气论与天人合一

人与自然的关系问题是中国哲学的主题，而中国哲学史上的天人论具体地又归结为"天人合一"这个命题。20世纪三十年代，哲学界就注意到了这个问题，甚至把整个中国哲学归结为天人合一的哲学①。天人合一是中国古典哲学的主题，但是对这一主题，不同时代、流派的思想家们却又给予了不同的解说，我们不能一概而论。从史的角度看，"天人合一"经过了先秦朴素的天命观、汉代董仲舒的天人宇宙图式和宋代理学的认识论这样三个阶段；从思想流派讲，又有儒家的天人观和道家的天人观。如果说儒家的天人观是立足于伦理学的认识论，那么道家的天人观就是由哲学而审美的本体论。

"天人合一"观念源远流长。大概从新石器农耕时代以来，它与人顺应自然变化如四时季候、各种地理环境等以求得生存和发展有着密切

---

① 曹聚仁：《中国学术思想史随笔》，生活·读书·新知三联书店2004年版，第55页。

的关系。加上"这一时期尚未建立真正的奴隶制统治。人们屈从于绝对神权和绝对王权的现象尚不严重。原始氏族体制下的经济政治结构和血亲宗法制度使氏族、部落内部维持着某种自然的和谐关系"①。这两方面大概是产生"天人合一"观念的现实历史基础。

　　殷商是宗教气氛最浓厚的时代，凡国之大事都要问卜。但殷人崇拜的是祖先神而不是天神。② 这说明就整体而言，殷人尚处于物我不分的、自我中心主义的混沌时代。天人合一是以最起码的物我分别意识为前提的，没有这种分别就根本谈不上合。西周时期的天人关系有了新的发展。周人的"天"被赋予了"敬德保民"的道德属性："天"之好恶与人之好恶一致。"天命"与"人事"息息相通。正所谓"皇天无亲，惟德是辅"(《左传·僖公五年》)。周公提出"以德配天"，人服从天命是一种道德行为。而道德规范则是有人格意志的"天"为"保民"而赐予人间的。因此，周代始出现"天帝"信仰，这具体表现为宗庙祖先祭祀之外，又另立社稷以事天帝："郊社之礼所以事上帝也，宗庙之礼所以祀乎先也。"(《中庸》)与殷人不同，周人似乎感觉到了一种强大的无法把握的外在力量，他们把这种神秘的力量归之于"天"。但为了给他们代殷立国寻找理论根据，他们又创造出一个新词——"天命"。"天"自然指"天帝"，"命"则是指周人的国运，这样一来，自然与人事就被组合在了一起。这具体地表现为周王受命于天的神话："昊天成命，二后受之。"(《周颂·昊天成命》)简言之，周代出现的天命观是中国哲学史上天人合一思想最早的观念形态。

　　春秋时期，具有人格神意义的"天"遭到了质疑。到后来，出现了"天道远，人道迩，非所及也，何以知之"(《左传·昭公十八年》)的观点。大体上从春秋时期起，天人关系的重心已不是讲人与有意志的人格神之间的关系。"天"已经开始从超验的神的地位下降到了现实世界。

---

① 李泽厚：《中国古代思想史论》，人民出版社 1986 年版，第 318 页。

② 侯外庐：《中国思想通史》(第一卷)，人民出版社 1957 年版，第 302-303 页。

这种"天人合一"观念既吸取了原始宗教中的天人同感，又去掉了它原有的神秘、迷狂或非理性内容，相对突出了"天"的自然方面的涵义。①天人合一在两汉思想观念中占据重要地位。司马迁、扬雄、张衡、王充，特别是董仲舒以及《吕氏春秋》《淮南子》等均从不同角度、不同程度对"天人合一"提出了各自的解释，进而提出由"天人相类"到"天人互馈"的有机整体的宇宙图式。董仲舒在吸收了道家、阴阳家和《易传》的观念的基础上，终于梳理出一个以"天人感应"为核心内容的天人宇宙图式："王者配天，谓其道，天有四时，王有四政，四政若四时，通类也。天人所同有也。"（《春秋繁露·四时之副》）这便是他心目中的天人宇宙图式。之所以如此，是因为他认为天与人在本质上是同一的："天地人，万物之本也，天生之，地养之，人成之。……三者相为手足，合以成体，不可一无也。"（《春秋繁露·立元神》）从此，天人合一的思想经由周人的原始天命观、老子朦胧的宇宙生化论转化为明确、系统的天人宇宙模式。董仲舒的"天人合一"说的理论基点是认为人与天原属于同类。这从人的生成本原来看，"人之（为）人，本于天，天也人之曾祖父也，此人之所以乃上类天也"（《春秋繁露·为人者天》）。再从人的形体结构来看，人和天也是相合的，这叫作"人副天数"，例如："天以终岁之数成人之身，故小节三百六十六，副日数也；大节十二分，副月数也；内有五脏，副五行数也；外有四肢，副四时数也；乍视乍瞑，副昼夜也；乍刚乍柔，副冬夏也；乍哀乍乐，副阴阳也。"（《春秋繁露·人副天数》）另从人的道德感情来看，人和天也是同类："人之血气，化天志而仁；人之德行，化天理而义；人之好恶，化天之暖清；人之喜怒，化天之寒暑；人之受命，化天之四时；人生有喜怒哀乐之答，春夏秋冬之类也。"（《春秋繁露·为人者天》）董仲舒的这种天人相类说，实质上是通过以人观天，将天人化，从而使天人相副，"以类合之，天人一也"（《春秋繁露·阴阳义》）。

---

①　李泽厚：《中国古代思想史论》，人民出版社 1986 年版，第 318 页。

儒家的"天人合一"说至宋明道学发展到了高峰。张载在批判佛教"以人生为幻妄"时明确地提出了"天人合一"的命题。他认为宇宙的本体是气，天地和人都是由气聚合而成。所谓"天地之塞吾其体，天地之帅吾其性"（《张子全书·西铭》），即是充塞于天地之间的气构成了我的身体，作为天地统帅的气之性也就是我的本性。天与人是统一的，统一于客观的气。

当时的程颢也强调"一天人"。他说："人与天地，一物也。"又说："天人本无二，不必言合。"他反对言"合"，是因为认定天地本不是外物，反对主客两分："若如或者别立一天，谓人不可以包天，则有方矣，是二本也。"从而提出了"心便是天"的论断："只心便是天，尽之便知性，知性便知天，当处便认取，更不可外求。"这就完全站在主观唯心的立场上对孟子的"知性知天"作了阐释和发展。程颐的立说与程颢略有不同。他虽然也反对主客两分，主张天人合一，但不是强调统一于"心"，而是强调统一于"道"。他说："道一也，岂人道自是人道，天道自是天道？"又说："道未始有天人之别，但在天则为天道，在地则为地道，在人则为人道。"他论心、性、命、人、天统一于"道"（或"理"）云："心即性也，在天为命，在人为性，论其所主为心，其实只是一个道。""问孟子心性天，只是一个理否？曰：然。自理言之谓之天，自禀受言之谓之性，自存诸人言之谓之心。"显然，在程颐的天人体系中把天和人都合一到一个先验的"道"或"理"上去了。

以后，朱熹和陆九渊、王阳明关于天人关系的思想，大致沿着二程的方向发展。朱熹本程颐，以万物之本根为"理"，"天人合一"的最高境界是"与理为一"。陆、王本程颢，以"心"为万物之本根，其"天人合一"的最高境界则是人心与天地万物的彻底融合。不过，自孟子以来的儒家的"天人合一"说，一般都认为宇宙本根乃是道德的最高准则，人的道德即是宇宙本根的发现，归根结底都是以道德为本体。

与儒家以"道德"为本体的"天人合一"说不同，道家的"天人合一"说是以"人性"为本体的。《老子》曰："人法地，地法天，天法道，道法自然。"《庄子·知北游》曰："汝身非汝有也。……孰有之者？曰：是天地之委形也。生非汝有，是天地之委和也。性命非汝有，是天地之委顺也。孙子非汝有，是天地之委蜕也。"这里的人乃非独立于自然，而是自然之物。这里的所谓自然，是指任其天性，自然而然，亦即"无为"也。一部《老子》五千言，其最重要的命题莫过于这样一句话："道常无为而无不为。"假如从人类学本体论的角度上来考察的话，老子所说的"自然""无为"，乃是强调人们在现实世界中牢牢地执守自己的本然真性，进而达到"无不为"的自由境界。《老子》提倡寡欲和回复到婴儿状态或愚人状态，《庄子》主张"坐忘""心斋"，就是希望能消除物累，从而达到一种"天地与我并生，而万物与我为一"的"天人合一"的境界。

张岱年先生在其所著《中国哲学大纲》中，将"天人合一"之旨趣归纳为两个方面：一是天人相通，二是天人相类。弥足遗憾的是，张岱年先生一直没有阐明"天人合一"之"一"的哲学含义。既然没有触及这一关键性问题，也就无法正确解释"天人相通""天人相类"的形而上哲学依据究竟何在。"一"实际上指谓哲学本原，也就是亚里士多德在《形而上学》中所说的"万物都由它构成，开始由它产生，最后又化为它"①的终极性世界本原。在董仲舒哲学中，"天人合一"之"一"就是指谓哲学最高概念"气"。气是大而无当的、有机的、泛道德性的终极存在，它可以解释自然、精神、伦理、社会诸多现象，它是一个无穷大的本原，宇宙间的各种"定在"，无论是物质的、精神的，抑或伦理的，都是由它所化生，最终又复归于它。我们只有从这一哲学层面解读"天人合一"，才能真正领悟这一哲学命题的奥义。

通而论之，"天人合一"有三个层面的含义：

其一，天人同质。《春秋繁露·深察名号》说："天人之际，合而为一。同而通理，动而相益，顺而相受，谓之德道。""天"指与人类社会相对的自然界，但它不是西方哲学本体意义上的自然，而是有机的、泛

---

①　亚里士多德：《形而上学》，商务印书馆1991年版，第7页。

道德的自然。这诚如列维·布留尔所言："对原始人的思维来说，这种意义上的'自然界'是不存在的。社会集体把它周围的实在感觉成神秘的实在：在这种实在中的一切不是受规律的支配，而是受神秘的联系和互渗的支配。"①既然如此，天与人在性质上是相同的。"以类合之，天人一也。"(《春秋繁露·阴阳义》)天与人在本质上都是充满生命活力的泛道德存在，都是气在不同空间，不同意义上的延伸与证明。参悟了这一点，我们才能理解董仲舒何以反复多次、不厌其烦地论证人有喜怒哀乐之情感，天也有喜怒哀乐之情感，天通过春夏秋冬四季的清暖寒暑来表达它的心理欲求。《春秋繁露·阴阳义》云："天亦有喜怒之气，哀乐之心，与人相通。"

　　其二，天人同构。天与人不仅在性质上趋同，在结构上也惊人地相近。所谓"天人同构"就是认为人的生理结构、心理情感结构等都与"天"的结构功能相类或同性，具有一种"同构"对应的关系。在《易传》中，这种天人同构的说法即已十分明显："立天之道曰阴与阳，立地之道曰柔与刚，立人之道曰仁与义。兼三材而两之，故易六画而成卦，分阴与阳，迭用刚柔，故易六位而成章。"②董仲舒利用了物理学上的一些共振现象论证天人同质也同构。《春秋繁露·同类相动》说："故气同则会，声比则应，其验皦然也。"音调相同的乐器，会相互震动；大气气压的增高，会导致关节病痛的复发；月亮的盈亏变化，会引起水生动物的生理变化……这种"天人同构"是一种自人而物而天，由生理、心理、伦理到天地万物，由人道到天道，由人心而天心，由强调人的内在自然(情、感、欲)的修身明德到追求人与自然宇宙的同形同构。这"天"，这"物"即宇宙，自然的感性世界既不是负性的，也不是中性的，而是对人具有肯定意义和正面价值的，是育化万物的生德生仁之"天"，因而它是属人的，是充满情感和生命意味的，是审美化的，以人的生理结

---

①　[法]列维·布留尔：《原始思维》，商务印书馆1981年版，第238页。

②　宗白华：《艺境》，商务印书馆2011年版，第126页。

构和心理情感结构与天相比，实基于它来自宇宙自然这创化万物的大生命，这是一种由珍贵生命到追求超越的"生命同构""生命共感"。

其三，天人互渗。列维·布留尔在论述原始人的前逻辑思维特征时说道："我们在这里见到的是原始人对因果律的不正确的应用，他们把原因和前件混淆起来了。这应当是一个以 posthoc，ergopropterhoc（在这个之后，所以因为这个）的谬误而得名的极普遍的逻辑谬误……对土人来说，没有任何偶然的事情。那些在时间上接近的事件，即使是在彼此很远的地点发生，也很容易被他们认为是由因果关系连结起来的。"①这种集体表象的特征为：宇宙中没有任何一件事情是偶然存在的，任何一件事情都是另外一件事情的起因或结果。这种前逻辑思维不太重视两个物体或两件事情在空间上的内在关联，但是非常重视时间上的因果关系。他们常常把在时间上接连发生的两个偶发性事件联系起来，并且认定两者之间必然存在着某种因果关系，哪怕这两者之间远隔重洋他们也毫不顾忌。从这一哲学原理出发，我们就很容易破译晦涩难懂且佶屈聱牙的《春秋繁露·五行五事》了。在这篇文章中，董仲舒断言，如果君臣不知礼节，放浪形骸，树苗就长不直，夏季经常有暴风；如果君王言不守信，秋季就常有霹雳；如果君王目光短浅，胸无大志，秋季就常有闪电；如果君王不善纳谏，刚愎自用，水就不能渗透于地下，春夏两季暴雨成灾；如果君王心胸狭隘，庄稼就会歉收，秋季多雷电……君王品行—君臣政绩—庄稼丰歉—植物荣枯—四季气候变迁之间，构成了一个因果互渗链。从我们现代人的逻辑思维来分析研究，这几者之间不可能存在着内在的逻辑联系，也不可能存在着内在的因果关系。但是如果从"天人合一"这种逻辑思维方式出发，有些问题却似乎又是容易理解，并且是圆融无碍的。"因而，一切奇异的现象都被看成是稍后必将发生的灾难的征兆，同时也是它的原因。但是，以另外一个观点看来，这个

---

① 　[法]列维·布留尔：《原始思维》，商务印书馆 1981 年版，第 66 页。

灾难也同样可以被看成是那个奇异现象的原因。"①基于此，宇宙中永远不存在偶发性事件。任何一件事情、任何一个物体既是它自己，又不是它自身；既是另外一件事情或物体的原因，同时又会是另外一件物体或事情存在的结果。

天人同质、天人同构、天人互渗，构成"天人合一"学说三个层面的底蕴。而"天人合一"学说成立的形而上的哲学依据，则是那无所不在、无所不能的世界本原——气。我们只有从这一意义上去重新界定和理解董仲舒的"天人合一"，才能真正明白其内在的哲学奥义。

(三)气论与生命精神

如前所述，"气"经历了一个从日常生活概念向哲学概念转化的过程。作为日常生活一般概念，"气"主要包括了两种东西。首先是人的呼吸之"气"，其次是自然之"气"，如空气。自然之"气"实际上是指风、雨、云等自然现象，甚至还有地"气"："清阳为天，浊阴为地，地气上为云，天气下为雨。"(《黄帝内经·阴阳应象大论》)也就是说，大地是孕育、抚养万千生灵的摇篮，是地球上一切有生之物的母亲，这正是土地神、社稷神崇拜的根源。土地崇拜就是一种生殖生命崇拜，而现象界层面的春日融融的地气不过是大地上万物复苏、大地母亲生殖力的一种象征，地气即大地的生命之气。

那么，古人为什么如此关注这些自然之气呢？因为中华民族是一个农耕民族，要靠天吃饭，关注每天的风雨晴晦，掌握春夏秋冬四时节律，就成了最基本的生存技能，由此才能建立起自身的耕耘收藏生活秩序。"东方曰星，其时曰春，其气曰风，风生木与骨，其德喜嬴，而发出节时。"(《管子·四时》)在这里，天上的星辰，大地方位，四时节律，风雨变化，都被纳入一个整体的观察系统。每当东风从海岸吹来，正是大地转暖，地气缓缓上升之时，不久，果然草也绿了，树也绿了，该春耕播种了。不仅春天如此，四时变化都有相应的风雨草木征候。古人正

---

① ［法］列维·布留尔：《原始思维》，商务印书馆1981年版，第279页。

是把整个大自然理解成为一股生命之流，四时节律因而也周而复始，永不停息。这股生命之流概而言之曰气，分而言之曰风、雨、云、或曰阴阳明晦。人也是如此："人之生，气之聚也。聚则为生，散则为死。"（《庄子·知北游》）"气"与"血"都是人不可须臾离失者，但"血"的流失更惊心触目，因此，人之"气"中，又出现了"血气"一词，与"血"结合，使"气"的生命意义得到了强调："凡生于天地之间者，有血气之属必有知。"（《荀子·礼论》）这里，"血气"简直就成了生命的代名词。

主体之"气"的生命特征可以从中医理论中得到反证。呵护生命是医学的天职，而其病理学原则则是其主体生命观的消极性阐释："天有四时五行，以生长收藏，以生寒暑燥湿风。人有五脏化五气，以生喜、怒、悲、忧、恐。故喜怒伤气，寒暑伤形，暴怒伤阴，暴喜伤阳。"（《黄帝内经·阴阳应象大论》）总之，"气"是一个对主客体均有效的概念，而使其能贯通人与自然两极的正是其对生命现象的揭示。在"气"的使用中，有意识地打通主客体界限，使之成为一个对二者都有效的概念的努力在战国时就出现了。庄子明确提出了"通天下一气耳"的理论。宋鈃、尹文的"精气"说明确把"气"作为构成万物的本源，是哲学史上气一元论的萌芽。以战国时道家之"气一元论"为基础，汉代出现了元气论："天地者，元气所生，万物之所自焉。"（《太平御览》卷一引）

汉代的"元气"论，是哲学史上最早的自觉的"气一元论"。"元气"的出现，从范畴形态上将"气"推到了哲学体系的顶峰，明确地赋予它本原的、第一性的含义，开创了用"气"来一以贯之地解说整个世界的道路。

宋代是中国古典哲学的制高点。"气一元论"自然也会在这时有所体现，张载是其代表人物："气块然太虚，升降飞扬未尝止息，《易》所谓'氤氲'，庄生所谓'生物以息相吹'，'野马'者欤？此虚实动静之机，阴阳刚柔之始。"（《正蒙·太和》）"太虚"在这里只是个虚设，"气"才是张载哲学的逻辑起点，"太虚"—"气"就是张载的"气一元论"。

虽然理气之争是张载与程朱理学的重要辩题，但在我们看来这只是一个思辨层次与倾向的问题。即使在朱熹那里，"气"仍然是其哲学体系中一个由"理"而"物"的不可缺少的中介环节。张载与程朱的理气之争，程朱哲学体系对"气"的极大的依赖性，及再到明清时，整个古典哲学以戴震、王夫之的气一元论作结，这足以反映出"气"在中国古典美学中的极其重要的地位。我们似乎可以这样说，如果不涉及各自哲学体系、概念的表达形式和偏重之处，气论已成为整个古典时代哲学家们的基本常识和潜意识层次的共同信仰。从客体自然的风、云之"气"到主体的呼吸之"气"，再到汉代的"元气"，再到宋代理学家的"太虚之气"，最后是清代戴震、王夫之的"气一元论"，这就是气论在古典哲学史上的大致轨迹。故不管客体自然之"气"也好，还是主体之"气"，不管是具体形态的风、云之"气"，还是形而上层次的"太虚之气"，不论是生理层次的呼吸之"气"，还是精神层次的"浩然之气"，其实质内涵是指组成人和自然生命与运动的物质能量，是指生命。气哲学就是生命哲学。

从自然生命角度言之，姓即性，生命乃是人的本质。自然万物和人都以生命为其根本特点，这一在语言层面中包含的重要思想是中国文化长期演化的结果，它的直接根源是早期社会对生命的崇拜。除了大量的民俗文化中所显现的早期社会对生命的崇拜之外，在汉字中也有遗存。如汉字中表现至上神的"帝"，在卜辞中用为三义，一是上帝义，名词；二是禘祭一神，是动词；三为庙号的区别字，如帝甲。卜辞中记载帝的权力很大，天上有云是帝之所兴，天空有雷乃帝之所示，风风雨雨，都由上帝拨弄，丰年灾年，惟帝之意愿而至。而"帝"乃"蒂"的初文，是草木花萼的象形字，这里所透出的万物有灵的观念中，也显示出对生育生命的崇拜。对生命的崇拜，促进了人们对生命的认识，以生命为天地万物之本性就是理性自觉的产物，标志着人们对生命认识的飞跃，这种生命主要指自然生命（外物生命和人的生理生命），还不能说是一种生命精神。但是将自然生命作为一种"性"，即天地万物之本质，实际上已接触到世界背后那无所不在的生命精神。只是尚未上升为抽象的理论概括，这一工作在从先秦到宋明之间的长期哲学讨论中完成了。语言学中的"生""性"相通，直接化为哲学领域中"生之为性"这一命题。

《易传》谓"天地之大德曰生"，扬雄谓"天地之所贵曰生"，此二语可以说是中国哲学对生生不息精神的集中概括。天地以生物为本，天地的精神就是不断化生生命。创造生命是宇宙最崇高的德操。万物唯生，而人必贵生。"生"在这里已经不是具体的自然生命，而是包括从自然生命中所超升出的天地创造精神。

在先秦哲学中，"生"乃指一种抽象的精神形态。即从生命的形态、生命滋生的动态、生命延展的过程，抽象为一种哲学精神。《易·乾·象传》云："乾道变化，各正性命。"《易·正义》云："天本无情，何情之有？而物之性命，各有情也。所禀生者谓之性，随时念虑谓之情。"性即万物所禀生之理，生即"性"。生为天之理，天只以生为道。生命是宇宙的根本精神，是最高的本体。乾道变化就是天地的变化，天地变化所显示的就是生命各有其序的精神。《易·系辞上传》说："一阴一阳之谓道，继之者善也，成之者性也。"又谓："成性存存，道义之门。"二程释云："天只是以生为道，继此生理者，即是善也……成之者性也，成却待它万物自成其性须得。"又谓："万物各有成性存存，亦是生生不已之意，天只是以生为道。"生为天地之根本，崇此生义，即继其善，化成万物，即各定其性。物生有性，万物是生之道的外化，万物之中含有生之性，即永恒的生命精神。万物各有其生，各张其性，然统而观之则为一性，即天地生生不息之理，所谓"成性存存，道义之门"是也。此中性为生之性，生为性之生，一物有一物之性，万物只是一性，即生之性。所透露出的思想极为明晰：生生不已的创造精神乃天地之本质，生命为宇宙的本体。

宋明理学家言及天地之性，多从"生"着眼。在传统易学中，元亨利贞四德，乃分属于春夏秋冬之象，四德表现了春生夏长秋收冬藏之生命顺序，四德乃生之序，四德之所由生，突现了生之理。程明道云："万物之生意最可观，故元者善之长也。"元亨利贞，以元为生，元者生也，亨利贞则是生之展开，元即以生统四德。朱熹云："元亨利贞，性也。"也即是说："生，性也。"宋明理学家还将"生"视为天地之心。张横渠谓："天地之大德曰生，则以生物为本者，乃天地之心也……天地之心唯是生物，天地之德曰生也。"（《横渠易说》）朱熹亦云："某谓天地别无勾当，只是以生物为心，一元之气，运转流通，略无停间，只是生出许多万物而已。"（《朱子语类》）这里强调，生为天地之心，生为天地之本、天地之性。"生之为性"已不是语言层面上的以自然生命为万物之本的简单论断，"生"在此化为一种生之心、生之质、生之理、生之道，是横亘于天地万物之中的生命精神，唯有此精神才可称为宇宙之性。《孝经说》云："性者，生之质。"董仲舒亦云："性者，生之质也。"自然生命、生命形态不能称为性，唯生之质才为性。宋明理学家多从理上着眼，朱熹谓："生之理谓性。"吕大防谓："夫性者生理也，曰生则曰成也。"所谓生理为性者，即天地生物精神为宇宙之本质。从崇拜生命到重视感性生命再到从哲学中抽绎出一种生命精神作为宇宙之本质的认识过程，说明了古代中国人对生命认识的不断深化，其中突现出古代中国人的唯生思想。

在中国人看来，生为万物之性，生也为艺术之性。艺术是人的艺术，表现的是人对宇宙的认识、感觉和体验，所以表现生命是中国艺术理论的最高准则。画家傅抱石说："一切艺术的真正要素乃在于生命，且丰富其生命。有了生命，时间和空间都不能限制它。"（《傅抱石论美术论集》）中国艺术家以体现生命为艺道之不二法门，生命被视为一切艺术魅力的最终之源。中国艺术家视天地自然为一大生命世界，鸢飞鱼跃，花开花落，日升月沉，乃至僵石枯树，一切无不有生气荡乎其间，一切都充溢着活泼的生命，传统思想中的"万物有生论"在艺术中表现得更彻底、更为诗意化。

二、气论的现代转换

民国时代，冯友兰先生在他的《新理学》中解释为何题名为"新理学"时，提出了学术上"照着讲"与"接着讲"的问题："照着讲"是对历史面貌的本真所作的还原，"接着讲"则是寻求对原典客观诠释的突破以及理论形态的创造自新。这个提法虽是在哲学领域提出的，却具有很强的概括性，可以说把任何一门学术都在做、都需要做的两件事情简练明白地提了出来。为此，下面笔者认为"照着讲"是立足本土，是谈承传；"接着讲"是立足本土的同时借鉴和吸收外来的优秀东西来进行创新。现将尝试运用传承和创新这两种概念来探讨"文气"的现代转换，挖掘它的当代价值。

在传承中国优秀传统的同时运用现代的新逻辑学作形而上学的批评，赋之以新义，从而达到与现代接轨的目的。创新给后人开辟了一条学术研究创新的途径，但创新的同时还涉及具体参照观点与方法的选择运用问题。"文气"说的创新正是在保持古人理论深层活力因素的基础上挖掘其可实现现代转换的因素，将其中的优秀传统与现代、西方对接，并在原有的概念、范畴里注入时代精神，为"文气"说注入新的活力。

从语言载体上看，"文气"赖以产生、发展的土壤是中国古代的文言作品，因此它的有关言论无不是文言的产物。而到了"五四"时期，以鲁迅为代表的一批作家开创了中国的现代白话文学，掀起了大规模的现代白话文运动，使得语言模式发生了根本性的转变，后经过八十余年的发展，中国现代民族语文得以真正确立。语言载体的不同，使文学创作的运思方式和表述方式产生了很大的变化。就文学创作的实践来说，原来古代重要的抒情文学如诗歌、散文如今已处于边缘状态，而小说等叙事文体占据了文坛主流。如置这些变化于不顾，一味强求接着讲古之"文气"是不合情理的。由此，"文"已有变，"文气"亦有变，应给"文气"注以新的活力。

"文气"要变的是它的基本内涵。文气论看重艺术的生命精神，崇尚生命活力，其美学思想里弥漫着生命气息，有着浓厚的生命色彩，这是它富有活力与艺术价值的地方。曹丕指出"气"在文章内容和形式诸要素中居于主宰地位，就如生命是人体之主一样。刘勰也认为作家充沛的人体之气是文章生气贯注的保证，"气"使文章内容和形式结合成为一个有机的整体，在文章中的表现恰如生命节奏一样是一种动力形式。现代美学家朱光潜先生在《文艺心理学》中说，"文气"就是"一种筋肉的技巧"，①　就是文章中充盈的生机和生命运动的直切感，这种生命力通过语言形式表达出来。这样一种生命力不仅包括了创作者的个人之气，还有时代之气。时代的变迁不仅影响文章的内容，不同时代的风气也会制约文章的气势，正如人们常说"一代有一代之文章"。

在中国古代优秀文论传统的基础上，不能盲目排斥西方的文艺理论，应取其之长，补己之短，把它当作一个很好的参照对象。在全球文化高度渗透的当下，很多学者都把一些外来优秀的西方思想资源糅合到中国新的方法论和新的东西里面，立足本土优秀资源，借鉴和吸收外来的优秀思想，促进"文气"的发展和现代转换。事实上，一个世纪以来外国文艺理论对中国的文艺理论确实起到了促进与发展的作用。基于这一事实，"文气"说要实现现代转型，与西方文艺理论的对接是必要的。同时，"文气"说作为有中国特色的文艺理论，有许多方面与西方文艺理论有相通之处，对接也是可能的，由此可进一步深化"文气"说。

在"文气"现代转换的过程中，不抛弃"文气"说诗性之思的特质，准确把握它独特的言说方式，保存它本身的空灵美感，是现代转型过程中的难点。后人在阐释时，曾出现过为了清除古代文气理论的神秘性，增强可操作性，而走向了使原先生动、鲜活的"文气"说变得呆板的极端。笔者认为应从整体上把握、解读"文气"说，注重直观式的独特感受，力求在传达审美主体体验的同时把握审美对象的全部审美意蕴。

生态视界意味着对整个宇宙生命系统的关注。从人的角度说，生态问题主要就是两个：一是人与自然的关系，二是人与人的关系。其本质又都是人的终极的"生存"问题。面对高科技、物质化、整个生态系统充满危机的世界，人的生存何以保障？生命的意义如何安顿？这已是当

---

①　朱光潜：《文艺心理学》，复旦大学出版社 2005 年版，第 311 页。

代文化建构中不可回避的问题。

而在这样的"现代病"面前，中国的"气"观念和"气"文论无疑提供了重要的思想资源。其中最具启示意义的是"我—世界"的大宇宙在世结构，也即"天人一气同构"的生命观模式和生命境界的追求。例如"天地""阴阳""物我"这些概念在《庄子》《孟子》等经典中常常相联系而出现，并具有深刻的人文意义。庄子《达生》中说的"形全精复，与天为一"、《齐物论》中的"天地与我并生，而万物与我为一"、《刻意》中的"纯素之道，惟神是守，守而可失，与神为之精通，合与天化"、孟子《尽心上》中的"尽其心知其性，知其性则知天"、《公孙丑上》中的"我善养吾浩然之气……充塞天地之间"，这些话语都将天、地与人的生活看作一个统一体，共同构筑起了中国独特的"天人同构"整体观思维意象。这与古希腊强调的宇宙的整体性有着本质的差异。

如果说西方古代的整体世界依照的是原子论思维，是由形形色色的实体物质组合起来的客观对象世界，另一面却是与物质世界分离对立存在的主体，那么中国的整体世界则是气的世界。以气的观点看宇宙，八荒六合融一气，天地万物和然无对，构成了一个真正融会贯通的世界，这便是中国先秦时期奠定的气论大宇宙生命哲学和美学。正如美国夏威夷大学哲学系教授成中英先生解释说："天与人本源为一体，同是生生不已的生命，这是起点的一致。天与人是相互交流的无间隔，因天赖人以成，人赖天以久，天人为创造而实现同一目的，即生命的丰富与充实，这是终点的一致。天与人均必以动与创造来发挥其本源，实现其目的，故在过程上又是一致的。"①

庄、孟的哲学美学给后世提供了两种不同的精神范式：一是以"听之以气"走向亲近自然而达到"游乎天地之气"的"神气"化合，一是以"养气"说走向主体修养而达到充塞天地、与天地同流的"浩然之气"，

---

①　成中英：《中国文化的现代化与世界化》，中国和平出版社 1988 年版，第46 页。

都直接渗透和影响到历代"气"文论的建构。如庄子对自然的崇敬及对和谐关系的建构，将生命视为与大自然一体，所谓"彼方且与造物者为人，而游乎天地之一气"(《大宗师》)，这样的自然思想和自由精神，既提供了一种生态和谐的价值观，也在生命的意义上凸显出人的天性存在。所以后来有曹丕的"文以气为主"说和"气之清浊有体，不可力强而致"的天性指向，有刘勰的"天文、地文、人文"说和"若夫八体屡迁，功以学成，才力居中，肇自血气……自然会妙，譬卉木之耀英华"，有姚鼐的"文者，天地之精英，而阴阳刚柔之发也"，一切人文都是与自然相协，自然而然的结果。而孟子讲"养气"是和"知言"并提的，即以道德修养为本、以言辞之正道为尚，后来的韩愈等人论养气出发点大多循此，如他在《答李翊书》中说："将其至于古之立言者，则无望其速成，无诱于势利，养其根而俟其实，加其膏而希其光……不可以不养也，行之乎仁义之途，游之乎诗书之源，无迷其途，无绝其源，终吾身而已矣。"宋代苏辙《上韩太尉书》中又有："孟子曰'我善养吾浩然之气'，今观其文章，宽厚宏博，充乎天地之间，称其气之大小。"

综上所述，由中国气论哲学美学基础上建构的"气"文论，尽管学派、说法不同，但都认定宇宙人生是大化流行的生命流程，都向往人的精神超越并走向宇宙天地之气的自由、博大境界。可见，就本土"气"文论来说，作为一种以"生成、生命、生态"为价值内核的美学，在这样一个后现代生态时代，诸如宇宙意识与气化谐和的论说、生命意识与气韵生动的论说、艺术境界与气格气味的论说、艺术风格与刚柔二气的论说、主体创造力与"养气"说的论说等，这些话语的有效性无疑应该受到重视。

三、气论阐释的现代价值

中国古代文学理论浩瀚丰富，但却处于一个自锁、封闭的状态中，尤其对当代文论建设贡献较小。如何使古代文论在当代焕发出理论光彩？如何用古代文论优秀的理论资源来为当代文论建设服务？这是摆在当代文论家面前的一个很现实的问题。古代文论的现代转换就在这一方面做了探索和努力。对于古代文论的现代转换问题，诸多学者提出种种不同的见解，至今没有统一的定论。笔者比较认同党圣元先生的观点，即通过讨论中国古代文论范畴体系的现代阐释及其方法论问题来实现现代转化。他认为："中国古代文论现代转化是一个历史过程，'现代转化'的文化价值目标是重建当代文论话语系统，核心是中国古代文论范畴体系的转化。现代转化与现代阐释之间有着内在的关联，虽然现代阐释不等于现代转化，但现代转化是以现代阐释为基础的，也就是说现代转化是在现代阐释基础上所进行的一种文化选择。"①循着现代阐释这条路径，本书以三个功能指向作为突破口，力图寻求气论对当代文论建设具有的借鉴性价值。

（一）人格建设意义

首先，气论能加强主体的思想道德修养。精神道德修养是作家人格建设的重要组成部分。文气论中的"养气"说与创作主体的精神道德修养密切相关。古代文论强调为文先须"立身"，认为道德与文章、为人与为文具有因果关系，创作主体有了美好的德行，才能创造出优秀的文艺作品。陆游在《上辛给事书》中说道："君子之有文也，如日月之明，金石之声，江海之涛澜，虎豹之炳蔚。必有是实，乃有是文。夫心之所养，发而为言，言之所发，比而成文。人之邪正，至观气文，则尽矣，不可复隐矣。"在他看来，文学是心灵的声音，主体道德的高下，情感的真伪等无不表现在文学作品中。他又从德才关系上强调了作家道德修养的重要性和必要性："诗岂易言哉！才得之天，而气者，我之所自养。有才矣，气不足以御之，淫于富贵，移于贫贱，得不偿失，荣不善愧。诗由此出，而欲追古人之逸驾，讵可得哉？"正是在这种思想的支配下，先秦儒家正心诚意的养气功夫，成了文学家敦品励德的修身手

---

① 党圣元：《传统文论范畴体系之现代阐释及其方法论问题》，《文艺研究》1998 年第 3 期。

段。创作主体只有通过养气功夫来正心立身、敦品励德，培养高尚的道德情感，才能创作出优秀作品。

其次，气论能加强主体的文化艺术修养。识理得道是激发作家不断提高文化修养的一个价值目标，文气论者从"气根于识，识正而气正"（姚鼐《卢威仲文集序》）的精神出发，强调博学、积理和炼识，他们特别重视读书明理。"善读书者，养气即在其内，故胸多卷轴，蕴成真气，偶有所作，自然臭味不同。"（李重华《贞一斋诗说》）胸中卷轴蕴成真气，成为自我人格的内在结构，便是善读书的真谛。"大用外腓，真体内充"（司空图《诗品》），读书养气是艺术家化入大道，得艺术真正本源的必要途径。文气论者把作家对人生艺术发现的物我合一，视为其艺术人格力量的表现，说明作家能否获得出众的艺术发现，绝非纯粹的艺术素养问题，而是其艺术人格的品位问题。文气论者在重视作家艺术人格修养的前提下，强调其艺术个性的重要性。艺术个性鲜明突出了，作家才有可能卓然自立。

（二）指导文学创作

文气论探讨了作家创作过程中的内在机制，如作家在创作准备过程中的内在心理张力问题。"文气"是文学创作的原动力和驱动力。古人谈文学创作，十分强调"气势夺人"之美，"笔所未到气已吞"成为至文、美文的理想。然而要使"气充""气盛"需要有一个"守气"与"养气"的准备阶段。《文心雕龙·风骨》曾谈到文章构思时须守气，所谓"缀虑裁篇，务盈守气"。《养气》谈到了虚静以待气、养气的问题："是以吐纳文艺，务在节宣，清和其心，调畅其气。"《神思》提到下笔前一定要气盛，"方其搦翰，气倍辞前"。这种通过长期积累与修养所积蓄起来的"气"，也就成为激发创作冲动的推动力。此外，古人还谈到"灵气"问题。如李德裕说："文之为物，自然灵气，恍惚而来，不思而至。"（《文章论》）"灵气"指作家在外界之气的催动下所产生的创作冲动，即今天的创作灵感。"灵气"的袭来是突发性的、模糊的，但却具有驱动力和推动力，它激发了艺术家的想象，推动了创作构思的迅速成形。因此，

"灵气"也成为作家文思泉涌的催发力，是艺术家心理张力的表现。

然而，随着网络时代的到来，文学传播出现了快餐化、功利化、片段化的倾向。现代网络写作的世俗化和平民化，演绎出媚俗和滥情的倾向，缺乏人文关怀，缺乏精神向度。尤其在各种功利目的的驱动下，网络作家利用电脑处理文本的便捷功能，随意扩张，快捷组合，导致文章缺乏深度，更谈不上气韵。作者只注重码字而不注重文法，只讲形式而不注重精神，文章"非求通神，仅求过目"。文气问题已被摒弃。同时，网络写作的交互性使作品最终成为被许多人不断删改、转帖、续写的集体创作，这种"接龙式"的写作虽然可以集思广益，使作品出现异彩，但事实上难以做到"一气呵成"，也就不可能成为"全璞之宝"。网络作品的"接力"创作以片段组合的文本，整体性必然被割裂，导致缺乏内在气脉和主体生命精神。

在这种时代背景下，重温文气论，不乏现实意义。文气论强调以宁静的心灵空间去映照生命情调，强调调神畅志以求文章富有生气，强调文传正道以求达到益人补世之功效。中国传统的文气论，从孟子的"知言养气"到曹丕的"文以气为主"，从韩愈的"气盛言宜"到方孝孺的"气昌则辞达"，无不强调作者修养对文章写作的作用。刘勰提出的"缀虑裁篇，务盈守气"的原则具有普适性，对任何时代、任何文体的写作都具有指导意义。精神关涉文章的价值、功能作用，个性关涉风格、志趣、情思，生理关涉生命及文化行为的正常进行。只有通过养气，才能做到精纯不杂，通达万境，义气凛然，文思荡漾。因此，在现代化传播手段和书写工具出现的背景下，更需要文章作者"疏瀹五脏，澡雪精神"，更需要富于"玄神宜宝，素气资养"的义章修养。

（二）文学批评借鉴

道德批评是文学批评的重要内容。孔子讲过"有德者必有言"（《论语·宪问》），韩愈谈到："仁义之人，其言蔼如也。"（《答李翊书》）古代评论家也往往从养气立身的角度，以道德标准来衡量文艺作品。宋代李刚评论道："韩愈文章号为第一。"他做评论的标准便是"操履坚正，以养气为本"(《道卿邹文公集序》)。清代祝凤喈认为，颜真卿书法出神入化，是"由其忠诚正直之气所致"(《与古斋琴谱补义》)。韩愈为官进谏屡挫不屈，皇皇仁义，至老不衰；颜真卿为官，忠贞义烈，刚正不屈。这样的"浩然之气"存于心中，发为翰墨，便有刚毅雄壮之文风，体严法备之笔墨。这种文艺批评倾向，反过来刺激艺术家加强个人修养，促使修身养气成为文艺创作的不二法门。

从文气论者的文学批评中，我们可以得出对当代文论批评具有借鉴意义的原则：第一，人文统一的原则。古人论文一直以来都讲究文如其人。第二，公允不存偏好的原则。即要求文学批评应当客观、公允、公正，切勿以个人之私情来对作品、作家进行评论。

文气论是中国古代文学理论的精髓，它建立在中国传统的气论哲学基础上，几乎贯穿于古代文学理论发展的始终，自秦汉滥觞，魏晋南北朝时期确立，唐至明代的理论创新与创作实践，至清代的完善，在这漫长的发展演变中，它的内涵也在不断地充实、完善。对"文气"内涵的界定，应从作家、作品出发，并结合其特定的内在指向来论断。在美学意义上，文气论使得作品具有"气韵生动""一气贯之"和自然纯真之美。在文学创作过程中具有能动作用，虚静之气解决了创作审美构思、创作心态等问题，发愤著书、不平则鸣促使了文学创作冲动的产生与顺利进行，养气之说可以提升作家自身品德、人格、文化等的修养。文气论对文学作品从气势、气脉、气韵、风格、精神、篇章结构、语言表达、声调等方面进行了系统观照和整体把握。以此理论为指导，涌现出了一批像韩愈一样创作大量具有文气之美的作家。在当前，文气论不仅对创作主体自身人格修养的提高仍具重要意义，而且对当前文学创作出现的低俗化、功利化倾向有一定的警示作用，对当前文学创作与文学批评活动具有积极指导与借鉴作用，可以使现代文论批评变得更加公正公平。同时，对当代文学尤其是网络文学存在的诸多问题具有极其重要的现实借鉴意义。

参 考 文 献①

一、外文文献

Works：

[1] W. thirring：Urbansteoine Materie，Almanach der osterrichischen Akadamie der wissenscheften. Vol. 118（1968），P160.

[2] Stephen Owen, Traditional Chinese Poetry and Poetics：Omen of the World. Madison：Wisconsin University Press, 1985.

[3] Stephen Owen, Readings in Chinese Literary Thought, Cambridge：Harvard University Press, 1992.

[4] Terry Eagleton, The Meaning of Life：A Very Short Introduction, Publisher：Oxford University Press, 2007.

Thesis：

[1] Plato，"Ion,"in Hazard Adam, ed.，Critical Theory Since Plato, p. 14.

[2] J. Needham：Science and Civilization in China，CambridgeEng1956. Vol. 1V，pp 8-9.

[3] Longinus，"On the Sublime,"in Hazard Adams, ed.，Critical Theory since Plato, San Diego and New York：Harcourt Brace Jovanovich,

---

① 专著、论文均按出版和发表时间排序，时间相同者以作者姓名的首写字母为序。

1971, p. 78.

[4] Jean Piaget, Structuralism, trans. Chaninah Maschler, London： Routledge & Kegan Paul, 1971, p. 5-16.

[5] Ronald Miao, "Literary Criticism At the End of The Eastern Han,"Literature East and West, 16（Sept. 1972）： p. 1027.

[6] Donald Holzman, "Literary Criticism in The Early Third Century A. D. " AS28. 2（1974）： p. 133.

[7] James J. Y. Liu, Theory of Chinese Literature, Chicago： University of Chicago Press, 1975, pp. 12-13.

[8] Terence Hawkes, Structuralism and Semiotics, Berkeley and Los Angelese： University of California Press, 1977, pp. 15-17.

[9] David Pollard, "Ch'i in Chinese Literary theory,"in Chinese Approaches to Literature from Confucius to Liang Ch'i-ch'ao, edited by Adele A. Rickett, Princeton： Princeton University Press, 1978, p. 44.

[10] Robert Joe Cutter, "Cao Zhi（192-232）and His Poetry,"（ Ph. D. Dissertation, University of Washington, 1983）, p. 390.

[11] Stephen Owen, Reading in Chinese Literary Thought, Cambridge： Harvard East Asian Center, 1992, p. 65.

二、古典文献

[1]（明）胡应麟：《诗薮》，上海古籍出版社 1958 年版。

[2]（清）戴震：《孟子字义疏证》，中华书局 1961 年版。

[3]（清）方东树：《昭昧詹言》，人民文学出版社 1961 年版。

[4]（清）郭庆藩：《庄子集释》，中华书局 1961 年版。

[5]（清）谢榛：《四溟诗话》，人民文学出版社 1961 年版。

[6]（宋）严羽：《沧浪诗话》，郭绍虞集解，人民文学出版社 1961 年版。

[7] 范文澜：《文心雕龙注》，人民文学出版社 1962 年版。

[8]（宋）朱熹：《诗经集传》，中华书局 1962 年版。

[9](汉)许慎:《说文解字》，中华书局 1963 年版。

[10]司空图:《诗品》，郭绍虞集解，人民文学出版社 1963 年版。

[11]周法高主编:《金文诂林》，香港中文大学出版社 1974 年版。

[12]丁福保辑:《清诗话》，上海古籍出版社 1978 年版。

[13]刘熙载:《艺概》，上海古籍出版社 1978 年版。

[14](清)阮元:《十三经注疏》，中华书局 1979 年版。

[15]于省吾:《甲骨文字释林》，中华书局 1979 年版。

[16]高亨:《周易大传今注》，齐鲁书社 1979 年版。

[17](梁)钟嵘著，陈延杰注:《诗品注》，人民文学出版社 1980 年版。

[18](宋)程颢、程颐:《二程集》，中华书局 1981 年版。

[19]段玉裁:《说文解字注》，上海古籍出版社 1981 年版。

[20]郭绍虞:《中国历代文论选》，上海古籍出版社 1981 年版。

[21]何文焕辑:《历代诗话》(全两册)，中华书局 1981 年版。

[22](梁)刘勰著，周振甫注:《文心雕龙注释》，人民文学出版社 1981
年版。

[23]杨伯峻:《春秋左传注》，中华书局 1981 年版。

[24]王夫之:《清诗话》(上、下)，上海古籍出版社 1982 年版。

[25]丁福保辑:《历代诗话续编》，中华书局 1983 年版。

[26](清)朱廷珍:《筱园诗话》，上海古籍出版社 1983 年版。

[27](宋)朱熹:《四书章句集注》，中华书局 1983 年版。

[28]高亨:《周易古经今注》，中华书局 1984 年版。

[29]朱谦之:《老子校释》，中华书局 1984 年版。

[30]朱熹:《朱子语类》，中华书局 1986 年版。

[31]杨伯峻:《孟子译注》，中华书局 1986 年版。

[32](清)焦循:《孟子正义》，中华书局 1987 年版。

[33](清)王先谦:《庄子集解》，中华书局 1987 年版。

[34]陈梦家:《殷墟卜辞综述》，中华书局 1988 年版。

[35]高亨:《老子正诂》，中国书店 1988 年版。

[36] 胡经之主编：《中国古典美学丛编》，中华书局 1988 年版。

[37]（唐）孔颖达：《周易正义》，中华书局 1988 年版。

[38] 贾文昭主编：《中国古代文论类编》，海峡文艺出版社 1988 年版。

[39]（清）王先谦：《荀子集解》，中华书局 1988 年版。

[40] 黄寿祺、张善文：《周易译注》，上海古籍出版社 1989 年版。

[41]（汉）刘安：《淮南子》，岳麓书社 1989 年版。

[42] 詹锳：《文心雕龙义证》，上海古籍出版社 1989 年版。

[43]（清）刘宝楠：《论语正义》，中华书局 1990 年版。

[44] 徐中玉主编：《中国古代文艺理论专题资料丛刊——文气·风骨编》，中国社会科学出版社 1997 年版。

[45] 张少康：《先秦两汉文论选》，人民文学出版社 1999 年版。

[46]（宋）程颢：《二程遗书》，上海古籍出版社 2000 年版。

[47] 张载：《张子正蒙》，上海古籍出版社 2000 年版。

[48] 胡经之主编：《中国古典文艺学丛编》，北京大学出版社 2001 年版。

[49] 朱杰人等编《朱子全书》，上海古籍出版社 2002 年版。

[50] 李圃主编：《古文字诂林》，上海教育出版社 2003 年版。

[51] 宗福邦等主编：《故训汇纂》，商务印书馆 2003 年版。

[52] 黎翔凤：《管子校注》，中华书局 2004 年版。

[53] 徐中舒主编：《甲骨文字典》，四川辞书出版社 2006 年版。

[54] 陈鼓应：《庄子今注今译》，商务印书馆 2007 年版。

[55]（汉）刘劭：《人物志》，中华书局 2009 年版。

[56]（汉）董仲舒：《春秋繁露》，周桂钿译，中华书局 2011 年版。

三、现当代著述

1. 专著类

[1]［法］拉法格：《思想起源论》，生活·读书·新知三联书店 1963 年版。

[2]［法］普列汉诺夫：《没有地址的信·艺术社会生活》，曹葆华等译，

人民文学出版社 1978 年版。

[3][法]列维·布留尔:《原始思维》,商务印书馆 1981 年版。

[4][法]普列汉诺夫:《普列汉诺夫美学论文集》,曹葆华译,人民出版社 1983 年版。

[5][美]李约瑟:《中国科学技术史》,科学出版社 1975 年版。

[6][美]苏珊·朗格:《艺术问题》,中国社会科学出版社 1983 年版。

[7][美]苏珊·朗格:《情感与形式》,中国社会科学出版社 1984 年版。

[8][德]黑格尔:《美学》,商务印书馆 1979 年版。

[9][德]恩斯特·卡西尔:《人论》,甘阳译,上海译文出版社 1985 年版。

[10][英]李约瑟:《李约瑟文集》,陈养正译,辽宁科学技术出版社 1986 年版。

[11][英]爱德华·泰勒:《原始文化》,连树声译,广西师范大学出版社 2005 年版。

[12][英]雷蒙·威廉斯:《关键词:文化与社会的词汇》,刘建基译,生活·读书·新知三联书店 2005 年版。

[13][意]维柯:《新科学》,朱光潜译,人民文学出版社 1986 年版。

[14][日]笠原仲二:《古代中国人的美意识》,生活·读书·新知三联书店 1988 年版。

[15][日]铃木虎雄:《中国诗论史》,许总译,广西人民出版社 1989 年版。

[16][日]小野泽精一、福永光司、山井涌编著:《气的思想——中国自然观和人的观念的发展》,李庆译,上海人民出版社 1990 年版。

[17][瑞士]皮亚杰:《发生认识论原理》,商务印书馆 1990 年版。

[18][韩]金钟美:《天、人和王充文学思想——以王充学思同天人关系的联系为中心》,北京社会科学文献出版社 1994 年版。

[19]陈钟凡:《中国文学批评史》,上海中华书局 1927 年版。

[20]侯外庐:《中国思想通史》(第一卷),人民出版社 1957 年版。

[21] 吕凤子：《中国画法研究》，上海人民美术出版社 1961 年版。

[22] 郭绍虞：《照隅室古典文学论集》，上海古籍出版社 1979 年版。

[23] 郭绍虞：《中国文学批评史》，上海古籍出版社，1979 年版。

[24] 刘大杰：《中国文学批评史》（上册），上海古籍出版社 1979 年版。

[25] 敏泽：《中国文学理论批评史》，人民文学出版社 1981 年版。

[26] 李泽厚：《美的历程》，中国社会科学出版社 1981 年版。

[27] 宗白华：《美学散步》，上海人民出版社 1981 年版。

[28] 张岱年：《中国哲学大纲》，中国社会科学出版社 1982 年版。

[29] 唐弢：《文章修养》，生活·读书·新知三联书店 1983 年版。

[30] 冯友兰：《中国哲学史新编》（第二册），人民出版社 1984 年版。

[31] 李泽厚、刘纲纪：《中国美学史》，中国社会科学出版社 1984 年版。

[32] 罗根泽：《中国文学批评史》，上海古籍出版社 1984 年版。

[33] 钱锺书：《谈艺录》，中华书局 1984 年版。

[34] 刘文英：《中国古代意识观念的产生与发展》，上海人民出版社 1985
年版。

[35] 叶朗：《中国美学史大纲》，上海人民出版社 1985 年版。

[36] 朱荣智：《文气论研究》，台湾学生书局 1986 年版。

[37] 程宜山：《中国古代元气学说》，湖北人民出版社 1986 年版。

[38] 方孝岳：《中国文学批评》，生活·读书·新知三联书店 1986 年版。

[39] 李泽厚：《中国古代思想史论》，人民出版社 1986 年版。

[40] 皮朝纲：《中国古代文艺美学概要》，四川省社会科学院出版社
1986 年版。

[41] 蔡钟翔、成复旺：《中国文学理论史》，北京大学出版社 1987 年版。

[42] 王运熙：《中国古代文论管窥》，齐鲁书社 1987 年版。

[43] 宗白华：《意境》，北京大学出版社 1987 年版。

[44] 周来祥：《论中国古典美学》，齐鲁书社 1987 年版。

[45] 成中英：《中国文化的现代化与世界化》，中国和平出版社 1988 年版。

[46] 张海明：《中国古代文论的现代思考》，北岳文艺出版社 1988 年版。

［47］张立文：《中国哲学范畴发展史》（天道篇），中国人民大学出版社 1988 年版。

［48］胡经之：《文艺美学》，北京大学出版社 1989 年版。

［49］皮朝纲、李天道：《中国古代审美心理学论纲》，成都科技大学出版社 1989 年版。

［50］王运熙、杨明：《魏晋南北朝文学批评史》，上海古籍出版社 1989 年版。

［51］张岱年：《中国古典哲学概念范畴要论》，中国社会科学出版社 1989 年版。

［52］袁济喜：《六朝美学》，北京大学出版社 1989 年版。

［53］李存山：《中国气论探源与发微》，中国社会科学出版社 1990 年版。

［54］李志林：《气论与传统思维方式》，学林出版社 1990 年版。

［55］于民：《气化和谐——中国古典审美意识的独特发展》，东北师范大学出版社 1990 年版。

［56］张立文主编：《中国哲学范畴精粹丛书——气》，中国人民大学出版社 1990 年版。

［57］成复旺：《中国古代的人学与美学》中国人民大学出版社 1992 年版。

［58］陶东风：《中国古代心理学美学六论》，百花文艺出版社 1992 年版。

［59］李申：《万法归宗：气范畴通论》，花艺出版社 1993 年版。

［60］杨儒宾主编：《中国古代思想中的气论及身体观》，巨流图书公司 1993 年版。

［61］张法：《中西美学与文化精神》，北京大学出版社 1994 年版。

［62］陈竹：《中国古代气论文学观》，华中师大出版社 1995 年版。

［63］韩林德：《境生象外：华夏审美与艺术特征考察》，生活·读书·新知三联书店 1995 年版。

［64］张海明：《经与纬的交结——中国古代文艺学范畴论要》，云南人民出版社 1995 年版。

［65］张立文：《中国哲学范畴发展史》（人道篇），中国人民大学出版社

1995 年版。

[66]张少康、刘三富：《中国文学理论发展史》，北京大学出版社 1995 年版。

[67]刘文英：《漫长的历史源头——原始思维与原始文化新探》，中国社会科学出版社 1996 年版。

[68]罗宗强：《魏晋南北朝文学思想史》，中华书局 1996 年版。

[69]王运熙、顾易生：《中国文学批评通史》，上海古籍出版社 1996 年版。

[70]张皓：《中国美学范畴与传统文化》，湖北教育出版社 1996 年版。

[71]张祥龙：《海德格尔思想与中国天道》，生活·读书·新知三联书店 1996 年版。

[72]陈良运：《中国诗学批评史》，江西人民出版社 1997 年版。

[73]汤用彤：《汉魏两晋南北朝佛教史》，北京大学出版社 1997 年版。

[74]詹福瑞：《中古文学理论范畴》，河北大学出版社 1997 年版。

[75]张海明：《回顾与反思——古代文论研究七十年》，北京师范大学出版社 1997 年版。

[76]周文柏：《文艺心理研究》，中国人民大学出版社 1998 年版。

[77]曹利华：《中国传统美学体系探源》，北京图书馆出版社 1999 年版。

[78]何祚麻：《从元气学说到粒子物理》，湖南教育出版社 1999 年版。

[79]李泽厚：《美学三书》，安徽文艺出版社 1999 年版。

[80]蒲震元：《中国艺术意境论》，北京大学出版社 1999 年版。

[81]唐弢：《文章修养》，生活·读书·新知三联书店 1999 年版。

[82]涂光社：《中国古代美学范畴发生论》，人民教育出版社 1999 年版。

[83]袁济喜：《六朝美学》，北京大学出版社 1999 年版。

[84]余虹：《中国文论与西方诗学》，生活·读书·新知三联书店 1999 年版。

[85]俞宣孟《本体论研究》，上海人民出版社 1999 年版。

[86]张云勋主编：《中国哲学基本范畴与文化传统》，贵州民族出版社

1999 年版。

[87] 周振甫：《周振甫文集》(第六卷)，中国青年出版社 1999 年版。

[88] 黄侃：《文心雕龙札记》上海古籍出版社 2000 年版。

[89] 黄霖、吴建民、吴兆路：《原人论》，复旦大学出版社 2000 年版。

[90] 杨玉华：《文化转型与中国古代文论的嬗变》，巴蜀书社 2000 年版。

[91] 张伯伟：《中国诗学研究》，辽海出版社 2000 年版。

[92] 张法：《中国美学史》，上海人民出版社 2000 年版。

[93] 蔡锺翔等主编：《中国美学范畴丛书》，百花洲出版社 2001 年版。

[94] 葛荣晋：《中国哲学范畴通论》，首都师范大学出版社 2001 年版。

[95] 钱穆：《现代中国学术论衡》，生活·读书·新知三联书店 2001 年版。

[96] 童庆炳：《中国古代文论的现代意义》，北京师范大学出版社 2001 年版。

[97] 涂光社：《原创在气》，百花洲文艺出版社 2001 年版。

[98] 王运熙、顾易生：《中国文学批评史新编》，复旦大学出版社 2001 年版。

[99] 徐复观：《中国艺术精神》，华东师范大学出版社 2001 年版。

[100] 曾振宇：《中国气论哲学研究》，山东大学出版社 2001 年版。

[101] 张祥龙：《从现象学到孔夫子》，商务印书馆 2001 年版。

[102] 朱东润：《中国文学批评史大纲》，上海古籍出版社 2001 年版。

[103] 第环宇：《气势论》，民族出版社 2002 年版。

[104] 洪子城、孟繁华主编：《当代文学关键词》，广西师范大学出版社 2002 年版。

[105] 李衍柱：《经典文本与文艺学范畴研究》，暨南大学出版社 2002 年版。

[106] 罗宗强编：《古代文学理论研究》，湖北教育出版社 2002 年版。

[107] 金元浦：《范式与阐释》，广西师范大学出版社 2003 年版。

[108] 余英时：《中国传统思想的现代诠释》，江苏人民出版社 2003 年版。

[109]张义宾:《中国古代气论文艺观》,山西人民出版社 2003 年版。

[110]曹聚仁:《中国学术思想史随笔》,生活・读书・新知三联书店 2004 年版。

[111]陈剑晖:《中国现当代散文的诗学建构》,江西高校出版社 2004 年版。

[112]葛兆光:《中国思想史》,复旦大学出版社 2004 年版。

[113]钱穆:《中国学术思想史论丛》,安徽教育出版社 2004 年版。

[114]徐复观:《中国文学精神》,上海书店出版社 2004 年版。

[115]李建中:《中国古代文论的诗性空间》,湖北人民出版社 2005 年版。

[116]梁漱溟:《中国文化要义》,上海人民出版社 2005 年版。

[117]陶东风主编:《文化研究关键词丛书》,广西师范大学出版社 2005 年版。

[118]敏泽:《中国美学思想史》,湖南教育出版社 2006 年版。

[119]唐君毅:《中国文化之精神价值》,江苏教育出版社 2006 年版。

[120]王振复主编:《中国美学范畴史》,陕西教育出版社 2006 年版。

[121]张一兵等:《关键词丛书》,江苏人民出版社 2006 年版。

[122]李建中等:《中国古代文论诗性范畴研究》,武汉大学出版社 2007 年版。

[123]汪民安:《文化研究关键词》,江苏人民出版社 2007 年版。

[124]汪涌豪:《中国文学批评范畴及体系》,复旦大学出版社 2007 年版。

[125]夏静:《礼乐文化与中国文论早期形态研究》,中华书局 2007 年版。

[126]王晓路:《文化批评关键词研究》,北京大学出版社 2007 年版。

[127]詹福瑞:《中古文学理论范畴》,河北大学出版社 2007 年版。

[128]周宪:《文化研究关键词》,北京师范大学出版社 2007 年版。

[129]周宪主编:《人文社会科学关键词丛书》,北京师范大学出版社 2007 年版。

[130]龚鹏程:《中国文学批评史论》,北京大学出版社 2008 年版。

[131]李建中主编:《中国文学批评史》,武汉大学出版社 2008 年版。

［132］李泽厚：《中国思想史论》，生活·读书·新知三联书店 2008
年版。

［133］祁志祥：《中国古代文学理论》，山西教育出版社 2008 年版。

［134］吴中胜：《原始思维与中国文论的诗性智慧》，中国社会科学出版
社 2008 年版。

［135］方东美：《生生之美》，北京大学出版社 2009 年版。

［136］李存山：《气论与仁学》，中州古籍出版社 2009 年版。

［137］李建中主编：《中国古代文学范畴发生论》，武汉大学出版社 2009
年版。

［138］李旭：《中国诗学范畴的现代阐释》，上海古籍出版社 2009 年版。

［139］汪涌豪：《中国文学批评范畴十五讲》，华东师范大学出版社 2010
年版。

［140］宗白华：《艺境》，商务印书馆 2011 年版。

［141］蔡锺翔、袁济喜：《中国古代文艺学》，人民文学出版社 2011 年版。

［142］赵建军：《魏晋南北朝美学范畴史》，齐鲁书社 2011 年版。

［143］侯文宜：《中国文气论批评美学》，中国社会科学出版社 2012 年版。

［144］赵树功：《气与中国文学理论体系》，人民出版社 2012 年版。

2. 论文类

（1）期刊论文

［1］钱锺书：《中国固有的文学批评的一个特点》，《文学杂志》1937 年
第 4 期。

［2］陈梦家：《五行之起源》，《燕京学报》1938 年第 24 期。

［3］李春生：《论元气循行的经络基础》，《河南中医学院学报》1980 年
第 2 期。

［4］蔡育曙：《论中国古代文艺理论中的"气"及其美学意义》，《思想战
线》1981 年第 3 期。

［5］李逸津：《略谈〈文心雕龙〉中"气"字的用法》，《天津师院学报》
1981 年第 5 期。

[6]于首奎：《董仲舒的"元"就是"元气"吗?》，《中国社会科学》1982年第1期。

[7]刘溶：《曹丕的"文气"说及其影响》，《河南师大学报（社会科学版)》1982年第3期。

[8]黄晓令：《〈典论·论文〉中的"齐气"一解》，《文学评论》1982年第6期。

[9]王景琳：《曹丕"文气"先天说质疑》，《宁夏大学学报（社会科学版)》1983年第1期。

[10]张岱年：《中国哲学中的本体观念》，《安徽大学学报》1983年第3期。

[11]程宜山：《试论张载对元气学说史的贡献》，《人文杂志》1983年第6期。

[12]陈果安：《中国古代文论中的文气说》，《江汉论坛》1984年第1期。

[13]胡明：《试辨古代文论中的"气"》，《中州学刊》1984年第2期。

[14]于首奎：《试论董仲舒哲学的"气"》，《文史哲》1984年第2期。

[15]王玉祥：《试论"气"概念的演变》，《吉林师范学院学报（哲学社会科学版)》1984年第3期。

[16]王运熙：《古代文论中的文气说》，《文史知识》1984年第4期。

[17]贾树新：《〈文心雕龙〉的"气"》，《吉林大学社会科学学报》1985第1期。

[18]程国安：《论"气"的转化功能及其美学特征》，《中南民族学院学报（哲学社会科学版)》1985年第2期。

[19]黄开国：《王充元气自然论简析》，《浙江学刊》1985年第2期。

[20]洪珉：《文气的实质》，《殷都学刊》1985年第4期。

[21]李存山：《先秦时期的五行说与气论》，《社会科学研究》1985年第6期。

[22]贾树新：《试释"文气"》，《松辽学刊（社会科学版)》1985年第

6 期。

[23]王凯符：《文气说》，《北京师院学报（社会科学版）》1986 年第
　　4 期。

[24]卢盛江：《韩愈"气"说的特点》，《江西师范大学学报》1986 年第
　　5 期。

[25]刘荣凯：《"气"作为审美范畴的形成》，《昭乌达蒙族师专学报（社
　　会科学版）》1987 年第 1 期。

[26]杨斯基：《朱熹之"气"辨析》，《哲学探讨》1987 年第 3 期。

[27]吴熙贵：《论气与古代文学风格》，《南充师院学报（哲学社会科学
　　版）》1987 第 4 期。

[28]刘文刚：《评〈文心雕龙〉的"文气"说》，《辽宁师范大学学报（社会
　　科学版）》1987 年第 5 期。

[29]叶太平：《略论中国古代文论中的"气"》，《江淮论坛》1987 年第
　　5 期。

[30]张林：《略论"气"之美学概念的演变与发展》，《东疆学刊》1987 年
　　第 6 期。

[31]胡省三：《略谈中国古代的"元气论"》，《丽水师专学报》1988 年第
　　2 期。

[32]李岚：《中国审美主体理论的发轫与道家哲学：曹丕"文气"说探源
　　之一》，《艺术研究》1988 年第 2 期。

[33]张炳煊：《文气的哲学审视及其实践价值》，《武汉大学学报（社会
　　科学版）》1988 年第 3 期。

[34]薄忠信：《元气考辨》，《锦州师院学报（哲学社会科学版）》1988 年
　　第 4 期。

[35]王烟生：《论"气"》，《徐州师范学院学报》1989 年第 1 期。

[36]陈理：《〈文心雕龙〉养气理论新探》，《赣南师范学院学报》1989 年
　　第 2 期。

[37]郭外岑：《气、文气、风骨》，《齐鲁学刊》1989 第 4 期。

[38]白少玉：《"文气"：范畴的结构机制与内蕴》，《华中师范大学学报(哲学社会科学版)》1989年第5期。

[39]寇效信：《〈文心雕龙〉论作品之"气"》，《陕西师大学报(哲学社会科学版)》1989年第6期。

[40]蔡健《中国美学中"气"的两重涵义》，《华南师范大学学报(社会科学版)》1990年第1期。

[41]夏述贵：《"文以气为主"泛论》，《文史杂志》1990年第3期。

[42]郭晋稀：《试谈文气和刘勰的文气说》，《社会科学》1990年第5期。

[43]张节末：《从气到风骨——魏晋六朝艺术理论中审美范畴的演进》，《学术月刊》1991年第1期。

[44]成立：《中国美学的元范畴》，《学术月刊》1991年第3期。

[45]刘长林：《"气"概念的形成及哲学价值》，《哲学研究》1991年第5期。

[46]杨清澄：《〈说文〉中"气"字及其气论》，《怀化师专学报》1992年第1期。

[47]赵国乾：《"气"：中国古代文艺心理美学思想的重要源流》，《许昌师专学报(社会科学版)》1992年第2期。

[48]祁志祥：《"文气"说——中国古代的文学生命论》，《宝鸡师范学院学报》1992年第3期。

[49]张运华：《"气"与"元气"的辨析——关于先秦自然观形态的探讨》，《西北大学学报(哲学社会科学版)》1992年第5期。

[50]戴武军：《中国文论"气"的范畴浅析》，《求索》1993年第2期。

[51]路红梅：《论先秦至汉初"气"范畴的演变——"气"范畴发展的第一个辩证否定圆圈》，《殷都学刊》1993年第3期。

[52]杨胜宽：《苏轼的气论与养气方法》，《四川师范大学学报(社会科学版)》1993年第3期。

[53]张运华：《先秦气论与中国古代文化》，《西北大学学报(哲学社会

科学版）》1993 年第 6 期。

[54] 吴承学：《生命之喻——论中国古代关于文学艺术人化的批评》，《文学评论》1994 年第 1 期。

[55] 张海青：《文气：中国古代文学艺术整体论》，《西北大学学报（哲学社会科学版）》1994 年第 1 期。

[56] 寇效信：《曹丕"文以气为主"辩》，《陕西师范大学学报（哲学社会科学版）》1994 年第 2 期。

[57] 邵波：《"文以气为主"的美学意蕴》，《四川师范大学学报（社会科学版）》1994 年第 3 期。

[58] 陈竹：《释气论之"应感"说》，《华中师范大学学报（哲学社会科学版）》1995 年第 1 期。

[59] 张灯：《〈文心雕龙·风骨〉之"气""风""骨""采"释》，《复旦学报（社会科学版）》1995 年第 2 期。

[60] 周美胜：《"气"：一个形而上的文化范畴》，《北方论丛》1995 年第 3 期。

[61] 张运华：《先秦气论的产生及发展》，《唐都学刊》1995 年第 3 期。

[62] 蒋述卓：《说"文气"》，《中国文学研究》1995 年第 5 期。

[63] 姜小青：《"文气"论》，《苏州大学学报》1996 年第 1 期。

[64] 党圣元：《中国古代文论范畴研究方法论管见》，《文艺研究》1996 年第 2 期。

[65] 张晧：《中国古代"气"论与生命意识》，《武汉交通管理干部学院学报》1996 年第 2 期。

[66] 管斌：《〈庄子〉中"气"的美学内涵》，《山东教育学院学报》1996 年第 3 期。

[67] 曾振宇：《气的哲学化历程》，《辽宁师范大学学报》1996 年第 3 期。

[68] 张家钊：《曹丕"文气"说溯源》，《社会科学研究》1996 年第 4 期。

[69] 张家钊：《"元气"论与曹丕"文气"说》，《西南民族学院学报（哲学

社会科学版)》1996 年第 5 期。

[70] 王劲：《试论中国传统文论中的文气说》，《华东理工大学学报(文
科版)》1996 年第 6 期。

[71] 彭强民：《文气论的生成及其美学内涵》，《玉林师专学报》1996 年
第 6 期。

[72] 陈德礼：《气论与中国美学的生命精神》，《北京大学学报(哲学社
会科学版)》1997 年第 6 期。

[73] 党圣元：《中国古代文论的范畴和体系》，《文学评论》1997 年第
1 期。

[74] 余福智：《〈典论·论文〉之"气"的生命美学诠释》，《佛山大学学
报》1997 年第 1 期。

[75] 李凯：《苏辙文论的价值及地位——兼论古代"文气"说》，《社会
科学研究》1997 年第 1 期。

[76] 陈学广：《古代文论中"文气"辨识》，《扬州大学学报(人文社会科
学版)》1997 年第 2 期。

[77] 畅广元：《文气论的当代价值》，《陕西师范大学学报(哲学社会科
学版)》1997 年第 2 期。

[78] 蒲震元：《从范畴研究到体系研究》，《文艺研究》1997 年第 2 期。

[79] 申小龙：《从语言之气到哲学之气》，《社会科学战线》1997 年第
5 期。

[80] 陈德礼：《气论与中国美学的生命精神》，《北京大学学报(哲学社
会科学版)》1997 年第 6 期。

[81] 杨凤琴：《试论"文气"说的哲学基础》，《集宁师专学报》1998 年第
1 期。

[82] 党圣元：《传统文论范畴体系之现代阐释及其方法论问题》，《文艺
研究》1998 年第 3 期。

[83] 祁海文：《谈古代文论的作家之"气"》，《辽宁大学学报(哲学社会
科学版)》1998 年第 5 期。

[84] 谢建英：《"文气说"与"天人合一"》，《西南民族学院学报（哲学社会科学版）》1998 年第 6 期。

[85] 陈坚：《〈论语〉中的"气"》，《孔子研究》1999 年第 2 期。

[86] 李大西：《论气在中国古代艺术理论中的地位和作用》，《中南民族学院学报（哲学社会科学版）》1999 年第 2 期。

[87] 张义宾：《孟子"浩然之气"新解》，《山东大学学报（哲学社会科学版）》1999 年第 2 期。

[88] 黄保真：《论中国古代的生命意识与文学理论中的"养气"说》，《琼州大学学报》1999 年第 4 期。

[89] 周建伟：《试谈"气"在文学欣赏中的作用》，《辽宁师范大学学报》1999 年第 4 期。

[90] 孙广仁：《两种不同学科范畴的元气学说》，《北京中医药大学学报》1999 年第 5 期。

[91] 陈晓青、李凌：《文气与文意——"文以气为主"与"文以意为主"的比较研究》，《胜利油田党校学报》2000 年第 1 期。

[92] 汪启平：《由"气"观古代文论之现代转换》，《池州师专学报》2000 年第 2 期。

[93] 张锡坤：《"气韵"范畴考辨》，《中国社会科学》2000 年第 2 期。

[94] 汪涌豪：《中国古代文论范畴的统序特征》，《文学评论》2000 年第 3 期。

[95] 许岩：《"气"之溯源及美学概念流变》，《延边大学学报（社会科学版）》2000 年第 3 期。

[96] 陈婉：《文气的源流演变》，《浙江师大学报》2001 年第 4 期。

[97] 古风：《从关键词看我国现代文论的发展》，《文学评论》2001 年第 5 期。

[98] 张方：《说"养气"》，《甘肃教育学院学报（社会科学版）》2001 年第 5 期。

[99] 许海意、杨昌存：《论古代文论中的"养气"观》，《求索》2001 年第

6 期。

[100]赵冬梅:《"气"与古代美学特质》,《廊坊师范学院学报》2002 年第 1 期。

[101]袁忠群:《论曹丕文"气"的基本内涵》,《暨南学报》2002 年第 3 期。

[102]曾振宇:《"气"作为哲学概念如何可能》,《中国文化研究》2002 年第 4 期。

[103]林继中:《文气说解读》,《文艺理论研究》2001 年第 5 期。

[104]刘云德:《"气"的诗学阐释——中国诗学研究的视角转换及思考》,《承德民族师专学报》2001 年第 5 期。

[105]余开亮、蔡永海:《古代气论的三种形态及其美学意蕴》,《北华大学学报(社会科学版)》2001 年第 5 期。

[106](韩)金贤玉:《对东方艺术之"气"的现代解释》,《当代韩国》2001 年第 6 期。

[107]曾祖荫:《"文以气为主"向"文以意为主"的转化——兼论中国古代艺术范畴及其体系的本性》,《华中师范大学学报(人文社会科学版)》2001 年第 6 期。

[108]王辉、时尔:《古代文论"养气"说之流变》,《山东师范大学学报》2002 年第 2 期。

[109]袁忠群:《论曹丕文"气"的基本内涵》,《暨南学报(哲学社会科学版)》2002 年第 3 期。

[110]李建中:《原始思维与中国文论的诗性特征》,《文艺研究》2002 年第 4 期。

[111]吴建民:《古代文论中的三种"文气"观》,《齐齐哈尔大学学报(哲学社会科学版)》2002 年第 4 期。

[112]马建荣:《"文气"论的生命意识探询》,《楚雄师范学院学报》2002 年第 5 期。

[113]盖光:《孟子"浩然之气"的生命智慧和美学向度》,《管子学刊》

2002 年第 6 期。

[114]张石川：《曹丕"文气"说考辨》，《福建论坛（人文社会科学版）》
2002 年第 6 期。

[115]王卫东：《气：中国古典美学的基石》，《云南艺术学院学报》2003
年第 1 期。

[116]黄宗广：《"气"在中国古典文论中的意义与价值》，《河南师范大
学学报（哲学社会科学版）》2003 年第 2 期。

[117]彭文忠：《古代文学中的"气"论》，《船山学刊》2003 年第 2 期。

[118]赵倩：《试析"气"的词义及其哲学内涵和文化延伸》，《四川师范
学院学报（哲学社会科学版）》2003 年第 2 期。

[119]张坤晓：《"文气"说的渊源及其艺术价值》，《西安电子科技大学
学报（社会科学版）》2003 年第 3 期。

[120]李献惠：《气论的当代美学价值》，《武警学院学报》2003 年第
6 期。

[121]易德生：《中国古代"元气论"对近现代物理的影响和启示》，《新
疆社科论坛》2003 年第 6 期。

[122]黄柏青：《气与中国美学生命精神的生成》，《湖南科技大学学
报》2004 年第 1 期。

[123]黄柏青：《庄子的气论及其哲学意义》，《中国地质大学学报（社
会科学版）》2004 年第 2 期。

[124]黄柏青、李作霖：《气与中国传统美学审美方式》，《湖南大学学
报（社会科学版）》2004 年第 2 期。

[125]陈官理：《"气本体"理论视野中的中国古代美学理论体系》，《内
江师范学院学报》2004 年第 3 期。

[126]陆道夫：《作为一种生命力的"气"——浅谈《文心雕龙》"气"之范
畴的文本意义》，《广东外语外贸大学学报》2004 年第 3 期。

[127]王庆卫：《"气韵"与中国古典美学的诗性思维》，《烟台大学学报
（哲学社会科学版）》2004 年第 2 期。

[128]谢学春：《"文气"说的古典文论价值论析》，《湖北教育学院学报》2004 年第 4 期。

[129]李献惠：《"气"范畴新论——兼谈"天人合一"》，《武警学院学报》2004 年第 5 期。

[130]庞飞：《"气"与古代美学精神》，《石油大学学报（社会科学版）》2004 年第 5 期。

[131]袁济喜：《从古代文论的"气感说"看文艺的生命激活》，《中国人民大学学报》2004 年第 5 期。

[132]王剑：《"文气"说综论》，《周口师范学院学报》2004 年第 6 期。

[133]第环宁：《"气"文化与中国古典文艺美学》，《西北民族大学学报（哲学社会科学版）》2004 年第 6 期。

[134]唐文彰：《元气论刍议》，《江汉论坛》2004 年第 6 期。

[135]许家竹《生命谐和与审美创造——论"养气"说的生命美学意蕴》，《东岳论丛》2005 年第 2 期。

[136]李献惠：《"养气"说新探——气：文艺作品的生命力》，《廊坊师范学院学报》2005 年第 3 期。

[137]谢丹萍、吴建民：《孟子、曹丕、刘勰的"文气"观比较》，《南阳师范学院学报（社会科学版）》2005 年第 3 期。

[138]许家竹：《"文气"论视野中的作家生命形态》，《山西师大学报（社会科学版）》2005 年第 3 期。

[139]许家竹：《气化流行 生生不息——重建中国的气论美学》，《山东师范大学学报（人文社会科学版）》2005 年第 3 期。

[140]谢学春：《"气"与中国古典文艺美学》，《嘉应学院学报》2005 年第 4 期。

[141]毛宣国：《从"气"畴看中国古代文论观念特色》，《湛江师范学院学报》2005 年第 5 期。

[142]王世朝：《文气说源流考》，《青海师范大学学报（哲学社会科学版）》2005 年第 5 期。

[143]李申:《道与气的哲学》,《哲学研究》2005 年第 6 期。

[144]潘殊闲、谭钟琪:《论"气"在中国诗学中的流变》,《西南民族大学学报(人文社科版)》2005 年第 6 期。

[145]张义宾:《中国古代气论文艺观研究中的问题及对策》,《文史哲》2006 年第 1 期。

[146]管仁福:《韩愈文"气"多维论衡》,《学海》2006 年第 2 期。

[147]胡元德:《古代文气论的现代转换》,《齐鲁学刊》2006 年第 2 期。

[148]韦锦德:《中国古代文论气说系统论思想》,《辽宁行政学院学报》2006 年第 3 期。

[149]饶龙隼:《两汉气感取象论》,《文学评论》2006 年第 4 期。

[150]李存山:《"气"概念几个层次意义的分殊》,《哲学研究》2006 年第 5 期。

[151]孙鸿:《"文以气为主"——论曹丕"文气"说的美学意义》,《安康师专学报》2006 年第 5 期。

[152]王吉凤:《从"诗性智慧"看中国传统的诗性思维》,《河南科技大学学报(社会科学版)》2006 年第 5 期。

[153]毛正天:《诗文以气脉为上——中国古代心理诗学研究》,《学术交流》2006 年第 6 期。

[154]吴建民:《古代"文气"论及其当代意义》,《河池学院学报》2007 年第 1 期。

[155]丁为祥:《气学——明清学术转换的真正开启者》,《孔子研究》2007 年第 3 期。

[156]寸怡:《"气"之审美视阈——中国古典美学范畴研究》,《宝鸡文理学院学报》2007 年第 4 期。

[157]郭根群、韦志国:《二十世纪八十年代以来"文气说"研究综述》,《张家口职业技术学院学报》2007 年第 6 期。

[158]丁四新:《论早期先秦儒学的养气说与养性说》,《陕西师范大学学报(哲学社会科学版)》2007 年第 4 期。

[159]王德:《"元气"本义考》,《广播电视大学学报(哲学社会科学版)》2007 年第 6 期。

[160]夏静:《文气研究的反思与展望》,《文艺理论研究》2009 年第 4 期。

[161]王晖:《照着说与接着说——"文气论"的现代转型模式研究》,《广东技术师范学院学报》2009 年第 5 期。

[162]杨晨晓:《论曹丕"文气"说中的生命意识》,《语文学刊》2010 年第 1 期。

[163]查洪德:《理、气、心与元代文论家的理论建构》,《文学评论》2010 年第 1 期。

[164]刘兆彬:《古代"元气论"哲学的逻辑演进》,《东岳论丛》2010 年第 3 期。

[165]侯文宜:《文气说辨——从郭绍虞〈文气的辨析〉的局限说起》,《文学评论》2010 年第 5 期。

[166]侯文宜:《从批评话语到理论研究:20 世纪文气论之变迁》,《山西大学学报(哲学社会科学版)》2010 年第 6 期。

[167]李健:《曹丕"文气"说的理论价值》,《古典文学知识》2011 年第 2 期。

[168]李存山:《气论对于中国哲学的重要意义》,《哲学研究》2012 年第 2 期。

[169]胡家祥:《中国古代文气论的再体认》,《中南民族大学学报(人文社会科学版)》2011 年第 4 期。

[170]黄擎:《文学研究中的"关键词批评"现象及反思》,《浙江大学学报(人文社会科学版)》2011 年第 4 期。

[171]刘继林:《雷蒙·威廉斯的文化理论及"关键词"研究给予中国的意义》,《武汉科技大学学报(社会科学版)》2011 年第 4 期。

[172]夏静:《如何说气及其蕴涵的一般知识状况》,《中国社会科学院研究生院学报》2011 年第 5 期。

[173]解葳：《援气入情，互补互化——中国传统文化视野中的情气关系辨析》，《山东师范大学学报(人文社会科学版)》2011年第6期。

[174]杨星映：《试论以气、象、味为核心的中国古代文论元范畴》，《西南大学学报(社会科学版)》2011年第6期。

[175]周海涛：《元代中晚期文人论"气"的内涵演变》，《湘潭大学学报(哲学社会科学版)》2012年第1期。

[176]侯文宜：《中国文气论批评话语的价值与重构》，《晋阳学刊》2012年第2期。

[177](美)顾明栋：《从元气到文气：作为艺术创造总体性理论的文气论》，《艺术百家》2012年第6期。

[178]时宏宇：《道、气、象、和的生命流动——宗白华生命哲学的构建》，《东岳论丛》2012年第11期。

[179](美)顾明栋：《文气论的现代诠释与美学重构》，《清华大学学报(哲学社会科学版)》2014年第1期。

[180]李岩：《"文气论"话语范式转换与美学重释》，《北方论丛》2015年第4期。

　　(2)硕博论文

[1]徐爱国：《文气说的理论内涵》【硕士】山东大学2001年。

[2]周建伟：《"气"：感应之枢》【硕士】辽宁师范大学2001年。

[3]刘国贞：《论"文气"说与作家人格的涵养》【硕士】山东师范大学2002年。

[4]孙宁：《"义气"的生命内涵与美学意蕴》【硕士】西北大学2002年。

[5]杨德：《"文气"论与中国士人的言说方式》【硕士】暨南大学2002年。

[6]郭树伟：《试论孟子的养浩然之气》【硕士】郑州大学2004年。

[7]马芹芬：《曹丕"文气论"的再认识》【硕士】2004年。

[8]乔娟：《明代中期气论思潮研究》【硕士】苏州大学2005年。

[9]谢学春：《文气说的理论价值研究》【硕士】中南民族大学2005年。

［10］卓霞：《生命律动的和谐美》【硕士】浙江师范大学 2005 年。

［11］储小英：《从"气"到"文气"的演变》【硕士】首都师范大学 2007 年。

［12］冯宇：《三曹文气成因探究》【硕士】陕西师范大学 2008 年。

［13］王九龙：《医哲气学源流考》【博士】南京中医药大学 2008 年。

［14］张俊利：《"文气"论解读及现代价值阐释》【硕士】曲阜师范大学 2008 年。

［15］程海宁：《明代气学思潮的形成、走向及其特征》【硕士】陕西师范大学 2009 年。

［16］刘岩：《中国"文气理论"对朝鲜"文气说"的影响》【硕士】延边大学 2009 年。

［17］马振国：《文气论的主体特征及美学价值研究》【硕士】曲阜师范大学 2009 年。

［18］付延全：《中国古代写作理论"文气"说研究》【硕士】长春理工大学 2010 年。

［19］宁志刚：《战国秦汉"道""气"关系析论》【硕士】山东大学 2010 年。

［20］任晓娟：《论传统"文气"论的文章学意义》【硕士】西北师范大学 2010 年。

［21］王英：《气与感——张载哲学研究》【博士】复旦大学 2010 年。

［22］徐湘豫：《论中国古代文论中的"气"》【硕士】新疆大学 2010 年。

［23］毕东：《老子"道""气""象"范畴及其对中国古代美学思想影响探析》【硕士】云南大学 2011 年。

［24］刘志军：《孟子"养浩然之气"思想初探》【硕士】河北大学 2011 年。

［25］吴建强：《曹丕"文气"说探究》【硕士】青海师范大学 2011 年。

［26］袁媛：《道家元气生成思想探微》【硕士】南京农业大学 2011 年。

［27］赵玲丽：《桐城派"文气"理论及其选评、创作研究》【硕士】山西大学 2011 年。

［28］李甦：《生态美学视域下的"气场"研究》【硕士】四川师范大学 2012 年。

［29］杨琪:《文气说理论研究》【硕士】青海师范大学 2012 年。

［30］周贞余:《黄老道家的心与气》【博士】中国社会科学院研究生院
2012 年。